Mystische Pfade
Saarland

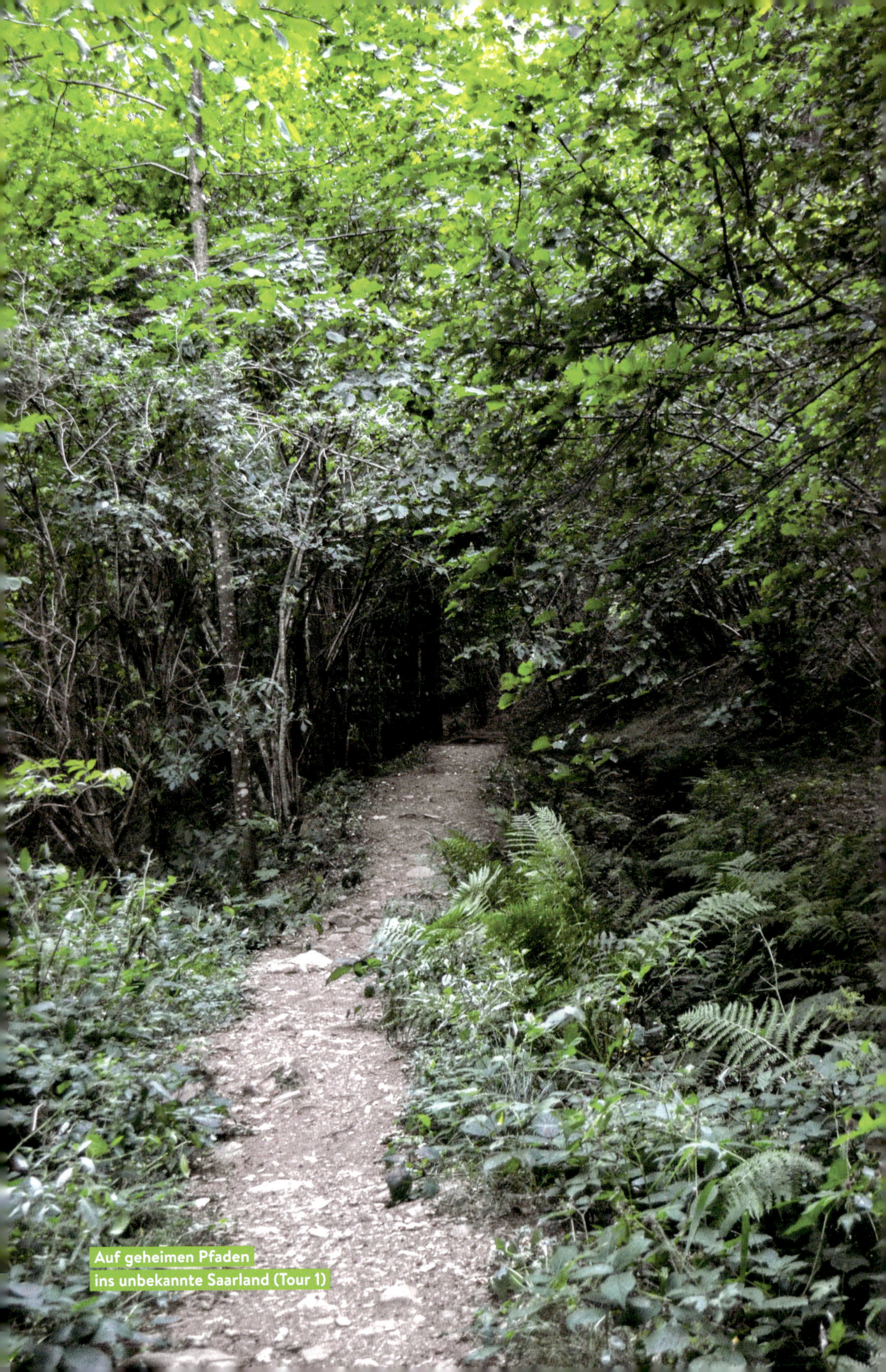

Auf geheimen Pfaden
ins unbekannte Saarland (Tour 1)

Holger Mathias Peifer

Mystische Pfade
SAARLAND

33 Wanderungen auf den Spuren von Mythen und Sagen

BRUCKMANN

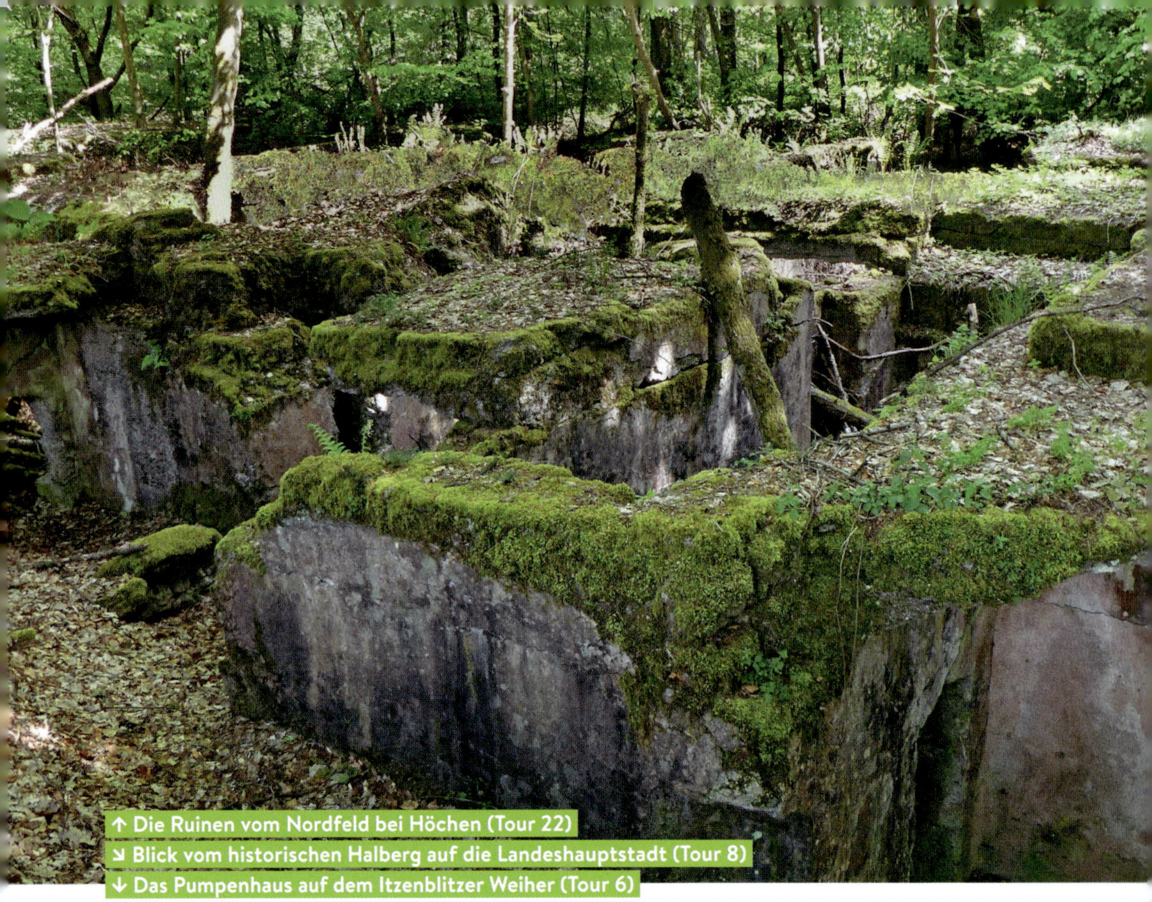

↑ Die Ruinen vom Nordfeld bei Höchen (Tour 22)
↘ Blick vom historischen Halberg auf die Landeshauptstadt (Tour 8)
↓ Das Pumpenhaus auf dem Itzenblitzer Weiher (Tour 6)

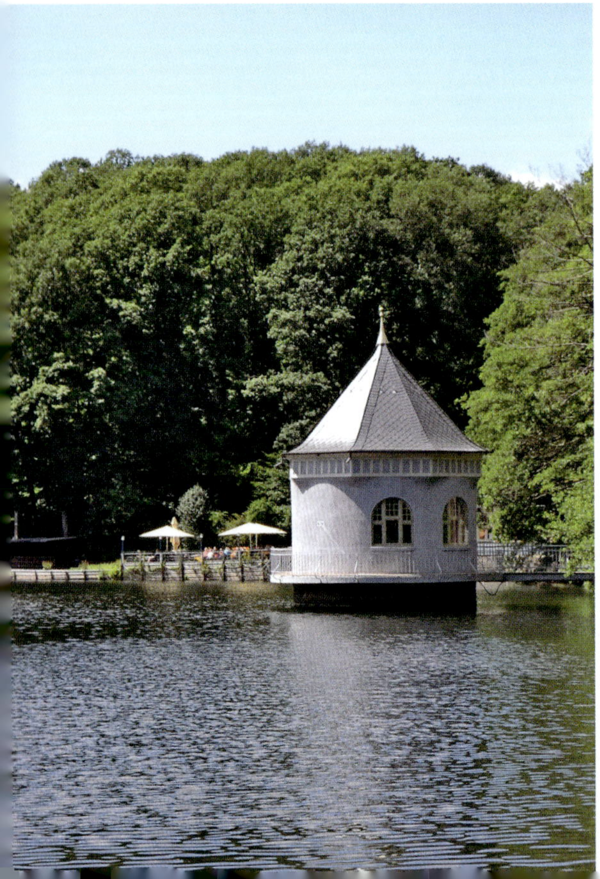

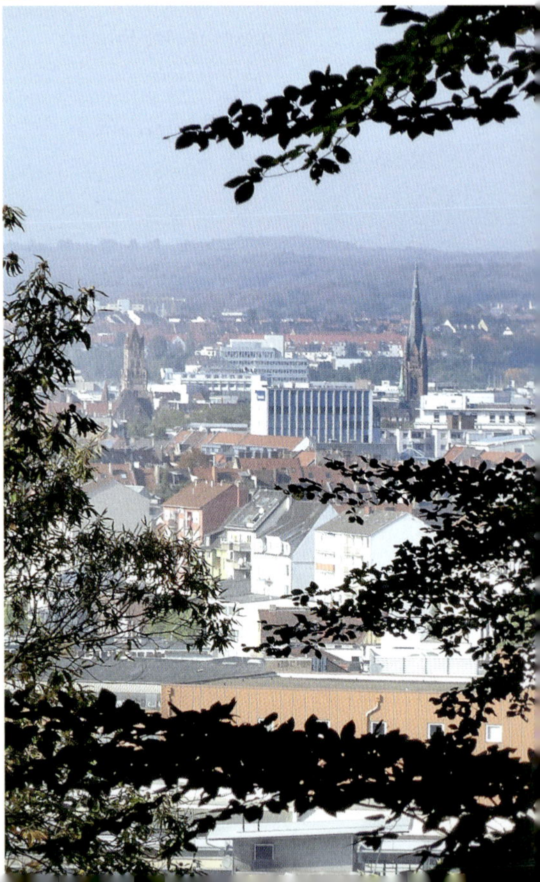

INHALT

DIE TOUREN

Geheimnisvolle Spazierwege

Sagenhafte Wanderwege

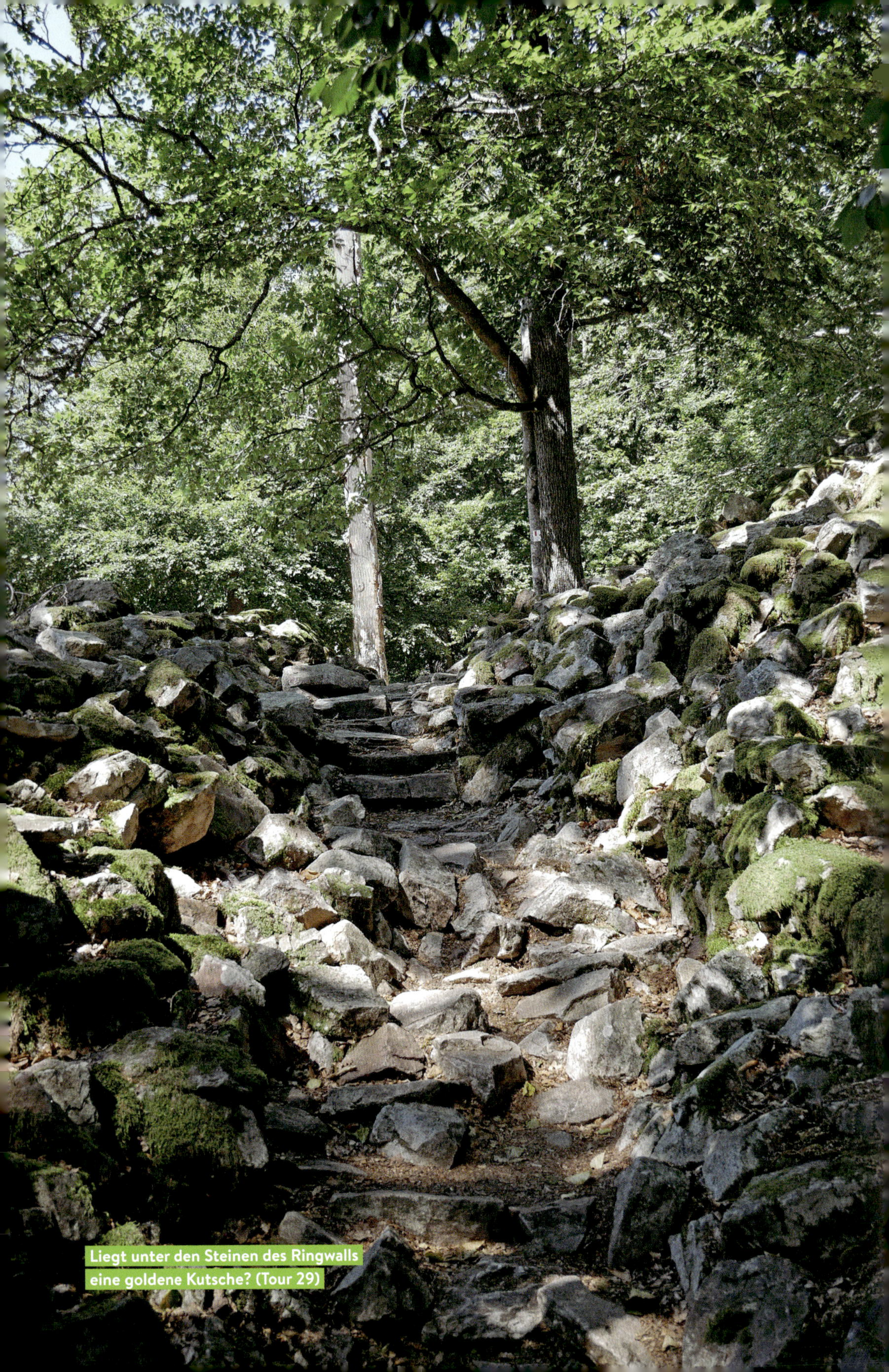

Liegt unter den Steinen des Ringwalls eine goldene Kutsche? (Tour 29)

Vorwort

HERZLICH WILLKOMMEN IM KLEINEN BUNDESLAND, das die meisten nur von der Durchreise auf dem Weg nach Paris, in die Champagne oder an die Atlantikküste kennen. Dabei würde sich der Stopp, um das kleinste Flächenland der Republik ein paar Tage kennenzulernen, durchaus lohnen. Denn zwischen den Buntsandsteinen im Süden, den Ausläufern des Pariser Beckens im Westen und den Schieferfelsen im Norden herrschen große Vielfalt und Abwechslung. Das beweist die Natur mit ihren Nationalparks und markanten Landmarken. Beispiele sind der Stiefeler Felsen, der Weiselberg, der Vogelfelsen oder die Saarschleife. Und abends locken die Städte mit lebendiger Kultur, Biergärten und vorzüglichen Restaurants, die man sonst selten so geballt auf kleinem Raum vorfindet. Da brauchen die Saarländer nicht mal den weltweiten Vergleich zu scheuen.

Dazu kommt eine reiche Geschichte: Das Bundesland im Herzen Europas war schon immer Durchreise- und Grenzland. Die Römer auf dem Weg nach Norden, Karl V. auf der Reise zur Alhambra in Andalusien oder Napoleon auf dem Feldzug nach Russland sind da nur einige der prominenten Gäste im Transitverkehr. Im Buch finden sich noch viele weitere. Damals, als man noch langsamer reiste als heute und nicht einfach innerhalb einer knappen Autobahnstunde durchrauschte, hat sich so manch kuriose Geschichte zugetragen, die sonst in keinem Geschichtsbuch dokumentiert ist. Sie wurde mündlich überliefert, von Generation zu Generation weitergetragen, vermischte sich mit anderen Überlieferungen oder ist schlichtweg erfunden, um unerklärliche Vorkommnisse zu verstehen. Dabei sind die Orte meist ganz genau bekannt und beschrieben. Unnötig, den Wahrheitsgehalt der Sagen zu hinterfragen, ohne den Ort der Ereignisse gesehen zu haben. Nur, wer so wie unsere Vorfahren auf Schusters Rappen unterwegs ist, kann das magische Zusammenspiel von Natur und Überlieferung erleben. Nehmen Sie sich die Zeit, um die magische Natur des Saarlandes zu entdecken.

Herzliche Grüße und viel Spaß beim Wandern!

Holger Mathias Peifer

Willkommen im Saarland

Wussten Sie, dass sich die Waldfläche des Saarlandes in den letzten fünf Jahren um 2602 Fußballfelder vergrößert hat? Bedenkt man die Wachstumsgeschwindigkeit der Bäume, ist das eine Spitzenleistung.

Wo kann man schön spazieren gehen im Saarland?

Überall! Im Land der kurzen Wege findet man so ziemlich hinter jeder Ortsgrenze wunderbare Pfade in ursprünglicher Natur. Doch wollen Sie wirklich spazieren?
Oder lieber wandern, Tagestouren planen, Gipfel erklimmen, wilde Klammen durchqueren oder idyllisch am Bachlauf träumen? Im Saarland ist alles möglich!

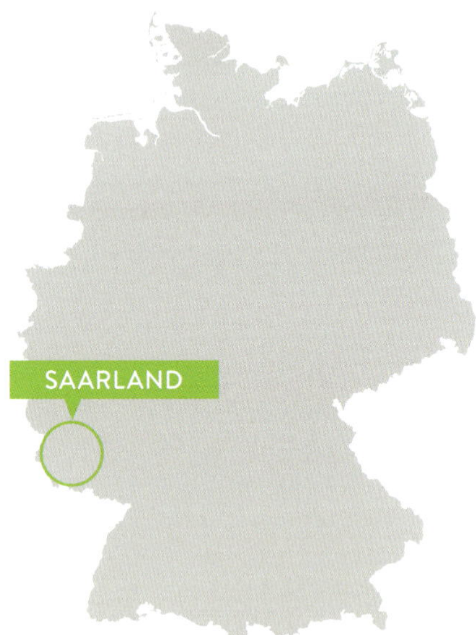

97 km

Der längste Fluss

Fast 100 Kilometer fließt die Blies durch das Saarland. Damit schlägt sie die Saar um fast 30 Kilometer. Sollte es dann nicht in Bliesland umbenannt werden?

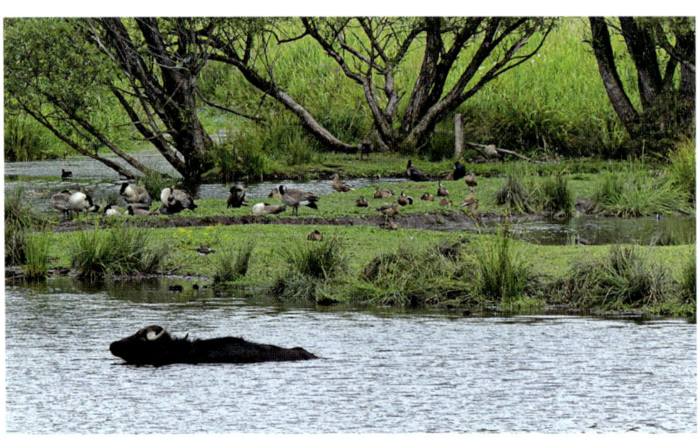

Natur

erleben

Die 97 Naturschutzgebiete an der Saar finden ihren Höhepunkt im Biosphärenreservat Bliesgau mit ausgedehnten Wasserlandschaften und im Nationalpark Hunsrück-Hochwald

Amtssprache

Erst seit 1957 gehört das Saarland zur Bundesrepublik. Vorher war es ein eigenes Land mit den Amtssprachen Deutsch und Französisch. Doch heute beschränkt sich das Frankophile meist nur noch auf die Speisekarte.

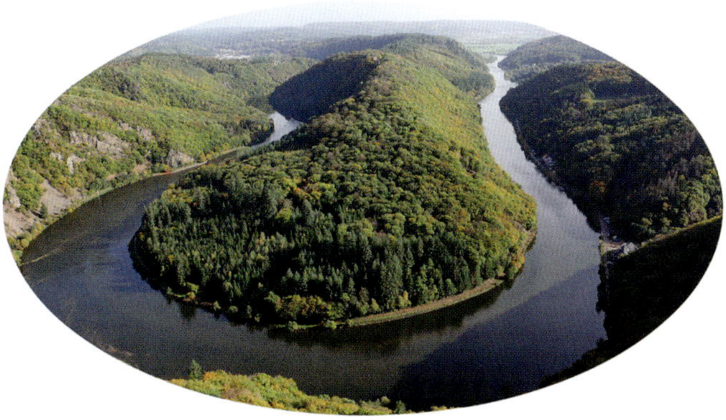

Die schönste Flussschleife Deutschlands

Elbe, Main, Neckar, Isar, Saale und sogar der Rhein schlängeln sich durch das Land, legen schicke Kurven und spektakuläre Kehrtwenden dahin.
Doch die Saar toppt sie alle: Der Ausblick vom felsigen Aussichtspunkt, der Cloef, zieht jedes Jahr Tausende von Besuchern an. Noch spektakulärer wird die Aussicht vom 23 Meter hohen Holzturm des Baumwipfelpfades.

Höchster Berg

Seit 2005 ist der Dollberg (695,4 m) der höchste Berg im Saarland. Vorher teilte er sich diesen Titel mit dem Schimmelkopf.

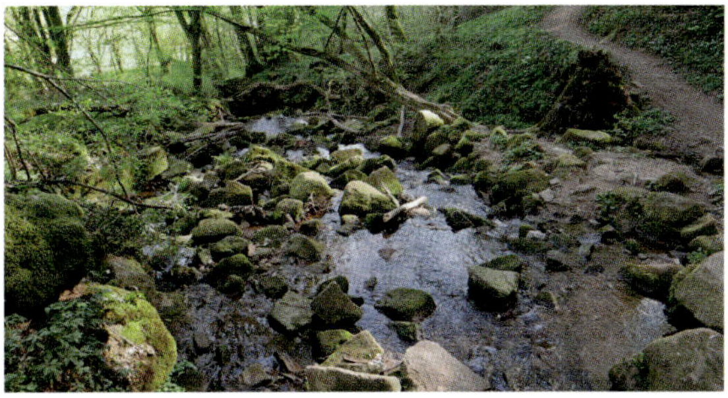

1301 Sagen

spielen im Saarland. Schon immer haben die Saarländer gerne zusammen gesessen und mit viel Fantasie geschwätzt.

Feste feiern

In Sankt Nikolaus steht das Weihnachtspostamt. Wohnt dann der Osterhase im Ostertal bei Ottweiler?

Störche

Fauenbrunnen, Wallerbrünnchen, Kandelbrunnen

Vergessen ist heute, dass in den Sagen die Babys von geheimnisvollen Brunnen kamen. Was wohl die Störche dazu denken, die es mittlerweile wieder in ansehnlicher Zahl im Bliesgau gibt?

Bruckmann-Tourenfinder

Für jeden Tag die richtige Tour

			km	Hm	Std.								
1	Die Jungfernstiege an den Brandgräbern	●	4,5	50	1.30		✓	✓	✓	✓	✓		✓
2	Verbannt in der Provinz	●	7,2	10	2.00		✓		✓	✓			✓
3	Attila im Bettelwald	●	5,0	60	1.40		✓		✓	✓	✓		✓
4	Das steinerne Bett	●	4,5	200	1.45	✓	✓			✓	✓		✓
5	Beim Riesen Kreuzmann	●	4,2	120	1.30	✓	✓				✓		✓
6	Der heilige Wald	●	5,7	90	2.00	✓	✓		✓		✓		✓
7	Die Klarenthalerinnen	●	11,0	310	3.20		✓		✓		✓		✓
8	Die Heidenkirche	●	3,0	60	1.00		✓	✓	✓		✓		✓
9	Spuk am brennenden Berg	●	4,8	130	1.30		✓		✓		✓		✓
10	Schlapphut, die weiße Frau und der dreibeinige Hase	●	4,3	100	1.30	✓	✓	✓	✓	✓	✓		✓
11	Den Herrgottstein im Blick	●	8,2	224	2.30		✓		✓		✓		✓
12	Goldfeuerchen am Augenborn	●	11,0	170	3.45		✓		✓	✓	✓		✓
13	Beim Blechernen Müller	●	9,0	170	2.50		✓		✓	✓	✓		✓
14	Grenzenlose Liebe	●	7,4	173	2.20	✓	✓		✓	✓	✓		✓
15	Der Raubritter und die böse Kätt	●	9,7	260	3.30		✓		✓	✓	✓	✓	✓

			km	Hm	Std.								
16	Lips Tullian in Grünekraut	●	8,8	90	3.00		✓		✓		✓		✓
17	Das Kreuz mit der Pest und die Normannenschlacht	●	11,4	219	3.35	(✓)	✓		✓	✓	✓		✓
18	In besten Kreisen	●	10,0	286	3.20	✓	✓		✓		✓		✓
19	Die Sieben Fichten	●	8,0	130	3.00	✓	✓	✓	✓		✓		✓
20	Der schwarze Hund	●	7,5	120	2.50	✓	✓	✓	✓	✓			✓
21	Die Niednixe	●	7,5	100	2.10	✓	✓		✓	✓	✓		✓
22	Geister im Nordfeld	●	7,8	200	3.00	✓	✓		✓		✓		✓
23	Napoleons Knödel	●	6,6	160	2.30	✓	✓		✓		✓		✓
24	Die Teufelswette	●	9,4	250	2.50	✓	✓	✓	✓	✓	✓		✓
25	Reitergrab und Keltenkult	●	10,5	180	3.40	✓	✓		✓		✓		✓
26	Durch die Todtbachschlucht zum kopflosen Reiter	●	7,3	190	3.15	✓	✓				✓		✓
27	Mit dem Ruckert zum Teufelsgraben	●	8,5	140	3.00	✓	✓		✓		✓		✓
28	Wotans Pferd bei Kaltensteins Zwergen	●	7,3	260	3.00		✓				✓		✓
29	Die verschwundene Kutsche	●	11,3	280	4.30	✓	✓	✓			✓		✓
30	Mit Graumännchen und Schlappe zum Rabloch	●	10,0	140	3.15		✓			✓	✓		✓
31	Des Maldix' Kriegssitz	●	12,5	230	4.10	✓	✓	✓	✓		✓		
32	Schmugglerhunde und tanzende Grenzpatrouillen	●	9,6	240	4.00		✓				✓		✓
33	Die Bienenverteidigung	●	11,0	221	3.45	✓	✓	✓	✓	✓	✓		✓

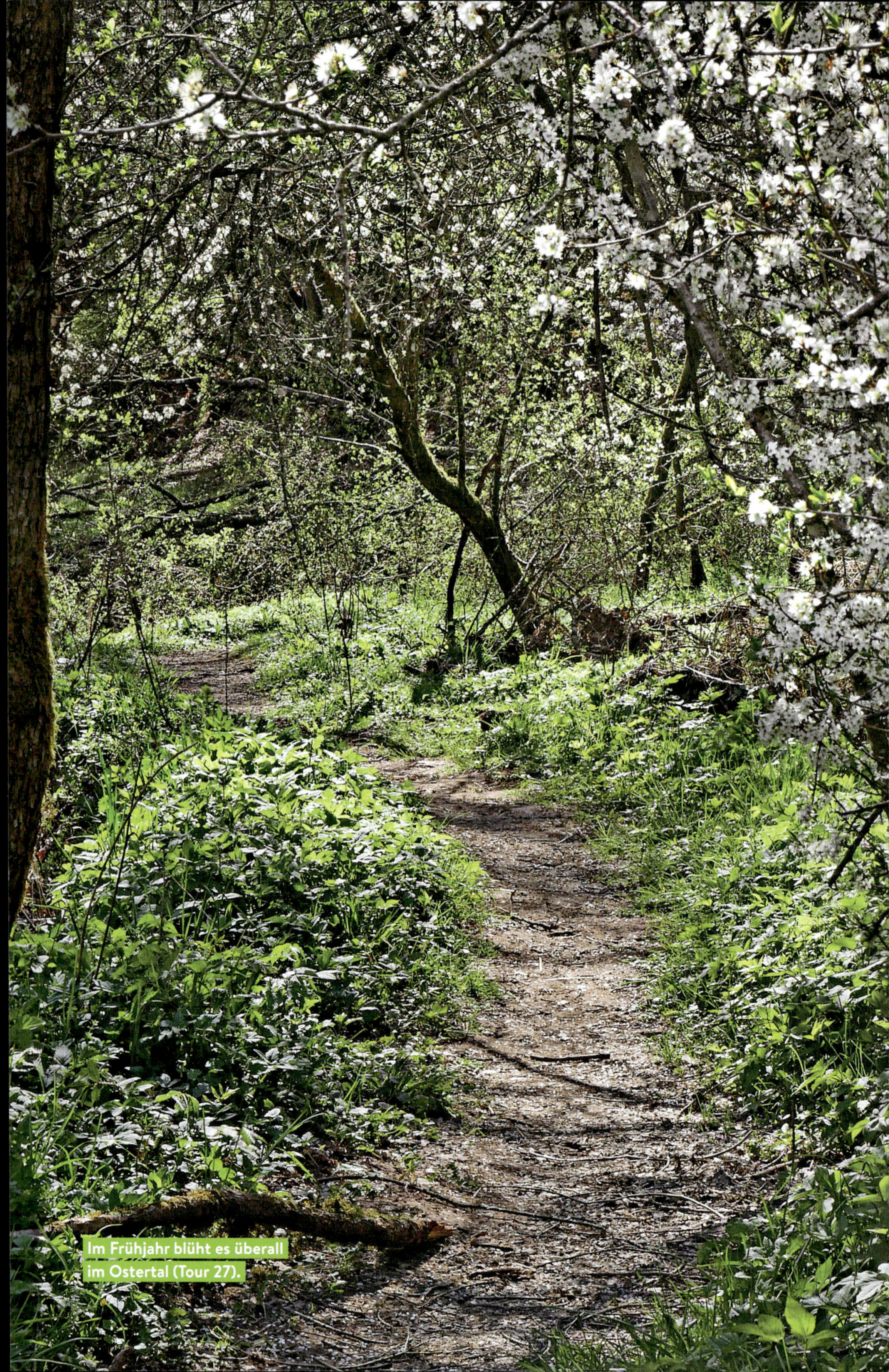

Im Frühjahr blüht es überall im Ostertal (Tour 27).

INFO

PIKTOGRAMME ERLEICHTERN DEN ÜBERBLICK

Länge — Höhenunterschied — Gehzeit

Einkehr
wintergeeignet
Baden
kindergeeignet
viel Sonne
ÖPNV
Sehenswürdigkeit
schattiger Weg

ANFORDERUNGEN

Die Wanderungen sind nach eigener Einschätzung der Schwierigkeiten von Wegbeschaffenheit, Entfernung, Orientierung, Höhenunterschied und Gefahrenlage eingeteilt.

● LEICHT

Einfache Wanderung auf guten Wegen und Pfaden ohne starke Steigungen, die aber auch ohne Markierung sein können. Orientierungssinn wird benötigt.

● MITTEL

Mittelschwere Wanderung mit deutlichen Höhenunterschieden auf Wegen und Pfaden, die etwas Kondition, Ausdauer und guten Orientierungssinn erfordert.

● SCHWER

Anspruchsvolle Wanderung auf teilweise steilen Wegen mit hoher Anforderung an die Kondition, Schwindelfreiheit und Trittsicherheit. Kann ausgesetzte Passagen am Fels beinhalten. Ein gutes Orientierungsvermögen ist unbedingt geboten. Alpine Erfahrung wird vorausgesetzt.

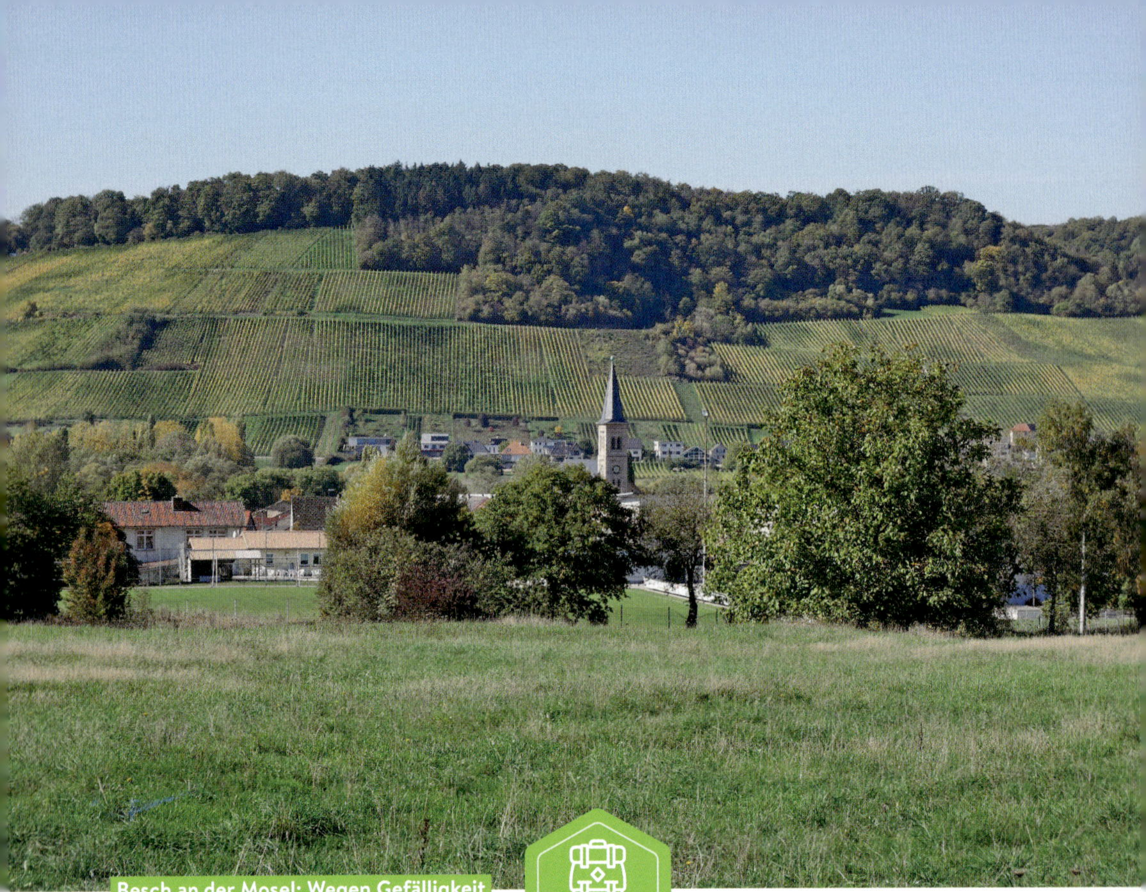

Besch an der Mosel: Wegen Gefälligkeit von der Pest verschont (Tour 17)

MYSTISCHE PFADE IM SAARLAND

»Früher hätte es hier nicht so ausgesehen. Da war der Wald aufgeräumt. Die Leute haben jedes Stückchen Holz zum Brennen mit nach Hause genommen.« Mit einem verständnislosen Kopfschütteln ließ meine Oma, geboren im Jahre 1917, ihren Blick zwischen den Bäumen umherschweifen. Eine Kindheitserinnerung, die ich wohl nie vergessen werde.

Seither ist viel passiert: Der ordentliche Nutzwald aus Großmutters Kindheitstagen hat sich völlig verändert. Denn nach dem sauren Regen der 1980er-Jahre und dem ersten Waldsterben hat man viel getan: viel weniger. Und das ist genau richtig. Damit sich die Forstgebiete erholen können, brauchen sie Ruhe – keine Eingriffe von Menschen. Dann entwickelt sich die Natur von selbst und bringt sich ins Gleichgewicht.

Auch wenn es Oma nicht verstehen würde und umgestürzte Bäume beim Wandern manchmal hinderlich sind: Vielerorts ist unser Saarland von wildem Dickicht bedeckt. Nicht nur im Urwald vor den Toren der Stadt bei der Scheune Neuhaus.

DER URWALD IST ZURÜCK

Die Forstwirtschaft im Land hat sich stark verändert: Während früher Nutzung und Ausbeutung im Vordergrund standen, legt man heute viel mehr Wert auf ökologische und nachhaltige Gesichtspunkte. Der Wald darf wieder Wald werden. Wild, chaotisch, wunderbar. Totholz wird vielerorts nicht mehr weggeräumt. Dort gedeihen Moose, Pilze und Farne. Kleinstlebewesen finden wieder Lebensräume, bilden ihrerseits die Lebensgrundlage für größere Tiere. Im Bliesgau habe ich neulich mehr als 20 Störche auf einer Wiese stehen sehen, mehr als in meiner gesamten Kindheit in den 1970er- und 1980er-Jahren. Die Natur darf wieder sie selbst sein.

VIELFÄLTIG, BUNT, LEBENDIG

Nach der industriellen Kohlezeit an der Saar hat sich so viel verändert und verbessert. Klar, wir haben noch einen weiten Weg vor uns, bis sich die Natur vollständig erholt hat und so urwüchsig ist, wie ihn die Vorfahren meiner Großmutter erlebt haben. In der Zeit, als die Geschichten und Sagen in diesem Buch entstanden sind. Sie wurden von Generation zu Generation weitererzählt.

TATSACHE ODER REINE FANTASIE?

Im Mittelpunkt Europas gelegen, war das Land an der Saar über Jahrhunderte hinweg strategisches und politisches Streitobjekt expansiver Völkerscharen. Viele kamen als Eroberer und Ausbeuter, Missionare oder Investoren, haben die Gegend verwüstet,

↓ Traumhafte Aussicht vom Schaumberg (Tour 24)
↘ Ruine von Kloster Wörschweiler (Tour 20)

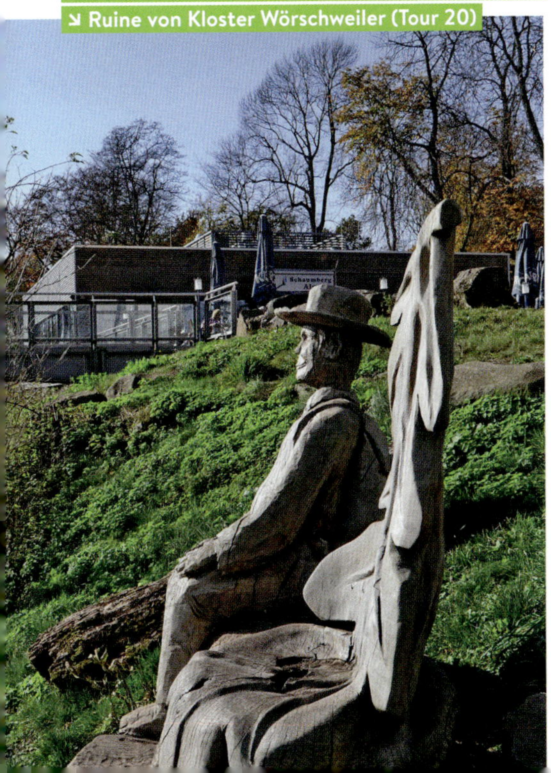

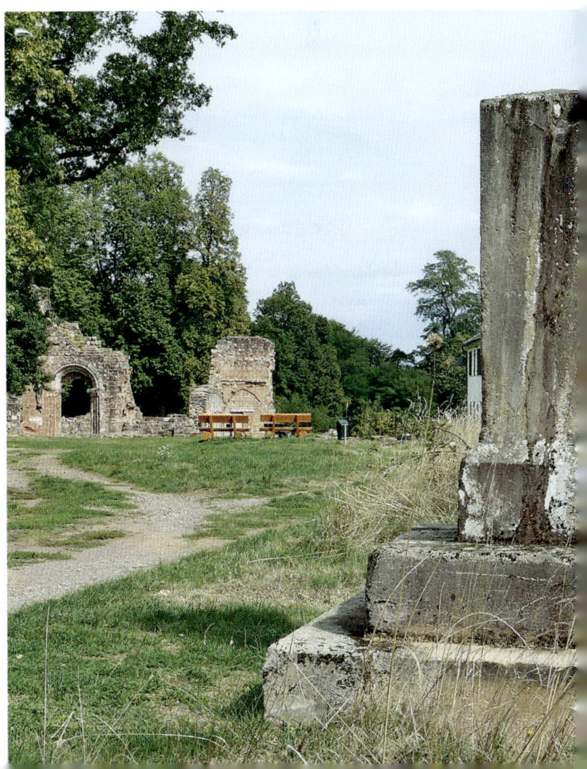

Neues aufgebaut oder einfach hier gelebt und gewirkt. Aus frühen Tagen ist wenig davon geschichtlich belegt. Die Wikinger an der Mosel, Hunnenkönig Attilas wilde Reitertruppen oder Kaiser Napoleon waren mit Sicherheit vor Ort. Doch viel mehr als die Tatsache ihrer Anwesenheit ist meistens nicht dokumentiert. Die Sagenwelt weiß es jedoch genauer: Sie kennt Anekdoten, Namen und Zeiten. Aber haben sich die Geschichten wirklich so zugetragen? Was ist im Laufe der Zeit dazugekommen, wurde vergessen oder hat sich ganz anders, wenn nicht sogar an einem anderen Ort abgespielt? Wir wissen es nicht. Doch ich finde, wir sollten die oft liebevollen kurzen Anekdoten auf keinen Fall vergessen.

ANGST UND ABERGLAUBE

Andere Geschichten entspringen sicher dem puren Aberglauben. Werwölfe? Gibt es nicht! Riesen? Hexen? Natürlich auch nicht! Aber was ist wirklich passiert, dass man bei Medelsheim an Werwölfe oder Rubenheim an Hexen glaubte? Beim Wandern an den sagenhaften Orten erscheint manches tatsächlich viel glaubwürdiger als daheim im Wohnzimmer. Achtet man am Hang des Sengscheider Stiefels auf die vielen umgestürzten Bäume und umherliegenden Felsbrocken, erscheint die Idee, dass oben am Gipfel ein wütender Riese haust und mit allem, was er finden kann, um sich wirft, gar nicht mehr so abwegig. Im Gegenteil: Das muss doch die einzig plausible Erklärung sein! Und wie war das nicht nur in den Horrorfilmen? Du musst nur daran glauben, dann wird es schon wahr. Vielleicht ist auch das eine Wahrheit.

KARL LOHMEYER

1301 Geschichten aus dem Saarland und den umliegenden Gegenden sammelte der Kunsthistoriker bis zu seinem Lebensende. Vielen Dank dafür! Seine Gesamtausgabe *Sagen der Saar* ist zu einem umfassenden Nachschlagewerk gediehen. Kaum eine Erzählung und sei sie noch so klein, hat er nicht entdeckt. Doch als Bettlektüre, so wie andere große Sagen, taugt der Band nicht.

In *Mystische Pfade Saarland* habe ich versucht, wieder die Verbindung zu schlagen: vom Ort der Geschehnisse zur Überlieferung. Denn so, wie es keinen Krimi ohne Tatort geben kann, sind auch die Orte der Geschehnisse untrennbar mit den Überlieferungen verbunden.

SPANNENDE WANDERUNGEN

Was wollte ich im Saarland noch entdecken, nachdem ich hier mehr als 50 Jahre gelebt habe? Da kenne ich doch alles, bin wahrscheinlich in jedem Dorf schon einmal gewesen und jede Straße schon einmal mit dem Auto gefahren. Und das ist genau das Ding: das Auto, mit dem ich oft viele Kilometer und Stunden unterwegs war, um Orte zu besuchen, von denen ich glaubte, wir haben sie im Saarland nicht. Jahrzehntelang habe ich mit einem Irrtum gelebt.

Bei meinen Wandertouren zu diesem Buch habe ich unsere Heimat ganz neu kennengelernt, habe wilde Schluchten durchquert, bin auf Berge geklettert oder habe einfach auf einer der vielen Relaxbänke die Sonnenstrahlen auf meiner Nase tanzen lassen. Doch die herrliche Natur ist noch so viel mehr als eine wohltuende Auszeit: Sie ist die Kulisse der unglaublichen und geheimnisvollen Geschichten, die ich vorher schon gelesen hatte. Nur an Ort und Stelle fügt sich alles zusammen zu – Verzeihung an die Verantwortlichen des Weltkulturerbes – einem der spannendsten Orte der Welt!

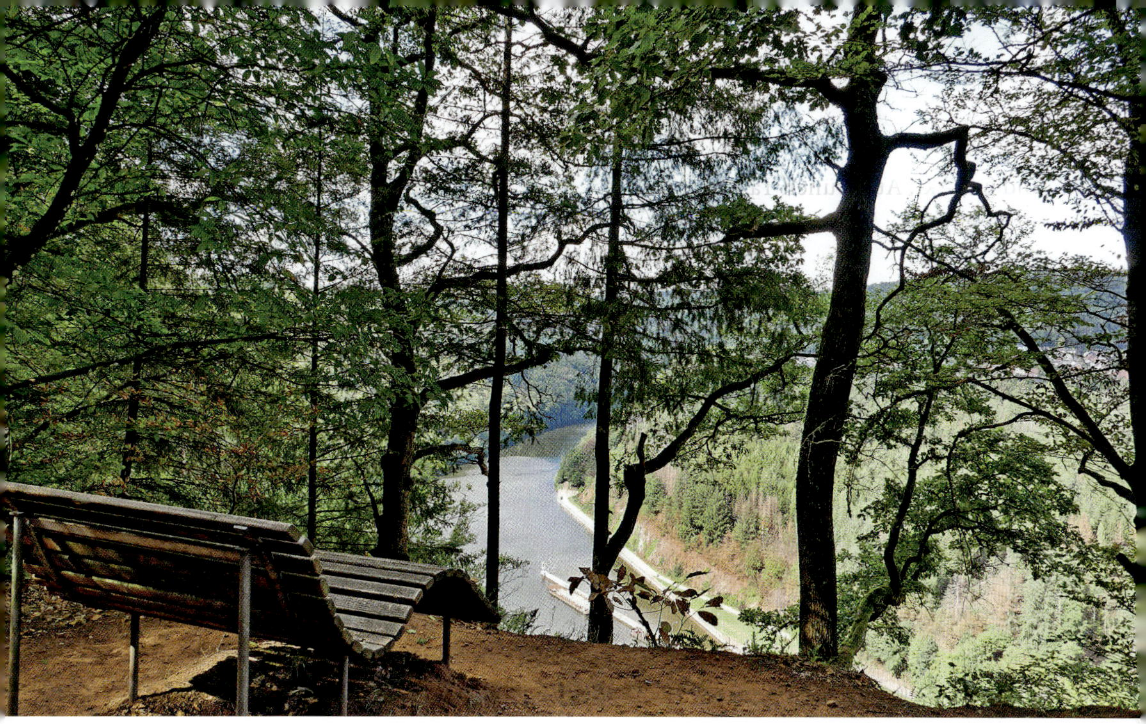

Blick aus dem Wald über die Saar (Tour 33)

PRAKTISCHES

Premiumwanderwege haben wir im Saarland in Hülle und Fülle. Ihre Auszeichnung und Pflege funktionieren vorbildlich. An jeder Kreuzung und Abbiegung zeigen Markierungen die jeweiligen Tourverläufe an. Verirren kann sich da niemand. Es sei denn, mehrere Wanderwege teilen sich den gleichen Streckenabschnitt. Manchmal wird es dann schwierig, unter den vielen ähnlich aussehenden Piktogrammen seine eigene Tour zu finden. Dumm gelaufen, wenn man da etwas verwechselt und dem falschen Wegweiser folgt. Landet man dann zu Fuß und ohne fahrbaren Untersatz mehrere Kilometer von seinem Zielpunkt entfernt, wird das Saarland plötzlich erstaunlich groß. Ein Luxusproblem für den Wanderer, aber auch für den Reisebuchautor: Selbstverständlich wollte ich etwas Neues machen, andere Wege gehen! Zur Planung der Touren habe ich deshalb nicht auf die Seiten der Tourismuszentralen geschaut, sondern ein Navigationsprogramm benutzt. Sehr zu meiner Enttäuschung landete ich nicht selten – aber auch nicht immer! – auf ausgezeichneten Wanderwegen. Da musste ich dann damit leben.

DIE WASSERFLASCHE MUSS MIT!

Auch wenn ich manchmal dachte, ich erlebe es nicht mehr! Das war dann der Fall, wenn ich zu wenig Wasser und Proviant mit auf die Touren genommen hatte. Für eine Region, in der es heißt »Hauptsach gut gess (und gedrunk)« haben wir unglaublich wenige Hütten und Einkehrmöglichkeiten in direkter Nähe der Routen. Und schlimmer noch: Manchmal lockt ein Wegweiser von der Tour weg. Man macht den Umweg und stellt vor Ort fest, dass sich die Öffnungszeiten nur auf den ersten Samstag im Monat zwischen 14 und 16 Uhr beschränken. Ich glaube, da haben wir noch Potential.

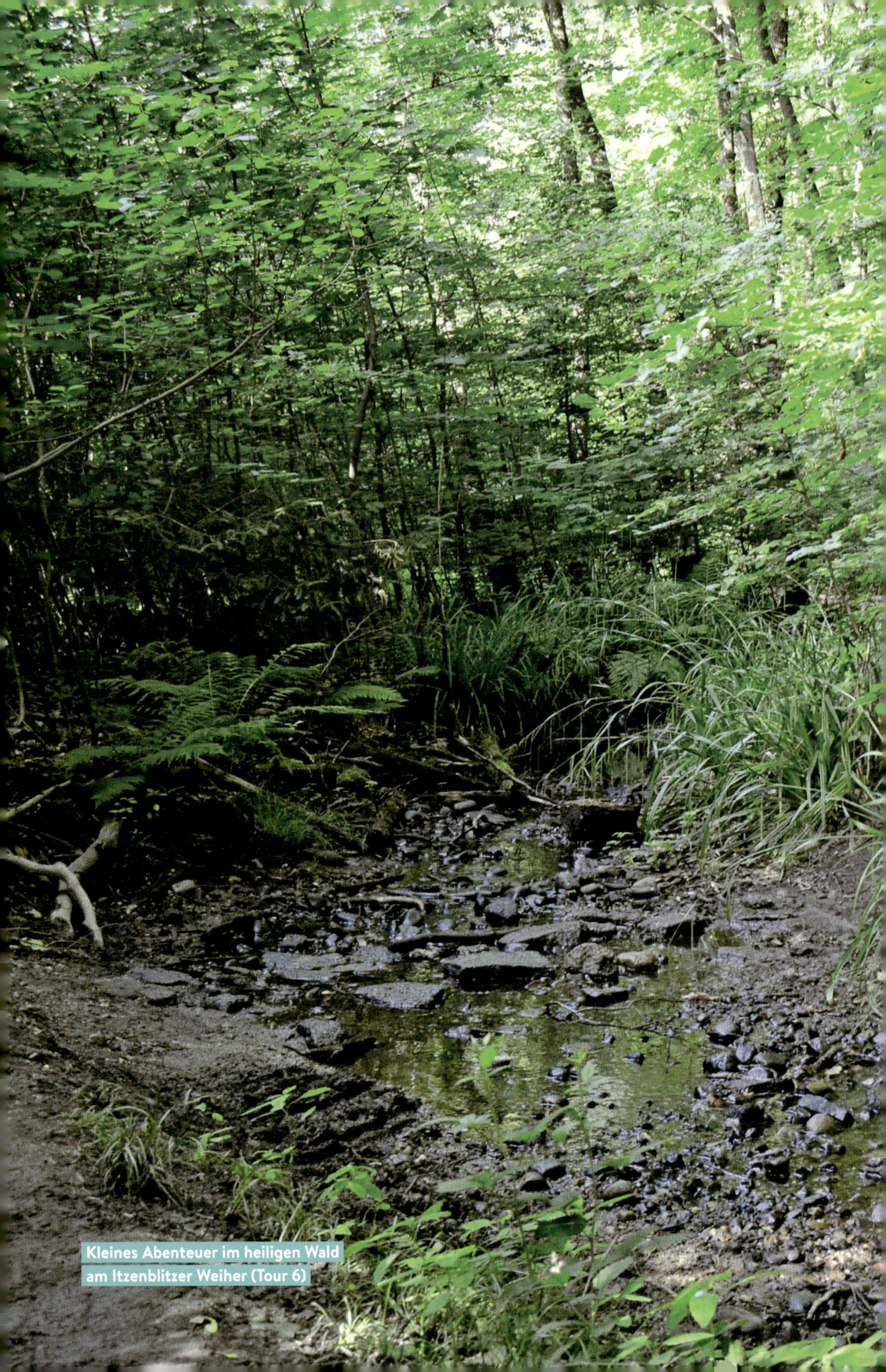

Kleines Abenteuer im heiligen Wald am Itzenblitzer Weiher (Tour 6)

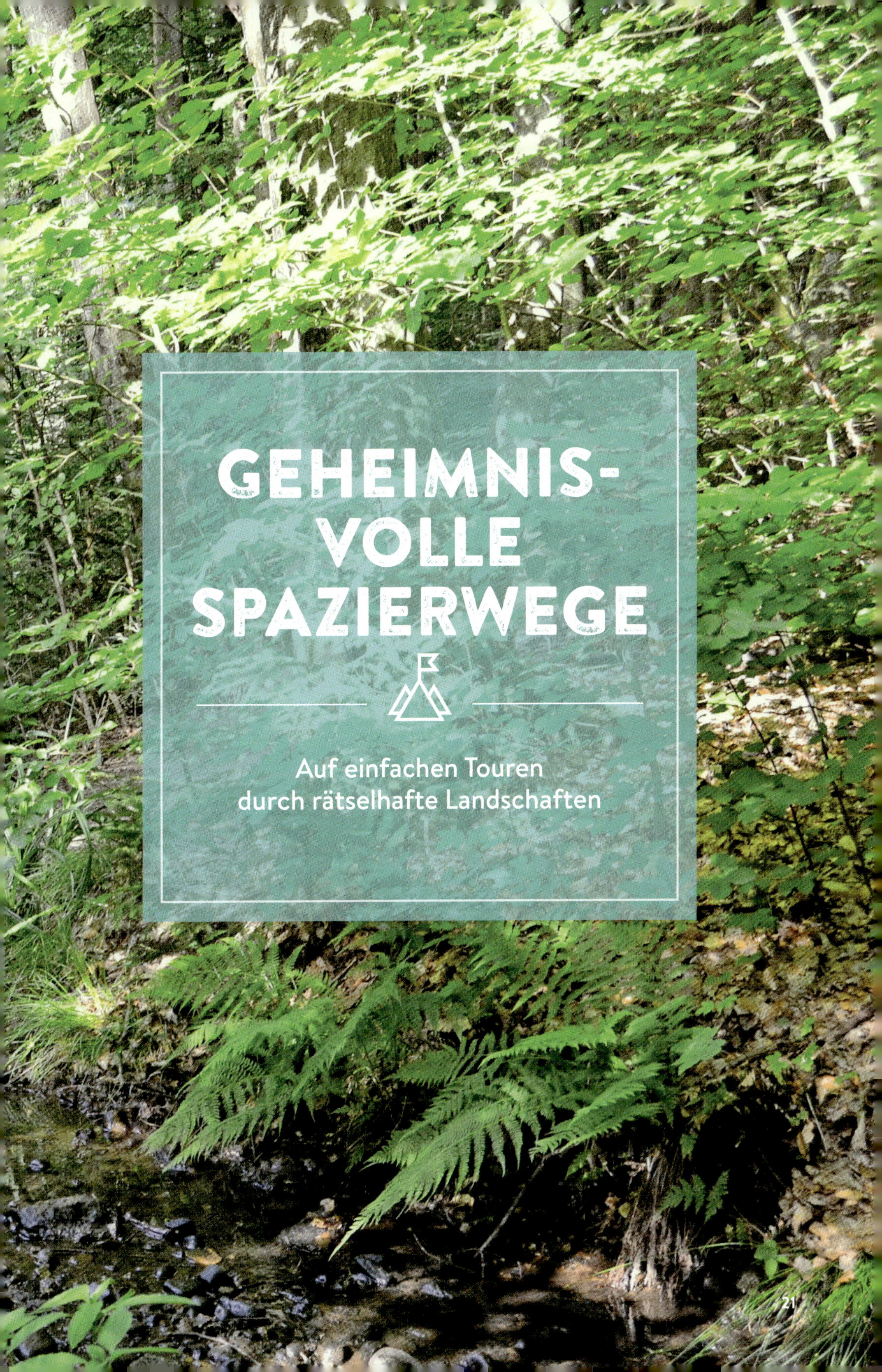

GEHEIMNIS-VOLLE SPAZIERWEGE

Auf einfachen Touren
durch rätselhafte Landschaften

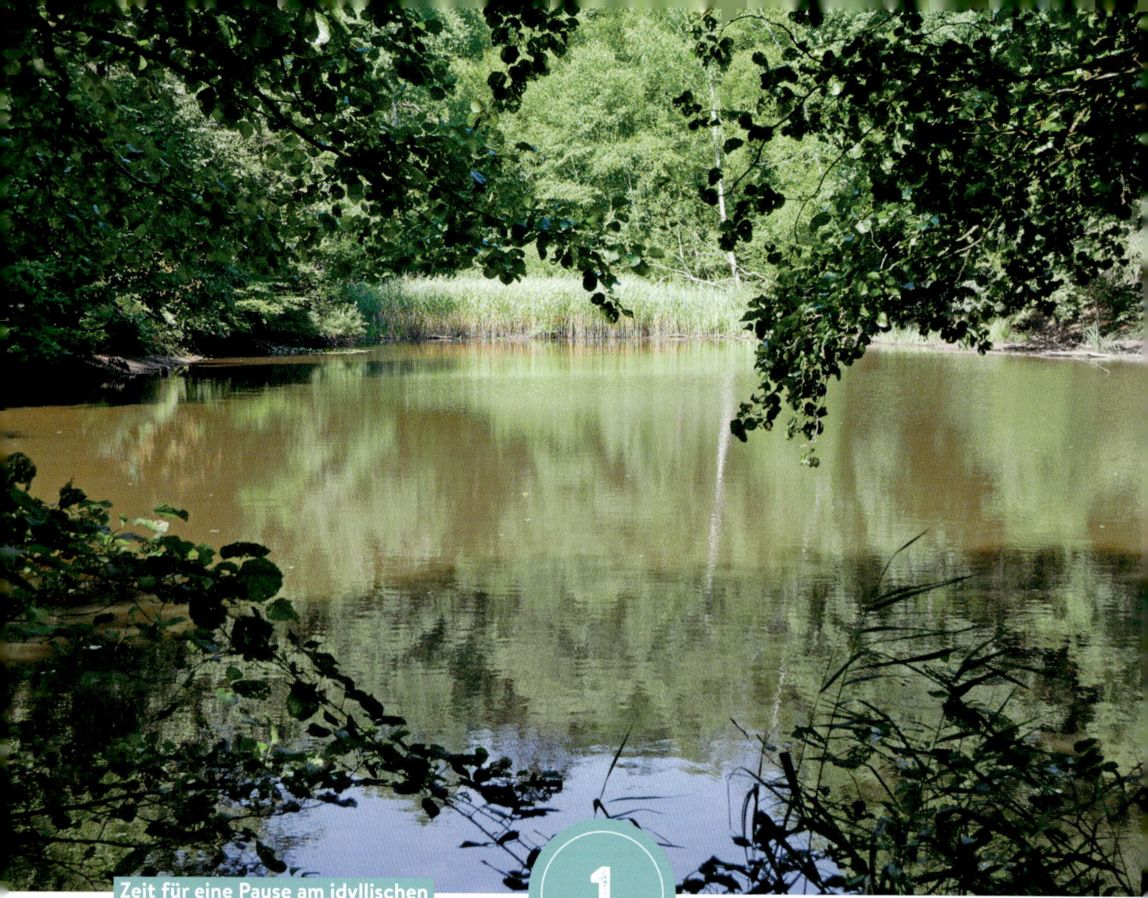

Zeit für eine Pause am idyllischen Kasbruchweiher

1

DIE JUNGFERNSTIEGE AN DEN BRANDGRÄBERN

Runde im Kasbruchtal

Leichte Wanderung über sonnige und halbschattige Wanderwege und -pfade entlang des Kasbruchgrabens. Das Gebiet ist historisch: Bunt durcheinander gewürfelt finden wir Spuren der keltischen und der römischen Kultur: Steinbrüche, Opfersteine und die Jungferntreppe. Der Sage nach soll auch mal ein Schloss in der Nähe gestanden haben.

DAS HEXENSCHLOSS Auf dem Hirschberg soll einmal ein Schloss gestanden haben. Angeblich soll es ein Graf erbaut haben, der sich in eine Köhlerstochter verliebt hatte. In der Walpurgisnacht ging er trotzdem lieber auf die Jagd, anstatt bei ihr zu bleiben. Man kann es ihr ja nicht verübeln: Sie wollte trotzdem feiern. Spät in der Nacht kam der Graf doch noch vorbei, erwischte die Schöne bei einem rauschenden Fest. Als er neugierig durch das Schlossfenster spähte, bot sich ihm ein grauenhaftes Bild: Unzählige Hexen führten einen wilden Tanz auf. Seine Liebste mittendrin, lag in den Armen eines grausigen Teufels. Vor Wut und Entsetzen brannte er das Gebäude nieder. Von dieser Nacht gezeichnet, zog er von da an ein Leben in Einsamkeit vor. Er baute sich eine Hütte an der Stelle des Schlosses. Seine vielen Tränen färbten die Felsen des Kasbruchtals rot und sorgen bis heute für den Wasserreichtum der Wiesenlandschaft. Einmal im Jahr aber – zur Walpurgisnacht – kehrt die wilde Festgesellschaft aus Hexen und Teufeln in den Kasbruch zurück – angeführt von einer wunderschönen Zauberin.

STEINBRUCH Vom **A Parkplatz an der Eifelstraße** aus betreten wir das Kasbruchtal von Osten. Der breite Wanderweg führt uns meist sehr sonnig am Rand des Wiesentals nach Westen. Der Wasserreichtum neben uns sorgt für eine üppige Vegetation mit hohen Gräsern und bunten Wildblumen. Nach 20 Minuten halten wir uns rechts Richtung Kasbruchweiher. Um den **1 alten römischen Steinbruch** zu unserer Rechten nicht zu übersehen, müssen wir schon ein wenig aufpassen. Ohne die kaum noch zu entziffernde Holztafel wären wir uns nicht sicher gewesen, ob wir richtig sind. Eine kleine Pause legen wir dann am idyllisch gelegenen **2 Kasbruchweiher** ein.

↓ Felsenbank mit Sitzbank und Gefallenendenkmal
↘ Unterwegs zum Opferstein

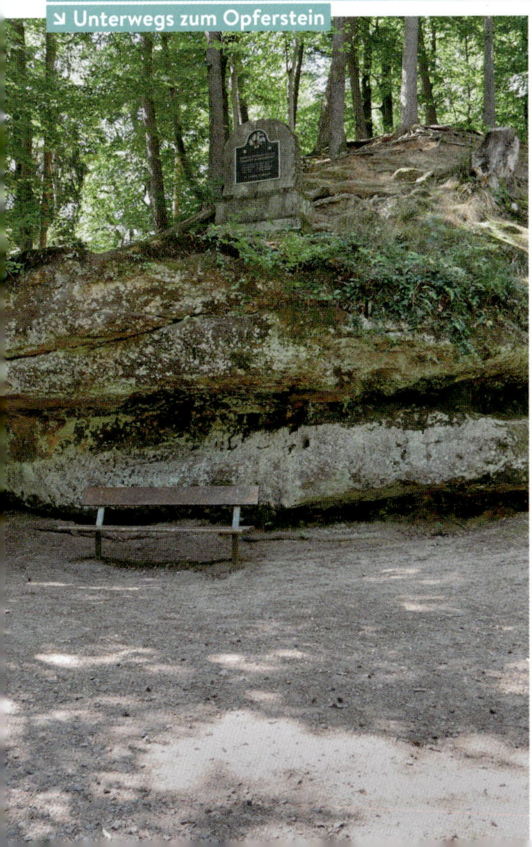

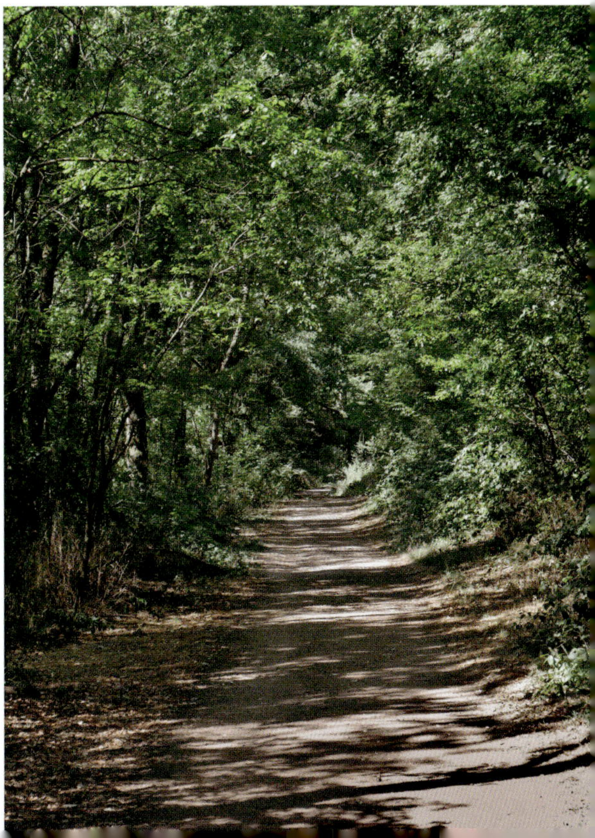

FELSENBANK UND LIBELLENBRUNNEN Am Teich halten wir uns links, wandern erst in südlicher, dann in östlicher Richtung zur **3 Felsenbank**, einer außergewöhnlichen Felsformation mit einem Gedenkstein für Kriegsgefallene auf der Spitze. Zum Sitzen ist der Stein weniger geeignet, aber eine Bank steht davor. Gegenüber im Gras – ein wenig versteckt – finden wir den Libellenbrunnen. Die mit bunten Mosaiksteinen errichtete Anlage steht in krassem Gegensatz zu dem alten Kraftort der Felsenbank.

JUNGFERNTREPPE Wir wechseln die Talseite, wo es deutlich schattiger ist und der Weg dementsprechend auch etwas feuchter, nach Regengüssen sogar schlammig sein kann. Ein hölzerner Wegweiser mit der Aufschrift »Brandgräber« zeigt uns den Weg zur römischen Anlage. Über eine alte Treppe, die zwar aus römischer Zeit stammt, aber von manchen in Zusammenhang mit dem sagenhaften Schloss auf dem Hirschberg gebracht wird, erreichen wir die **4 Brandgräber**: in den Felsen eingelassene rechteckige Vertiefungen, die zur Aufnahme der Asche vornehmer römischer Bürger gedacht waren. Durch mystische Wälder wandern wir weiter zum **5 Opferstein**, erwarten einen weiteren Kraftort, wo all die Mystik und Grausamkeit einer antiken Kultstätte bis heute spürbar ist. Etwas enttäuscht finden wir eine heruntergefallene Holztafel. Sie gibt darüber Auskunft, dass es sich um einen weiteren Steinbruch handelte. Da lag unser Erwartungshorizont wieder mal ein wenig zu hoch, doch eine wunderbar sagenhafte Wanderung war es trotzdem. Über das **6 Brückchen** weiter unten wechseln wir wieder die Talseite und erreichen bald wieder den **E Parkplatz Kasbruchtal**.

↓ Den Libellenbrunnen hätte man eher in einer Stadt vermutet.
↘ Über die Jungferntreppe geht es zu den Brandgräbern.

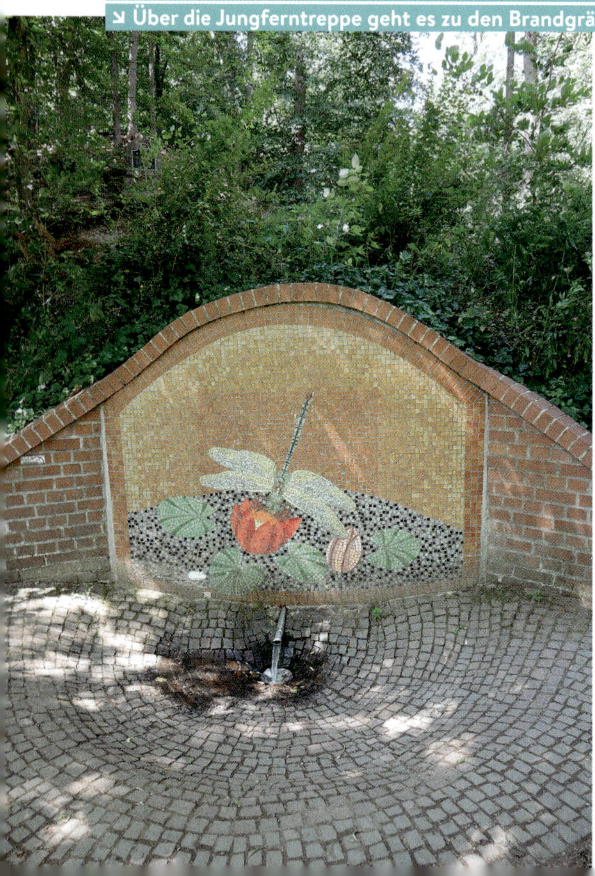

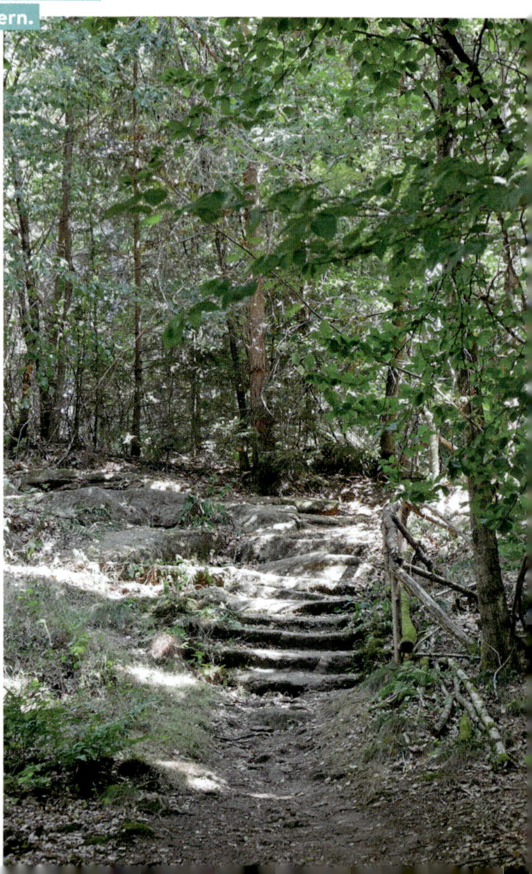

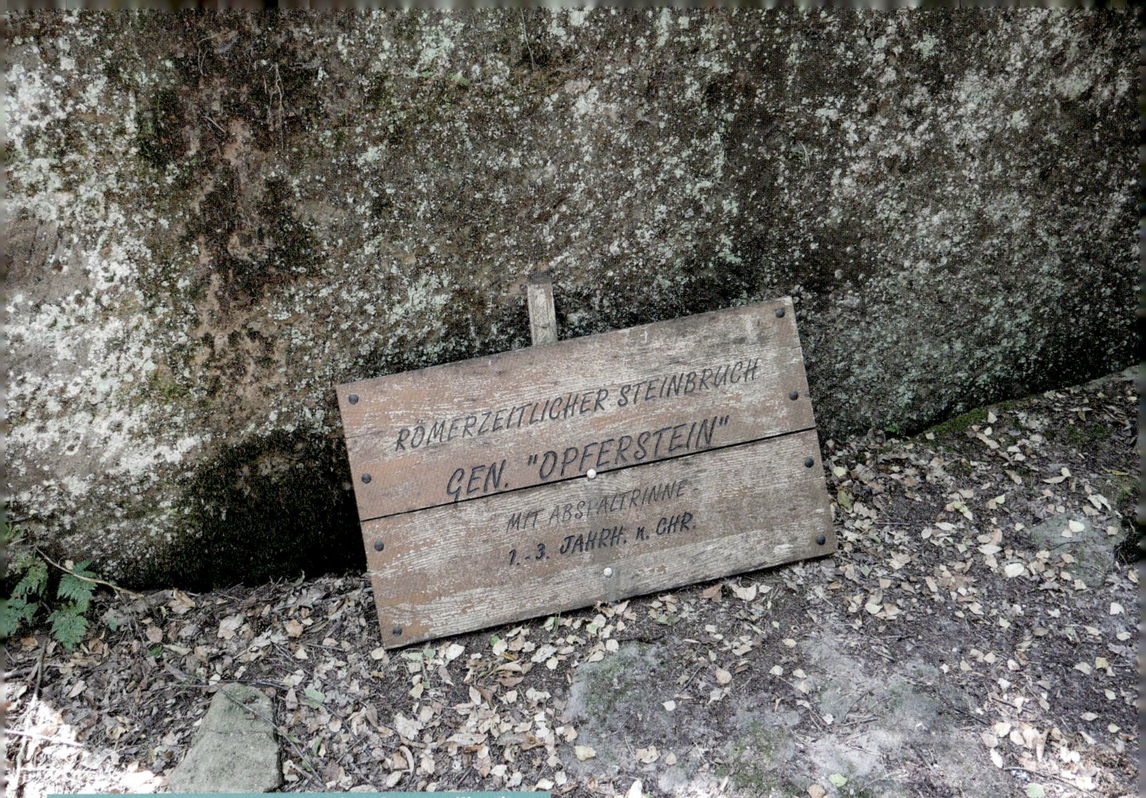

Der römische Steinbruch ist schon lange still gelegt.

INFO

TOURENCHARAKTER

Rundwanderung über schattige und teilweise sehr sonnige Waldwege

AUSGANGS-/ENDPUNKT

Parkplatz Kasbruchtal an der Eifelstraße, 66539 Neunkirchen, 49.340132, 7.224259

INFORMATION

www.neunkirchen.de/index.php?id=348

EINKEHR

Keine auf der Tour; Fischerhütte Furpach, Am Biehlersweiher, 66539 Neunkirchen, www.fischerhütte-furpach.de

Leicht | 4,5 km | 50 Hm | 1.30 Std.

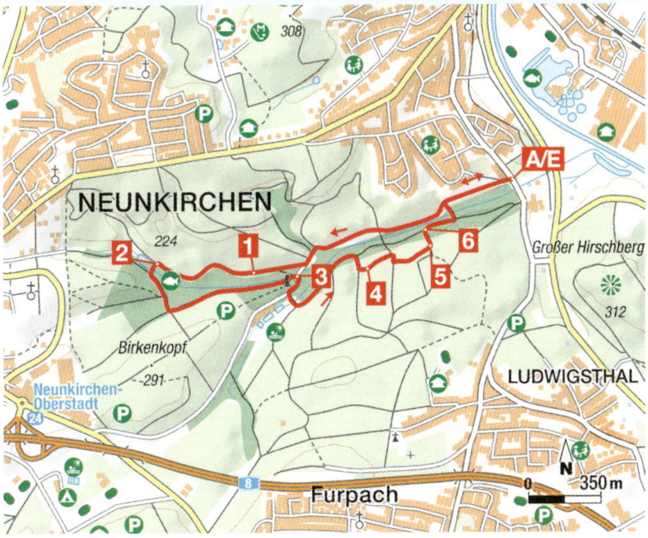

VERBANNT IN DER PROVINZ

Runde am Ökosee

Der Saaraltarm bei Dillingen hat sich in den letzten Jahren zu einem wunderbaren Schutzgebiet für Vögel und Amphibien entwickelt. Auf unserer leichten Rundwanderung um den Ökosee halten wir Ausschau nach dem Fischadler, der hier schon gesichtet worden sein soll. Danach besuchen wir die letzte Wirkungsstätte des römischen Statthalters Pontius Pilatus.

2

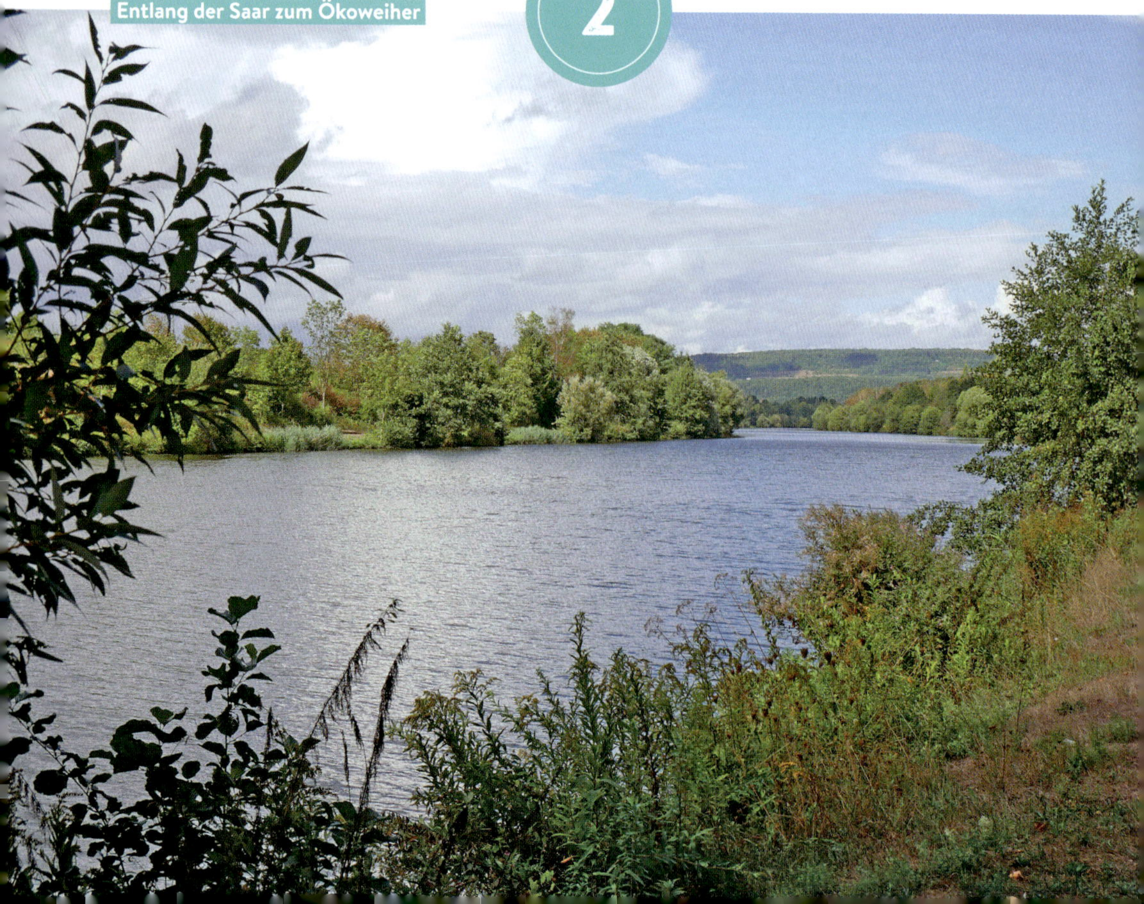

Entlang der Saar zum Ökoweiher

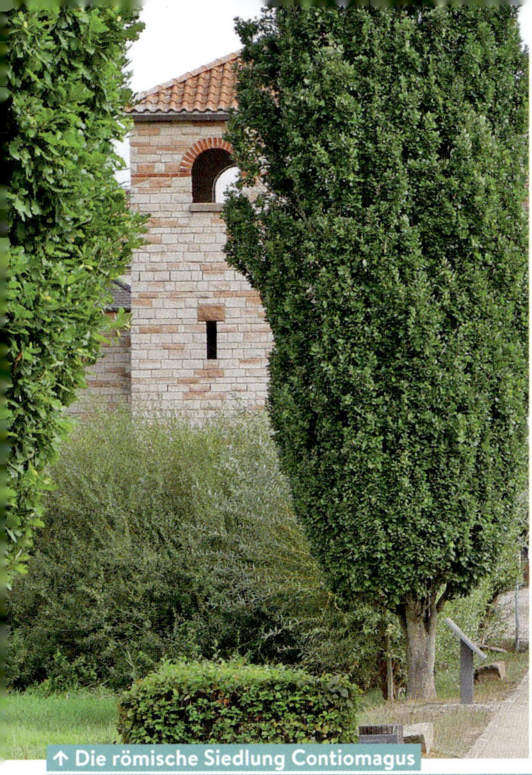

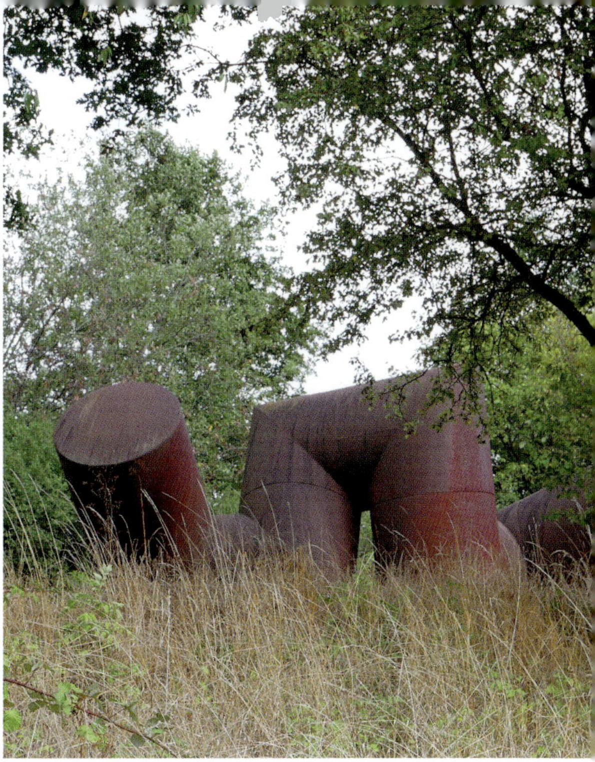

↑ Die römische Siedlung Contiomagus
↗ Skulpturen des Dillinger Stahlsymposiums begleiten unseren Weg.

TREIDELWEG Unweit der **A Primsmündung** laufen wir Richtung Norden an das Saarufer los. Früher wohl schweißtreibender Treidelweg für Mensch und Tier, freuen wir uns heute über den ebenen, befestigten Weg entlang des Wassers. Die Anlegestelle der Lastschiffe taucht schon nach wenigen Metern vor uns auf. Doch kein Kahn hat festgemacht. So genießen wir die Symphonie aus Wasser, Wald und Sonne – und den kunstvollen Stahlgebilden zu unserer Rechten. Die Plastiken gehören zu den Schöpfungen des Dillinger Stahlsymposiums, einer Sammlung zeitgenössischer Künstler von regionalem bis internationalem Ruf. Sie sind frei zugänglich über das gesamte Stadtgebiet und am Stadtrand verteilt aufgestellt. Hinter der Brücke könnten wir schon Richtung Ökosee abbiegen, doch wir halten uns erst einmal am Flusslauf, erreichen bald darauf den **1 Jachthafen**. Hier ist Platz für den Fuhrpark von 85 Skippern. In einem Land, in dem jeder einen kennt, der einen kennt, wundern wir uns, dass keiner einen Flusskapitän in seiner Bekanntschaft hat. Bis zur **2 Franz-Josef-Röder-Brücke**, wo wir die Saarschleuse aus der Ferne bewundern, halten wir uns am Fluss. Direkt davor drehen wir landeinwärts über die Wiesen Richtung Ökosee.

VOGELPARADIES So ein Ökosee würde diesen Namen nicht verdienen, wenn er frei zugänglich wäre. Statt vor einem Himmelsspiegel stehen wir vor einer dichten Hecke. Das Rückzugsgebiet am Ufer schützt Wasservögel, Amphibien und andere Arten vor neugierigen Blicken und Räubern. Im dichten und sicheren Geäst sitzen Küken und andere Tierkinder, warten darauf, dass die Alten ihnen das Futter nach Hause schaffen. Auf einem breiten Parkweg wandern wir gegen den Uhrzeigersinn um das Gewässer herum, hoffen doch endlich auf freies Sichtfeld. Der Wunsch erfüllt sich: Alsbald treffen wir

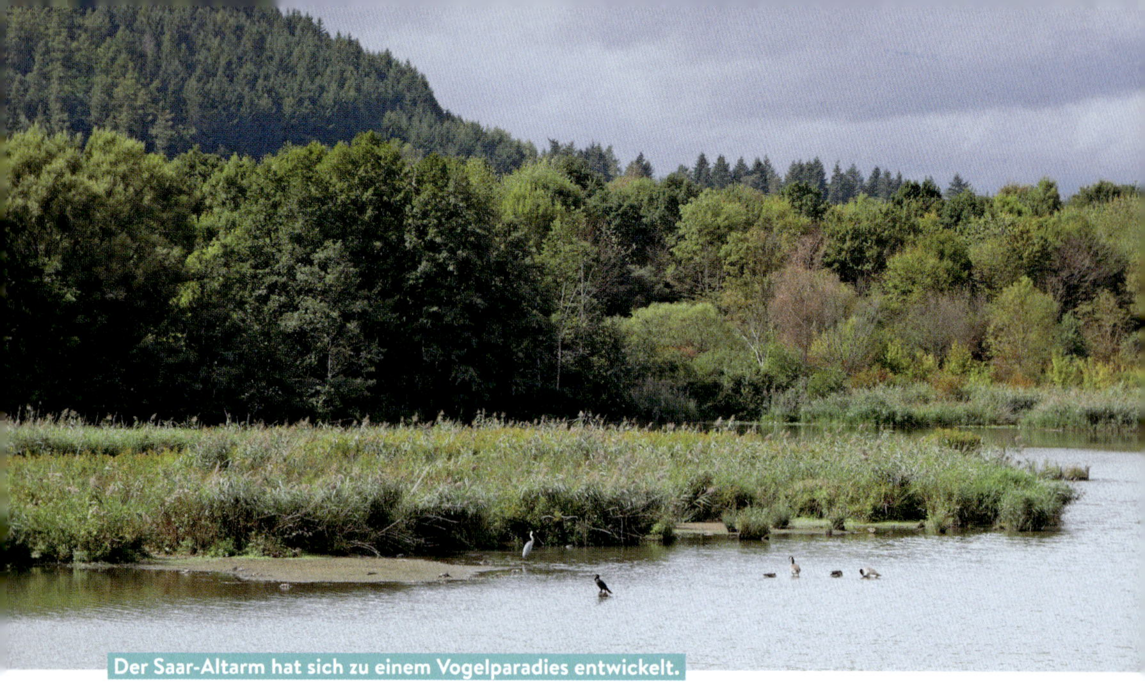

Der Saar-Altarm hat sich zu einem Vogelparadies entwickelt.

auf einladende **3 Bänke mit Blicköffnungen** auf das ursprüngliche Nass: Der Anblick ist ebenso idyllisch wie faszinierend. Auf einer nicht allzu weit entfernten Sandbank tummelt sich allerlei Federvieh – für eine genauere Bestimmung bräuchten wir ein Fernglas. Doch eines können wir mit Sicherheit sagen: Der erhoffte Fischadler ist nicht anwesend. Der größte anwesende Vogel steht etwas abseits unbeweglich im flachen Nass: Ein Reiher wartet wohl darauf, dass ein Fisch unvorsichtiger Weise ganz nah an ihm vorbei schwimmt. Auch in der Luft ist immer wieder etwas los. Meist fliegen kleine Vogelschwärme mal hierhin, mal dahin. Den Sinn des Ganzen wollen wir gar nicht erst verstehen, lassen einfach das entspannende Schauspiel auf uns wirken.

PONTIUS PILATUS Einige Meter weiter erreichen wir **4 Contiomagus**. Die gallo-römische Kleinstadt entwickelte sich sicher vor den kriegerischen Zwischenfällen an der Grenze im Norden und abseits der römischen Tagespolitik in ruhiger Kontinuität. Die römischen Fernstraßen und die sichere Saarfurt sorgten für einen gewissen Wohlstand. Hier ließ es sich bequem leben: Provinz eben. Für einen römischen Statthalter und Karrieristen aus einflussreicher Familie musste ein Amt hier Höchststrafe gewesen sein. Umso verwunderlicher, dass dieses Leben in der Bedeutungslosigkeit ausgerechnet den aus der Passionsgeschichte berüchtigten Präfekten Pontius Pilatus getroffen haben soll. Der Grund seiner Anwesenheit lag nicht darin, dass er Jesus von Nazareth zum Tode verurteilt hat. Weitere Hinrichtungen ohne Verfahren, Brutalität, Bestechungen, Raub und Beleidigungen sollen zu seiner Abberufung in Judäa und der Versetzung an die Saar geführt haben. Hier hat er sich, der Sage nach, im Jahre 41 selbst gerichtet: Am Hainbach stürzte er sich in sein Schwert. So wie Pontius gefunden wurde, hat man ihn dann auch in Pachten begraben: auf »Maul und Nas«.

FISCHWEIHER Der weitere Rundweg gestaltet sich weiter wie ein Sonntagnachmittagspaziergang im Park, ebenerdig und ohne Stolperfallen. Nach dem Überqueren der L 355 erreichen wir den ebenso idyllischen

5 Angelweiher in den Steinen. Fast könnte man meinen, dass es sich hier um eine Fortsetzung des Ökosees handelt. Doch ein Schild informiert über die Angelregeln und Schonzeiten von Hecht, Karpfen, Schleie und Aal. Noch vor wenigen Jahren konnte man hier mit Nutrias spielen. Doch die zahmen, den Meerschweinchen ähnelnden Tierchen sind von einem Jahr auf das andere verschwunden. Möglicherweise hat sie niemand gefüttert, als der Angelweiher mal im Winter zugefroren war. Dann finden die aus Südamerika stammenden, nützlichen Tierchen kein Futter mehr. Nach weiteren zehn Minuten gemütlichen Spaziergangs erreichen wir wieder die **E Primsmündung**.

Tipp

DEN ÜBERBLICK BEHALTEN

Vogelbeobachtungen lassen sich am besten vom Aussichtsturm zwischen Saar und Ökosee durchführen. Dort oben ist man näher am Geschehen und hat den ganzen Überblick.

INFO

TOURENCHARAKTER

Leichte Rundwanderung über meist sonnige, befestigte Wege

AUSGANGS-/ENDPUNKT

Parkplatz Primsmündung, 66763 Dillingen/Saar, 49.340952, 6.715227

INFORMATION

www.dillingen-saar.de/freizeit-kultur/naherholung/oekosee/

EINKEHR

Keine auf der Tour; Biergarten zur Staustufe, Gewerbegebiet Rundwies, Röntgenstraße, 66763 Dillingen, www.biergarten-zur-staustufe.de

Mittel	7,2 km	10 Hm	2.00 Std.

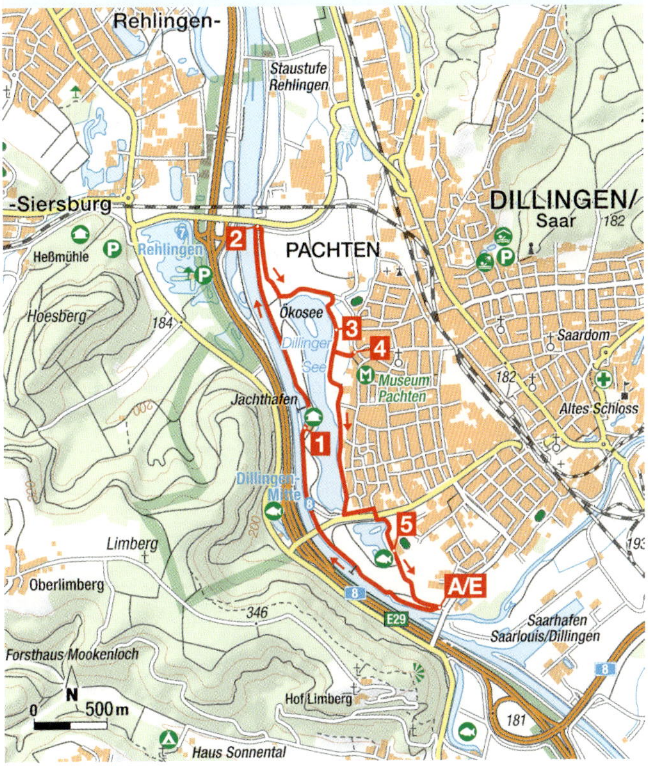

ATTILA IM BETTELWALD

Runde bei Ormesheim

Sonntagnachmittagsspaziergang über die Feldwege zwischen den beiden leicht zu verwechselnden »O«-dörfern Ormesheim und Ommersheim. Schatten finden wir unterwegs im NATURA 2000-Gebiet Bettelwald, wo zwischen den geheimnisvollen Mardellen das Grab von Hunnenkönig Attila versteckt sein soll.

3

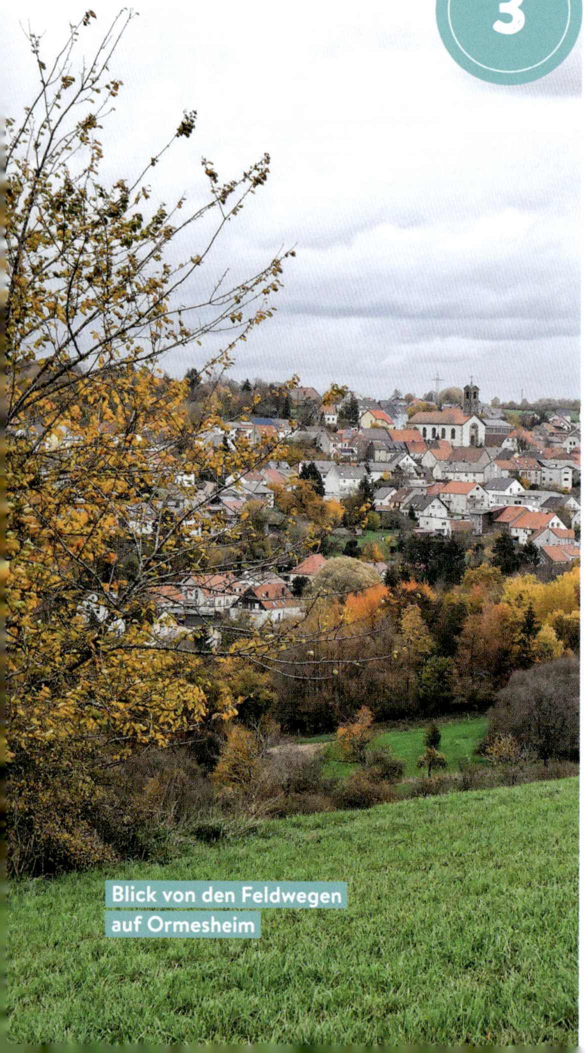

Blick von den Feldwegen auf Ormesheim

FELDWEGE Am **A** **Ormesheimer Friedhof** senkt sich der Weg zum Merlbach hinunter, um gleich hinter der Brücke auch schon wieder anzusteigen. Wir halten uns links und erreichen die freien Felder mit hervorragender Sicht in alle Richtungen. Der Flughafen Ensheim bildet einen Kontrapunkt in der ländlichen Landschaft aus Äckern und Obstwiesen mit den herbstlichen Wolkenbergen am Himmel darüber. Vielleicht hätten wir einen Flugdrachen mitbringen sollen? Nach knapp einem Kilometer biegen wir rechts ab und nehmen Kurs auf den Bettelwald.

DIE SAGE VON ATTILAS GRAB An den **1** **Bäumen** angekommen, halten wir uns erst einmal links, umgehen das Waldgebiet und genießen den Blick auf Ommersheim, das sich den gegenüberliegenden Hang hinaufzieht. Erst an der Pferdekoppel nehmen wir einen der **2** **kleinen Pfade in den Forst**. Denn ein verstecktes Grab finden wir bestimmt nicht am breiten Hauptweg. Kein geringerer als Hunnenkönig Attila soll hier im Wald seine letzte Ruhe gefunden haben. Der Schreckensherrscher aus dem Osten hatte im

5. Jahrhundert Europa im Sturm erobert, als er in seiner Hochzeitsnacht überraschend verstarb. Nicht wenige vermuten, die schöne Ildico hätte sich als Giftmischerin betätigt. Wer will schon die x-te Ehefrau in einer Reihe unzähliger Gespielinnen werden? Da sich der Hunnenkönig viel zu weit weg von seiner Heimat befand, beschlossen seine engsten Getreuen, den Leichnam in der Nähe zu beerdigen und den Ort des Grabes geheim zu halten. Sie ritten los und bestatteten ihren König heimlich mit allen Ehren und Gaben in einem Wald. Die Bewohner der umliegenden Dörfer berichten von nächtlichem Lärm im Bettelwald, gingen aber aus Angst nicht nachschauen, was sich dort abspielte. Am nächsten Morgen war alles verschwunden, die Spuren verwischt. Zurück beim hunnischen Heer wurden die Totengräber umgebracht, damit sie nichts verraten konnten. Ähnliche Sagen von Attilas Grab gibt es an einigen Orten. Mindestens drei davon liegen im Saarland.

BETTELWALD Schon auf dem Rückweg genehmigen wir uns noch einen kleinen Abstecher zum **3 Bettelwaldbach**. Unwirklich, als ob es hier überhaupt nicht in die Landschaft gehört, steht das Rinnsal mehr, als dass es fließt. Vielleicht irrt sich Maps und es handelt sich um eine Mardelle, eine Vertiefung auf kalkhaltigem Boden, wo das Regenwasser nicht abfließen kann? Ganz egal: Einen perfekten Schutz für das versteckte Grab eines gemeuchelten Hunnenkönigs würde die Stelle allemal hergeben: geheimnisvoll und magisch. Dazu noch einfach zu erreichen. Nur wenige Minuten später erreichen wir den Waldrand, wo wir Kurs Richtung **E Ormesheimer Friedhof** nehmen.

INFO

TOURENCHARAKTER
Rundwanderung auf überwiegend sonnigen Feldwegen und einigen Waldwegen und -pfaden

AUSGANGS-/ENDPUNKT
Friedhof Ormesheim,
Allmendstraße 4a,
66399 Mandelbachtal,
49.199694, 7.142193

INFORMATION
www.ommersheim.de/geschichte/ommersheimer-sagen

EINKEHR
Keine auf der Tour;
Di Paola's Zum Gangelbrunnen, Restaurant – Bistro, Naherholungsanlage Am Ommersheimer Weiher, 66399 Mandelbachtal-Ommersheim, www.dipaolas-gangelbrunnen.de

Leicht | 5 km | 60 Hm | 1.40 Std.

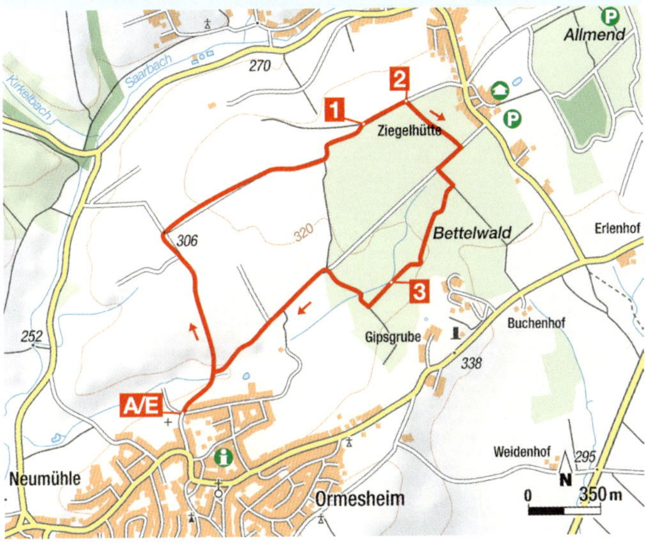

DAS STEINERNE BETT

Weiselberg-Runde bei Oberkirchen

Durch herrliche Wälder erwandern wir den schroffen Vulkangipfel des Weiselbergs, wo wir eine majestätische Sicht auf das nördliche Saarland und das Kuseler Musikantenland genießen. Auf dem Rückweg rätseln wir, ob die bizarren Fünfecksteine tatsächlich von den Ruinen eines zerstörten Gipfelschlosses stammen.

4

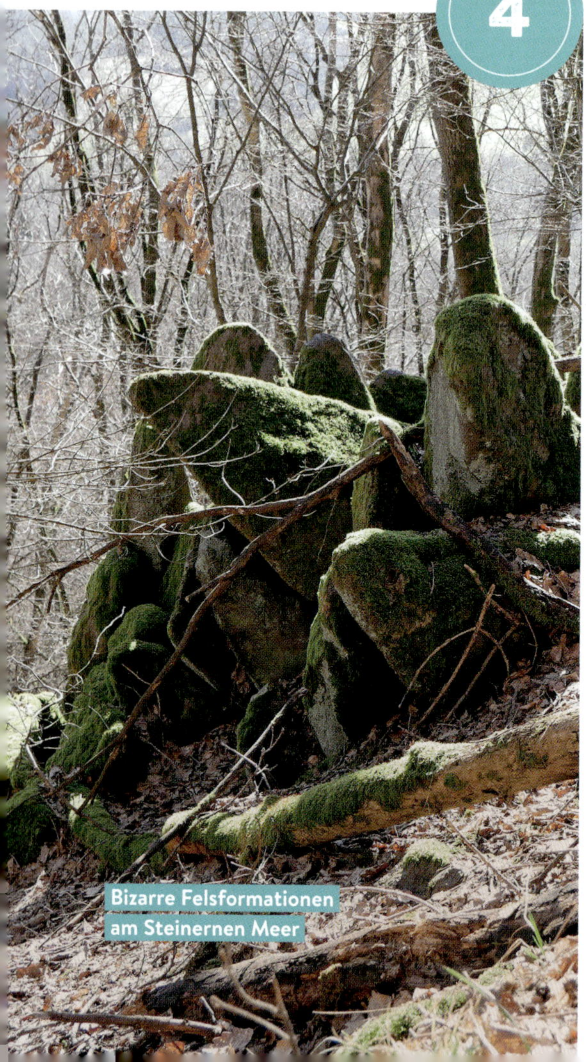

Bizarre Felsformationen am Steinernen Meer

OBERKIRCHENER BASALTSTEINBRÜCKE Von der **A Dorfmitte** aus starten wir Richtung Norden mit Blick auf das wohl imposanteste Viadukt des Saarlandes: Die ehemalige Eisenbahnbrücke aus Basaltsteinen überspannt auf einer Länge von 234 Metern das ganze Tal. In der NS-Zeit erbaut, wurde sie nur 33 Jahre lang für den Eisenbahnverkehr genutzt. Neue Verwendung fand sie erst mit der Eröffnung des Fritz-Wunderlich-Rad- und Wanderweges im Jahre 1993.

DAS STEINERNE BETT Wir halten uns Richtung Weiselberg-Gipfel, nehmen dabei nicht den Weiselberg-Rundweg, sondern kürzen über den kleinen Pfad in nordwestlicher Richtung ab. Langsam steigt der Weg in südlicher Richtung an. Die Bäume gedeihen auf dem steinigen Boden nicht so gut wie auf den benachbarten Hügeln, sind deutlich kleiner und von grünem Moos überzogen. Bedächtig setzen wir einen Schritt nach dem anderen bis wir den **1 Gipfel** erreicht haben. Der Sage nach stand an dieser Stelle in 570 Metern Höhe ein Schloss voll mit Gold, Silber und Edelsteinen. Es gehörte einem gütigen und gerechten König. Doch der Herrscher des benachbarten Reiches war voller Neid und Missgunst: Er erklomm bei Nacht und Nebel den Weiselberg, um den schlafenden Regenten zu ermorden. Prompt verwandelte sich das Bett des Königs in den Gipfelfelsen, wo wir gerade auf der Relaxbank neben dem Gipfelkreuz die Aussicht genießen .

DAS STEINERNE MEER Vom Gipfel weg führt ein schmaler Pfad den Gipfel herunter. Ein hölzernes Geländer gibt uns beim steilen Abstieg Halt. Links und rechts ragen bizarre fünfeckige Steinformationen aus dem Boden. Wir sind im Gebiet des **2 Steinernen Meeres** – der Sage nach die Trümmer des prachtvollen Schlosses auf dem Gipfel. Nachdem sich das Königsbett in den Gipfelfelsen verwandelt hatte, soll das Schloss in sich zusammengestürzt sein. Zwischen und unter den sichtbaren Steinen, deren Form ja nicht natürlich entstanden sein könnte, würden die Schätze des Schlosses vergraben liegen. Und tatsächlich konnte man früher die Achate an der Oberfläche einfach aufsammeln. Später, nachdem man an der Oberfläche nichts mehr fand, trieb man Stollen in die Bergflanken, um die beliebten Schmucksteine zu finden.

WALDWEG Am Fuß des Vulkanberges bietet die Erde einen besseren Nährboden für den Wald. Irgendjemand hat kleine Figuren in den Baumwurzeln versteckt. Netter Spaß. Stolze Bäume beträchtlichen Alters begleiten unseren **3 Heimweg** am Südhang des Weiselberg zurück nach **E Oberkirchen**.

INFO

TOURENCHARAKTER
Bergwanderung durch schattige Wälder mit spektakulären Aussichtspunkt

AUSGANGS-/ENDPUNKT
Kirche St. Katharina,
Dorfstraße,
66629 Freisen-Oberkirchen,
49.525393, 7.259691

INFORMATION
www.bostalsee.de

EINKEHR
Café Edelstein,
Hauptstraße 26, 66629 Freisen,
14–17 Uhr,
www.oberkirchen-saarland.de/bei-uns-ist-was-los/projekte/cafe-edelstein/

Mittel	4,5 km	200 Hm	1.45 Std.

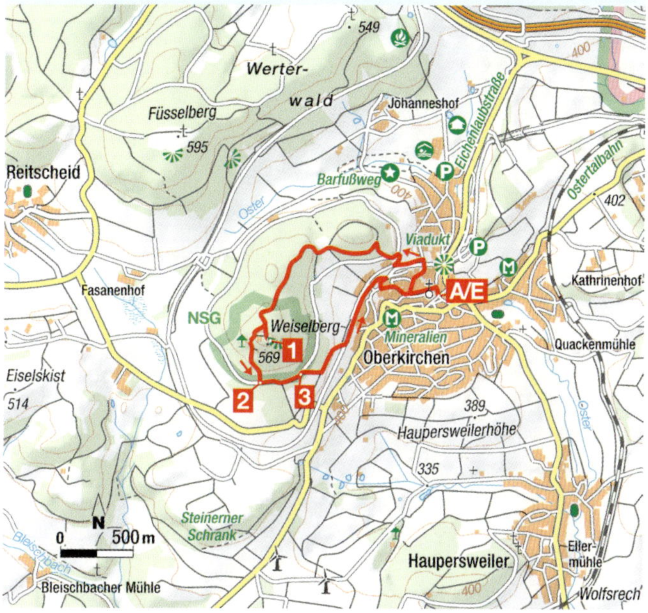

BEIM RIESEN KREUZMANN

Einmal auf den Stiefel und zurück

Ungewöhnlich viele umgestürzte Bäume begegnen uns am steilen Hang unterhalb Deutschlands drittschönstem Naturdenkmal 2013. Doch wir umgehen ihn über sanft ansteigende Waldwege vorbei am sagenumwobenen Stiefeler Schloss.

5

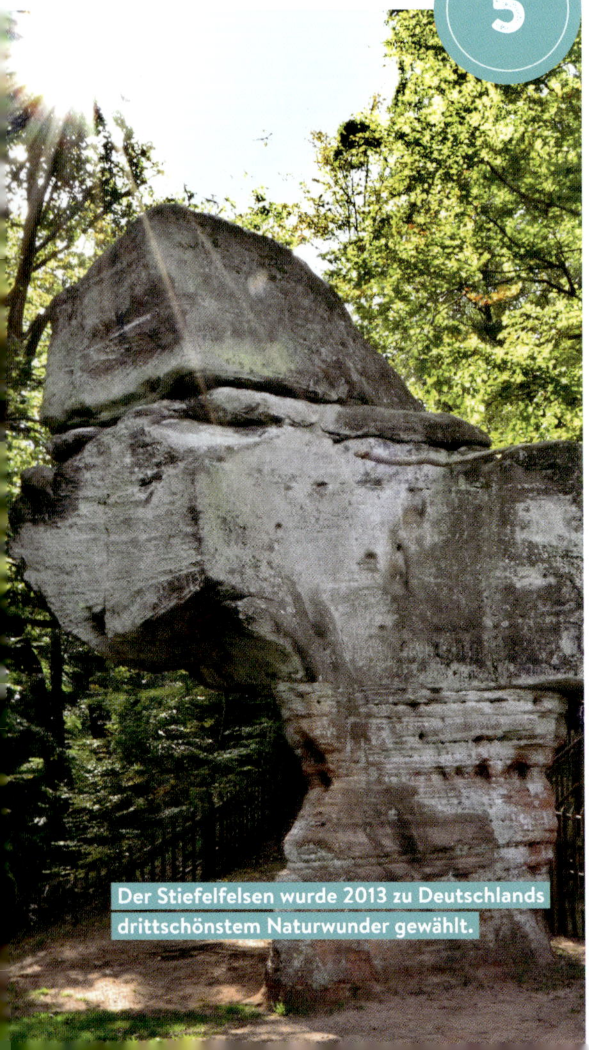

Der Stiefelfelsen wurde 2013 zu Deutschlands drittschönstem Naturwunder gewählt.

START ZUM FLIEGERSTEIN Direkt hinter der Brücke über die A 6 befindet sich der **A Parkplatz** am Einstieg eines Waldweges. Doch es ist nicht unserer: Geradewegs den Hang hinauf führt uns ein kleiner Pfad. Nach wenigen Metern erreichen wir einen zweiten Waldweg, wo wir links abbiegen. Nach etwa zwei Kilometern gelangen wir zur **1 großen Waldwegekreuzung** mit einem ungewöhnlichen Gedenkstein: Am 4. Februar 1916 stürzte ein Doppeldecker in den Stiefeler Wald.

DAS STIEFELER SCHLOSS Eine außergewöhnlich **2 stattliche Buche** ziert unseren Weg gen Osten zum **3 Stiefeler Schloss**. Von der alten Turmhügelburg aus dem Jahre 450 sind nur noch ein paar Steine am Boden zu sehen. Friedrich I., genannt Barbarossa, brannte 1168 die Festung nieder. Allerdings ließ er den Turm stehen. Ein Fehler, denn der berüchtigte Räuber Reppert zog bald mit seinen Kumpanen in die Ruinen ein. Zusammen terrorisierten sie die Gegend. Händlern und Reisenden unten im Tal sollen sie dermaßen zugesetzt haben, dass die Passage

»Rennt rasch« genannt wurde. Daraus soll der Ortsname Rentrisch entstanden sein. Außerdem soll Reppert jahrelang eine junge Frau aus der Gegend gefangen gehalten haben. Sie musste die Hausarbeit verrichten. Als er erkrankte, nutzte sie die Gelegenheit: Sie gab vor, Medizin zu besorgen, und verriet der Saarbrücker Obrigkeit, wie sie die Räuberbande überwältigen konnte.

STIEFELFELSEN Hinter der 4 **Heinrich-Kohl-Hütte** wird der Weg felsiger und wilder, bis wir am Nordostende den 5 **Großen Stiefel** erreichen. Der wuchtige Felsen erinnert an einen umgedrehten Stiefel. Daneben ist fast genauso markant ein 3,40 Meter hoher Fünfeckstein zu finden. Bei diesem soll es sich um den Esstisch des berüchtigten Riesen Kreuzmann gehandelt haben. Kamen ihm die Wanderer zu nahe, riss er Bäume aus und schleuderte sie gegen die Wanderer, bevor er sie verspeiste, oder er hielt sie in hölzernen Käfigen gefangen. Als sich die Leute der Gegend zusammenrotteten, um Kreuzmann den Garaus zu machen, packte diesen die Wut: Er warf einen riesigen Felsen auf die Angreifer und schlug diese damit in die Flucht. Der Felsen steht heute im Tal und ist als Spellenstein bekannt. Wütend und rachsüchtig verfolgte Kreuzmann seine Häscher den Berg hinunter. Dabei stolperte er und blieb benommen liegen. So nutzen die Dorfbewohner die Gelegenheit, um Kreuzmann den Rest zu geben.

STEILER ABSTIEG Vom Naturdenkmal aus führt ein Pfad steil und in einigen Windungen den Hang hinunter zum E **Parkplatz**. Unterwegs entdecken wir immer noch eine ungewöhnlich hohe Zahl umgestürzter Bäume und größerer Steine. Als ob Kreuzmann immer noch oben hausen würde.

INFO

TOURENCHARAKTER
Rundwanderung über schattige Waldwege und -pfade

AUSGANGS-/ENDPUNKT
Waldparkplatz an der A6, zu erreichen über den Birkenkopfweg, 66386 St. Ingbert, 49.255890, 7.095368

INFORMATION
www.st-ingbert.de/tourismus.html

EINKEHR
Stiefeler Hütte, Waldwirtschaft in Nähe des Stiefelfelsens, Auf dem Großen Stiefel, 66386 St. Ingbert, www.stiefeler-huette.de

Leicht | 4,2 km | 120 Hm | 1.30 Std.

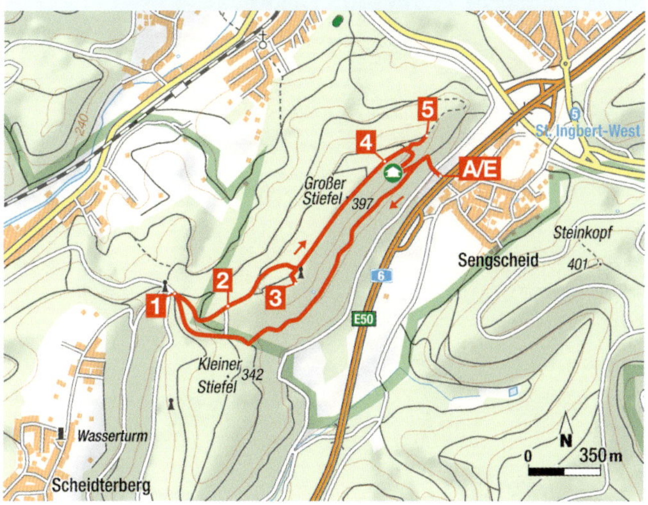

DER HEILIGE WALD

Itzenblitzer Pingen-Runde

Vom meistfotografierten Pumpenhaus des Saarlandes aus erkunden wir die alten Bergmannspfade, die uns zwischen gewaltigen und alten Baumriesen hindurchführen. Da liegt es auf der Hand, dass Wald und Ort heilig heißen. Doch die Namensgebung hat einen anderen Grund.

6

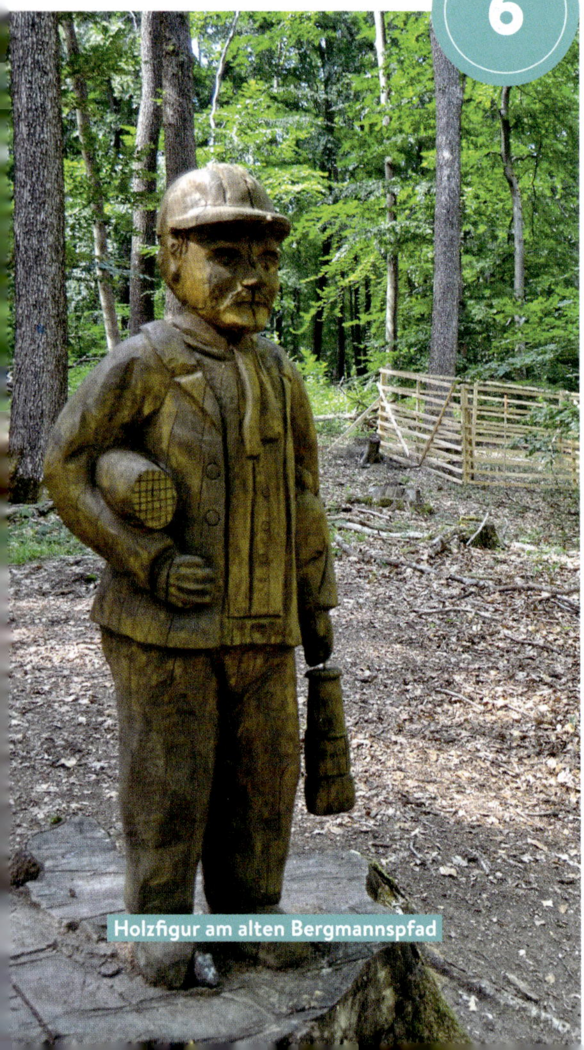

Holzfigur am alten Bergmannspfad

ITZENBLITZER WEIHER Heute ist es beim Anblick des Weihers kaum vorstellbar, dass das Wasser hier aufgestaut wurde, um die Dampfmaschine der nahen Grube zu betreiben. Das pittoreske, oft fotografierte Rundhaus beherbergte die notwendigen Pumpen. Wir wandern vom **A Parkplatz** aus entgegen der empfohlenen Laufrichtung des Pingen-Pfades rechts um den Weiher herum.

BERGMANNSPFADE Zwar ist das Schwimmen im Weiher verboten, jedoch kann man an heißen Tagen öfter Menschen in Badekleidung am **1 kleinen Strand** treffen. Dahinter führt uns der Weg – weg vom Wasser – in den Wald hinein. Hinter den Gebäuden des Bergwerkes sind einige Holzfiguren und Schautafeln aufgestellt, die vom Leben der Bergleute berichten. Weil diese oft von weiter weg kamen, wanderten sie meist nur am Wochenende nach Hause und übernachteten während der Woche in den Schlafhäusern am Arbeitsplatz. **2 Pingen** sind übrigens Gruben, die beim oberirdischen Kohleabbau entstanden. Einige können wir noch am Wegesrand erkennen.

DER ABGELEGENE WALD Schon vor der Kohlezeit wuchs der Sage nach im Gebiet westlich von Schiffweiler ein mächtiger Forst. Nur ein paar Pfade verbanden die wenigen Weiler, die sich zwischen den Hügeln verbargen. Dafür versteckte sich im Wald wohl allerlei Gesindel vor der Obrigkeit.

DER HEILIGE MANN Doch genau in diesem einsamen Wald soll sich ein Eremit niedergelassen haben. Mitten im dichten Wald baute er eine Einsiedelei mit einem Altar. Mit der Zeit kamen immer mehr Leute vorbei, denn er war nicht nur gastfreundlich und ein guter Ratgeber, er soll auch medizinisch bewandert gewesen sein und für alle Gebrechen das passende Kraut parat gehabt haben. Doch keiner wusste, wann oder woher der Mann gekommen war. Nicht einmal seinen Namen sollen die Leute gekannt haben. So nannte man ihn den heiligen Mann und seinen Wohnort den heiligen Wald.

KALLENBACHKLAMM Die Waldfläche ist über die Jahrhunderte stark geschrumpft, doch die Erhabenheit des Ortes ist erhalten geblieben. Sie wird aufgelockert durch Schautafeln der Bergmannszeit, Pingenfelder und Holzfiguren. Nach dem Besuch der 3 **traditionellen Bergmannsgaststätte** aus dem Jahr 1784 wechselt gegen Ende der Tour die Landschaft: In der 4 **Kallenbachklamm** kurz vor der Rückkehr zum Weiher kann man sich schon mal nasse Füße holen. Doch kurz später hat uns das Naherholungsgebiet wieder und wir kehren zum E **Parkplatz** zurück.

INFO

TOURENCHARAKTER
Rundwanderung durch schattige Wälder

AUSGANGS-/ENDPUNKT
Itzenblitzer Weiher, Am Itzenplitzer Weiher, 66578 Schiffweiler, 49.349582, 7.097561

INFORMATION
www.regionneunkirchen.de/erleben/sehenswuerdigkeiten/naherholungsraum-itzenplitz

EINKEHR
Gaststätte Fischerhütte, Am Itzenblitzer Weiher, 66578 Schiffweiler-Heiligenwald, www.asv-heiligenwald-1935.de; Alt-Steigershaus, 66589 Merchweiler

Leicht	5,7 km	90 Hm	2.00 Std.

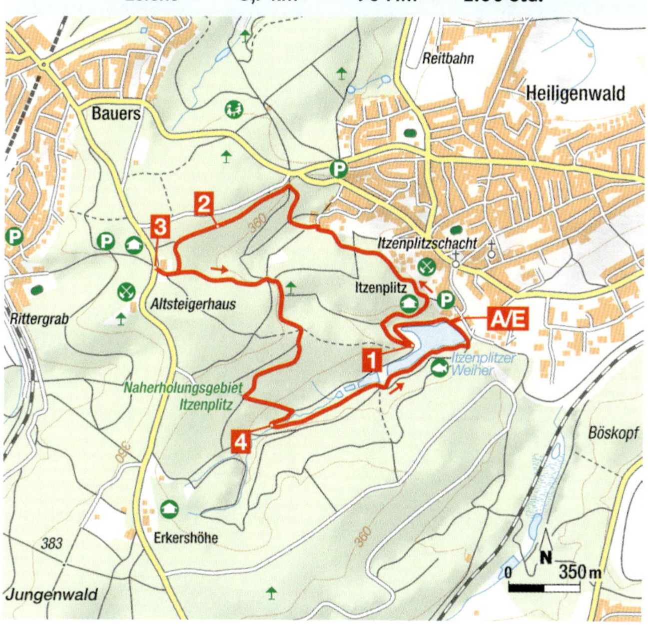

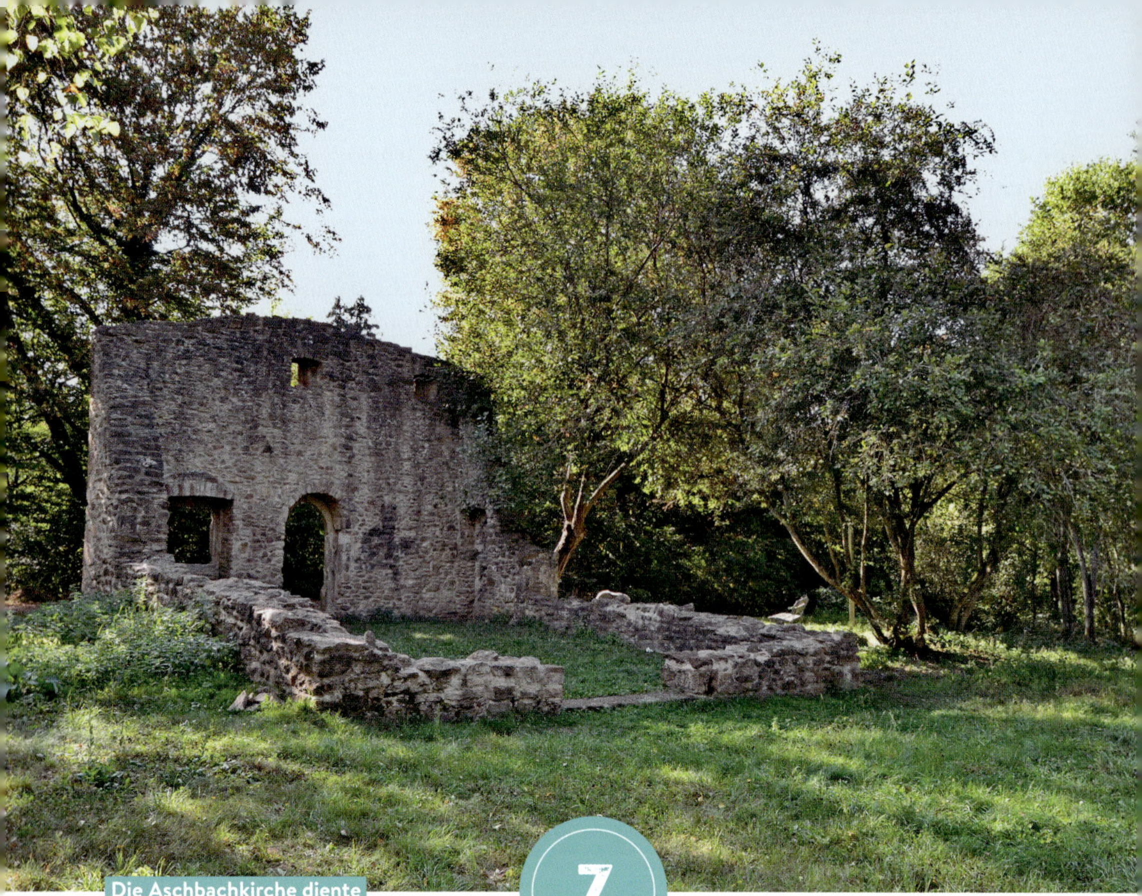

Die Aschbachkirche diente im 17. Jahrhundert als Pestlazarett.

7

DIE KLAREN-THALERINNEN

Aschbachrunde bei Gersweiler

Eine Ecke von Saarbrücken, die wenige Einheimische kennen, bilden die Wälder und Weiher entlang des Aschbachs an der französischen Grenze. Ohne große Anfahrt können wir hier die Natur entdecken und in verblüffende Geschichten eintauchen.

AUF ZUM WASSERTURM Den A **Gersweiler Waldfriedhof** mit der alten Einsegnungshalle aus dem Jahre 1908 umgehen wir auf den Wegen nördlich und östlich der Anlage. Dahinter halten wir uns links Richtung Dicke-Büch-Hütte. Hier sind wir schon ganz nah am 1 **mächtigen Wasserturm**, der sich bis zum letzten Moment erstaunlich geschickt hinter der Vegetation versteckt hält. Dabei ragt er – von Weitem gesehen – gut sichtbar über die Bäume hinweg. Bald darauf biegen wir rechts ab, um von der Sonnenbank am Waldrand den Blick über Schœneck zu genießen. Ein kurzes Stück müssen wir zwischen Friedhof und der dazugehörigen Gärtnerei hindurchgehen, um die Krughütter Straße zu erreichen. Nach deren Überquerung halten wir uns links, um an der Haltestelle Am Sprinkshaus noch einmal die Straßenseite zu wechseln.

ASCHBACHKIRCHE Nach wenigen Metern erreichen wir nun die Ruine der 2 **Aschbachkirche**, deren Grundmauern und Westwand mit ein paar Tür- und Fensteröffnungen frei zu besichtigen sind. Das Gotteshaus verlor schon im Jahre 1612 seine Bedeutung, als die Kirche in Gersweiler gebaut wurde. So konnten die Städte Saarbrücken und St. Johann das leer stehende Gebäude im 17. Jahrhundert als Pestlazarett nutzen. Typisch für alte Kirchen befindet sich nur wenige Schritte hinter der Kirche ein Ort, der mit dem christlichen Glauben wenig zu tun hat: ein Brunnen, der wohl schon in römischer Zeit benutzt wurde. Der Sage nach kommen aus dem Kandelbrunnen die Gersweiler kleinen Kinder.

Entlang des Aschbaches gedeihen mächtige Bäume.

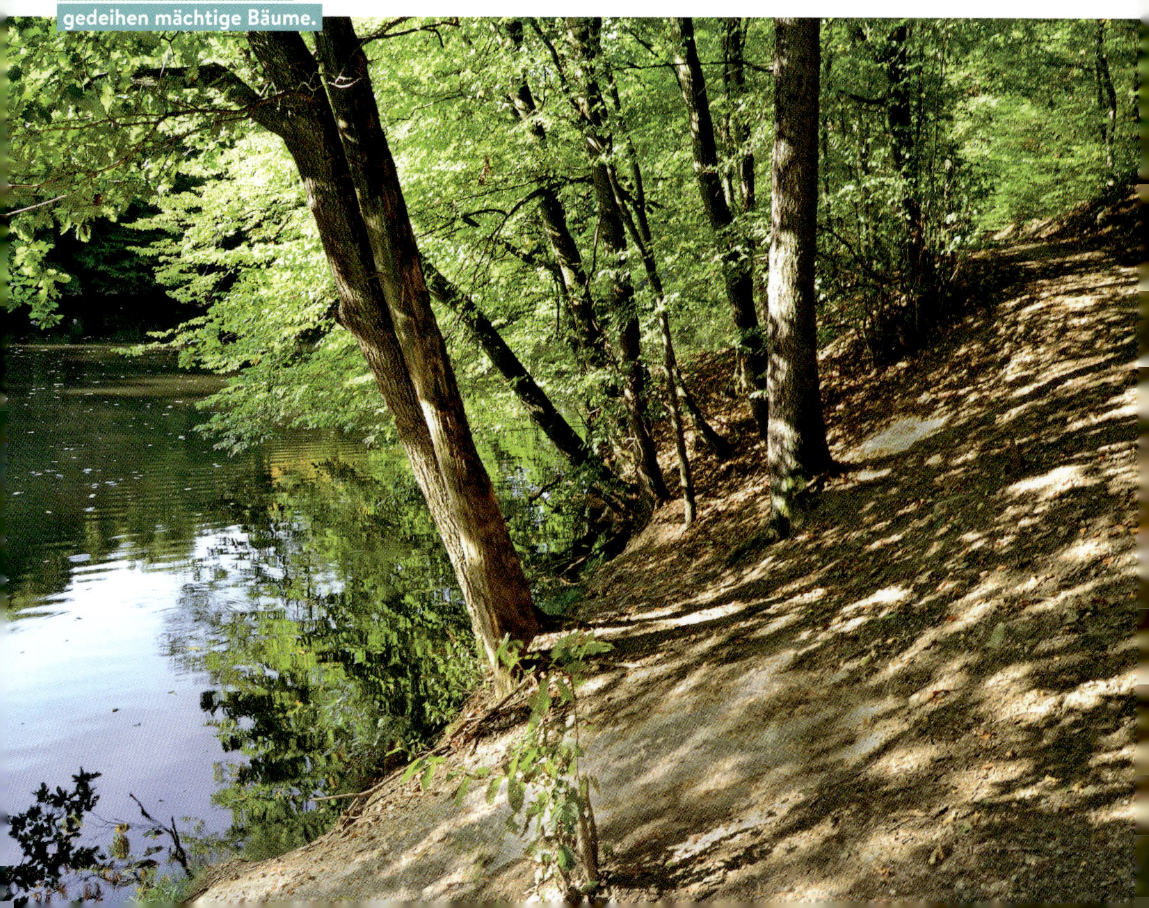

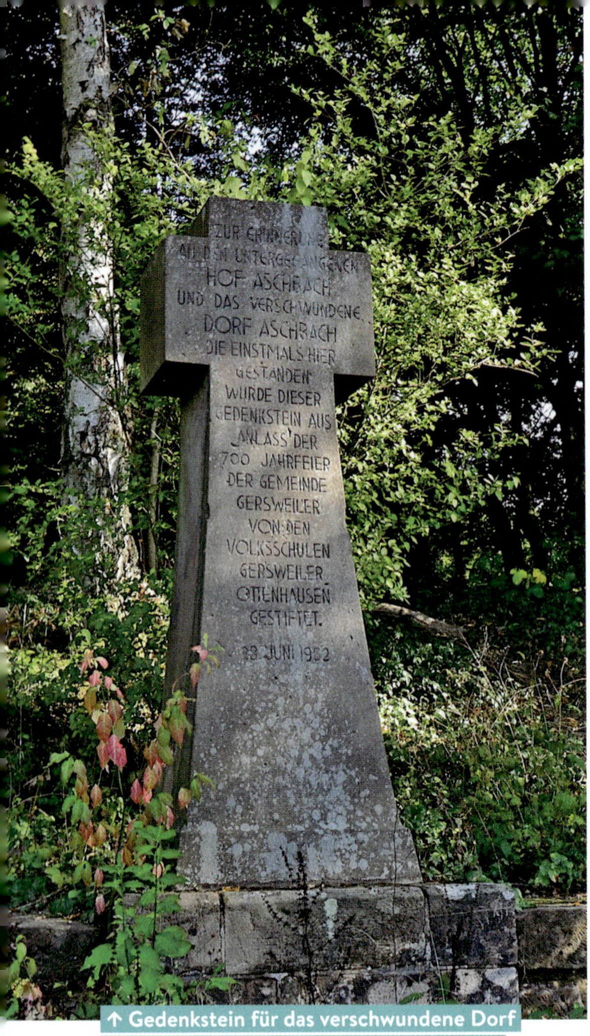

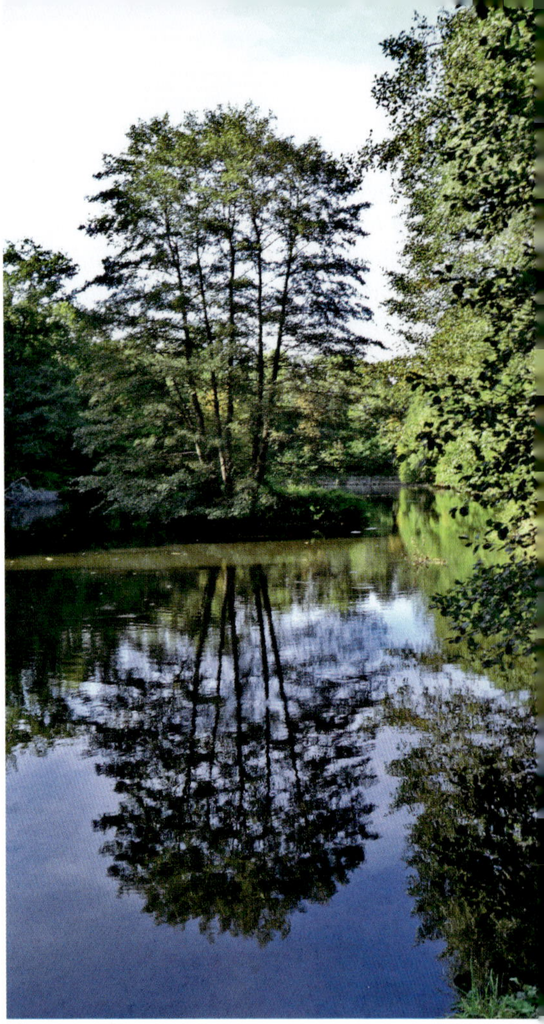

↑ Gedenkstein für das verschwundene Dorf
↗ Doch den Aschbachweiher gibt es noch.

KLARENTHAL Zurück am Aschbach wandern wir mit dem Wasserlauf Richtung Saar. Links hinter den Bäumen sind jetzt schon die ersten Häuser von Klarenthal, das seinen Namen Gräfin Eleonore Klara von Hohenlohe-Neuenstein verdankt, zu erkennen. Nachdem durch die Zerstörungen und Krankheiten des Dreißigjährigen Krieges kaum noch Menschen im Dorf wohnten, sorgte sie für eine Wiederbesiedlung, indem sie Immigranten aus ganz Europa einlud: Ihrem Ruf folgten zahlreiche Hugenotten, Österreicher und Niederländer an die Saar. Sie siedelten sich in der Region an und begannen, das Land wieder aufzubauen.

KATHARINA, ELISABETH UND ANNA
Doch es dauerte nicht lange, bis neues Ungemach geschah: Die französischen Revolutionstruppen eroberten die Saar und zogen alle jungen Männer zum Militärdienst ein. Das soll den Klarenthalern aber nicht gepasst haben und plötzlich hätten die Frauen nur noch Mädchen zur Welt gebracht. Der Pfarrer soll sich schon ein wenig darüber gewundert haben, dass alle neuen Täuflinge Mädchen waren, schaute den Babys aber nicht in die Windel, um das zu überprüfen. 20 Jahre sollen in den Stammbüchern nur Mädchennamen notiert worden sein. So wuchsen viele Marias,

Katharinas, Elisabeths und Annas zu kräftigen jungen Männern heran. Mit der Zeit soll den französischen Militärbehörden aufgefallen sein, dass sich zu den Musterungsbefehlen Rekruten aus allen umliegenden Dörfern meldeten, nur nicht aus Klarenthal.
So musste der Bürgermeister antreten, um die Sache zu erklären. Ja, es täte ihm außerordentlich leid, soll er sich entschuldigt haben, aber es sei wie verhext: Mädchen, nur Mädchen seien in den letzten 20 Jahren geboren worden. Die französischen Behörden sollen das schmunzelnd zur Kenntnis genommen haben und ließen die Sachen auf sich beruhen. Na ja, fast: Es erging der Befehl, dass von nun an vier Paten mit ihrem Kopf für das Geschlecht ihres Patenkindes bürgen mussten. Von da an sollen auch wieder Jungs in Klarenthal auf die Welt gekommen sein.

ASCHBACHWEIHER Zwischenzeitlich haben wir das Südufer des **3 Aschbachweihers** erreicht. Der frühere Löschteich hat heute leider keine Badequalität mehr. Doch nach Jahren der Verschlammung und Abwasserableitung wurde der Teich wieder renaturiert. Heute leben wieder Reiher, Enten und bedrohte Krebse am und im Gewässer. Eine kleine Idylle hat sich etabliert, die auch den einen oder anderen Naturfotografen anlockt. Wir biegen noch einmal rechts ab, dann wandern wir fast geradeaus durch den alten Baumbestand zum Startpunkt am **E Gersweiler Friedhof**.

INFO

TOURENCHARAKTER
Rundwanderung über gut befestigte, schattige Waldwege

AUSGANGS-/ENDPUNKT
Friedhofsweg, 66128 Saarbrücken, 49.228402, 6.923560

INFORMATION
tourismus.saarbruecken.de

EINKEHR
Keine auf der Tour

Leicht | 11,0 km | 310 Hm | 3.20 Std.

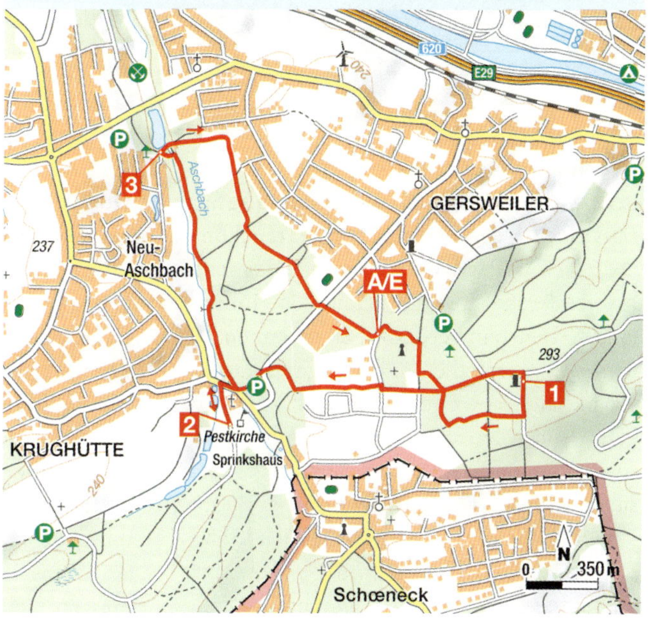

DIE HEIDENKIRCHE

Runde um den Halberg

Der Halberg im Osten Saarbrückens blickt auf eine lange Besiedlungsgeschichte zurück. Im Waldgebiet zwischen dem kahlen Gipfel mit dem Stumm'schen Schloss und dem Gewerbegebiet am Fuß verstecken sich geheimnisumwobene Orte.

8

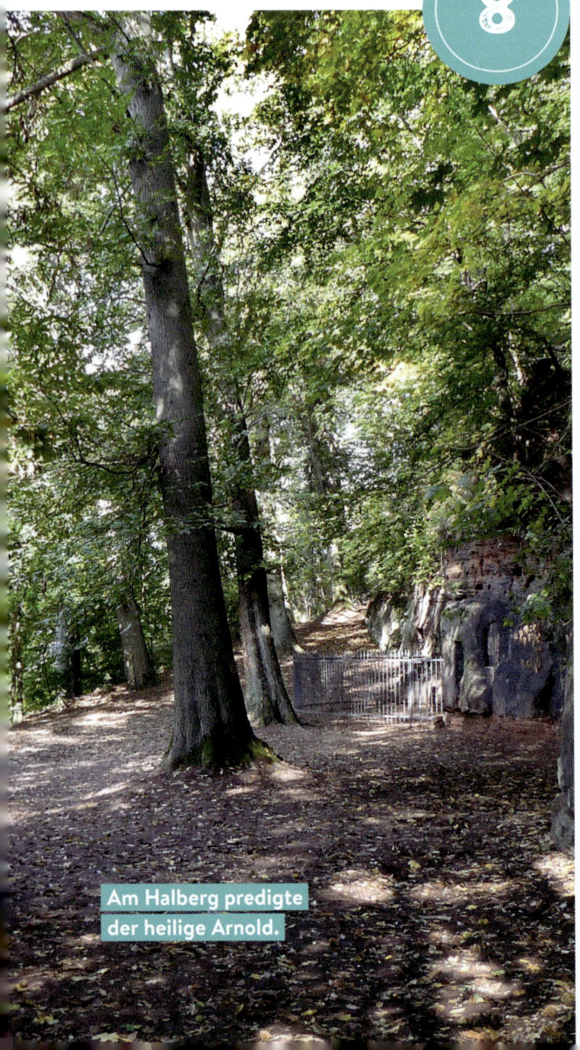

Am Halberg predigte der heilige Arnold.

STUMM'ER START An der A **Ecke Stummstraße/Rot Schanz** befand sich für kurze Zeit der Friedhof. Doch dann war er zu klein und zu katholisch. Dank der Halberger Hütte wuchs die Einwohnerzahl Ende des 19. Jahrhunderts schnell und die neuen Einwohner waren meist evangelisch – wie ihr Patriarch Carl Friedrich Stumm. Seine 1 **Kirche** im romanischen Stil passieren wir nach zehn Minuten. Der Industrielle und politische Gegenspieler Bismark'scher Sozialpolitik erbaute sie in den Jahren 1880 bis 1882. Für die Angestellten seiner Eisenwerke war der sonntägliche Kirchenbesuch verpflichtend.

STUMM'SCHER FRIEDHOF Auf dem Weg zum 2 **Privatfriedhof** der Familie passieren wir den ehemaligen Brebacher Weiher. Dessen Wasser war zwar zu industriellen Zwecken aufgestaut, doch trotzdem in die Parkanlagen des Schlosses eingebunden. Vor der Grabanlage biegen wir links ab, passieren mit 3 **Storchenweiher** und Wasserspiel weitere ehemalige Anlagen der Stumm'schen Zeit und wandern an der Nordseite des Berges bis zur 4 **Mithrasgrotte**.

HEIDENKAPELLE Das ehemalige Höhlensystem ist eingestürzt und der Eingang zugemauert. Daneben wurden nachträglich Säulen aufgestellt. Funde weisen darauf hin, dass zu früherer Zeit Säulen als Träger der Seitenschiffe genutzt wurden. Wann die Reliefs in die Felsen daneben entstanden, wissen wir nicht. Wohl aber ist bekannt, dass wir uns an einer alten Kultstätte befinden. Der Sage nach legte Bischof Arnold von Metz sein dortiges Amt nieder, um am Halberg Eremit und Missionar zu werden. In Sichtweite gründete er auf der gegenüberliegenden Saarseite die erste Kirche. Wir kennen sie heute als Stiftskirche St. Arnual. Sie wurde dem heiligen Arnulph, seinem Sohn, geweiht. Der trat in die Fußspuren seines Vater: Er verließ Frau und Kind, wurde Bischof von Metz, um einige Zeit später sein Amt niederzulegen. Auch Arnulph soll lieber am Halberg gepredigt haben, als in Metz seinen Pflichten nachzugehen.

Tipp

WENN ES KASTANIEN REGNET

An den Hängen des Halbergs stehen viele stattliche Kastanienbäume. Sie tragen reichlich Früchte, die der Herbstwind von den Baumkronen regnen lässt. Bedecken Sie also sicherheitshalber Ihren Kopf!

DER GUTE MOTTEL Etwas weiter finden wir in der Nähe eines Bunkers aus der Zeit des Westwalls einen rätselhaften, behauenen Stein. Die Inschrift erinnert an einen Mottel, der wohl beim Pferdetränken in die Saar gefallen und ertrunken ist. Das Denkmal für »Einen, über den wir sonst nichts wissen« hinterlässt ein leicht beklemmendes Gefühl der Ratlosigkeit. Zehn Minuten später erreichen wir wieder die **E Stummstraße**.

INFO

TOURENCHARAKTER
Rundwanderung über befestigte, schattige Waldwege

AUSGANGS-/ENDPUNKT
Stummstraße,
66130 Saarbrücken,
49.218367, 7.031755

INFORMATION
tourismus.saarbruecken.de

EINKEHR
Keine auf der Tour;
Café am Silodom »Das Gärtchjen«,
An der Römerbrücke 3,
66121 Saarbrücken,
12–24 Uhr

Leicht	3 km	60 Hm	1.00 Std.

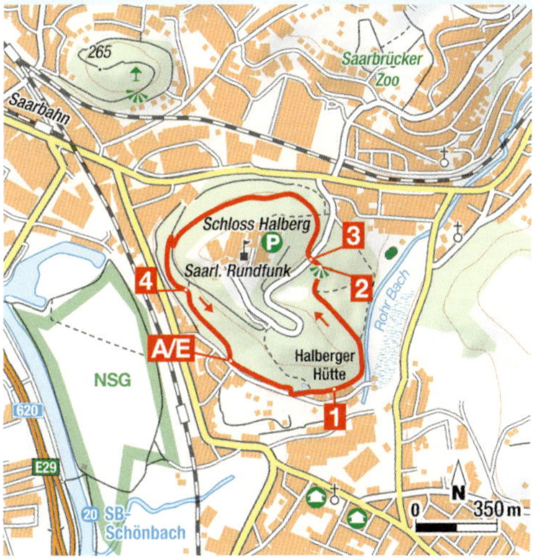

SPUK AM BRENNENDEN BERG

Sulzbach-Dudweiler-Runde

Die Sulzbacher und Dudweilerer sind sich ja bekanntlich nicht so einig, zu wem von beiden der brennende Berg gehört. Beide können wichtige Gründe anführen. Uns kümmert es nicht. Wir wandern von Ort zu Ort. Doch Vorsicht vor dem Geist in der Nähe der Gruft!

9

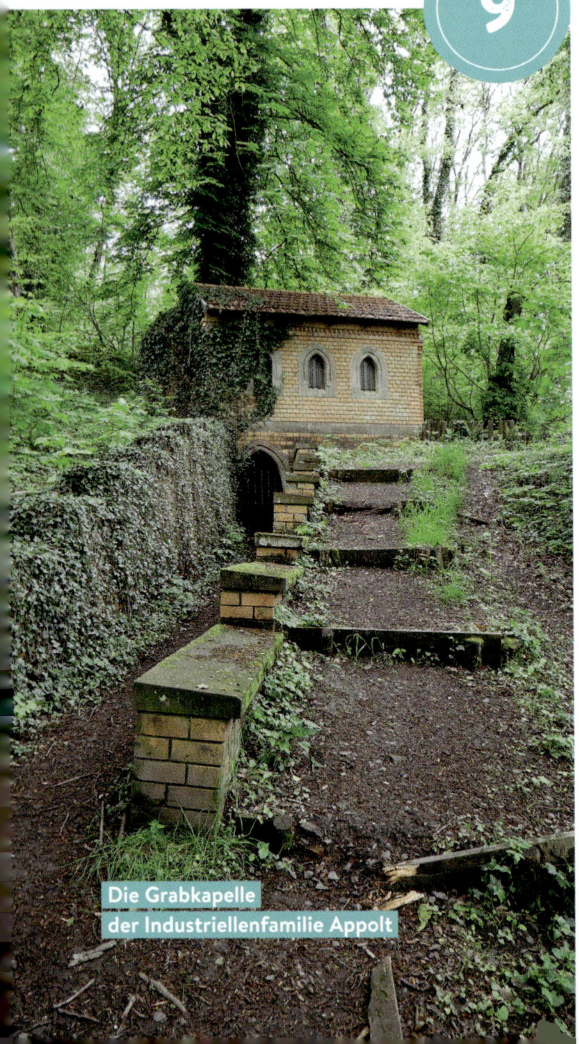

Die Grabkapelle der Industriellenfamilie Appolt

APPOLTSCHE GRUFT Von der **A Hohl** aus erklimmen wir über Treppen und Pfade den Hang hinter dem Seniorenzentrum. Oberhalb desselben erreichen wir schnell die **1 Grabkapelle** der Familie Appolt. Nur ein schmaler, nicht befestigter Pfad führt zur zweistöckigen Grabanlage, einem Klinkerbau mit Satteldach und erstaunlich intakten Ziegeln auf dem Gebälk. Das Untergeschoss ist durch eine Gittertür gesichert, bietet somit Einblick in die nicht mehr ganz vollständig mit Kacheln ausgekleidete Grabkammer. Zerbrochen stehen die steinernen Sarkophage in der hinteren Ecke. Im Kapellenraum darüber wurde die Grabinschrift als Fußbodenmosaik angelegt. Staub und altes Laub machen das Entziffern nicht leicht. Hartnäckig hält sich das Gerücht, es spuke rund um das Grabmal. Die »alt Frau Appolt« soll umgehen. Sie hatte sich wohl nicht nur Freunde gemacht. Den Appolts gehörte die inzwischen abgerissene Blaufabrik unten an der Straße.

DER BRENNENDE BERG Oberhalb der Gruft gelangen wir auf einen breiten, befestigten Weg. Wir folgen ihm nach rechts und erreichen nach der Überquerung der Landstraße die Anlagen des **2 Sulzbacher Angelsportvereins**. Wir lassen die Weiher rechts liegen und erreichen nach 20 Minuten den **3 Brennenden Berg**. Hier brannte früher unterirdisch ein Kohleflöz. Der dadurch entstandene Rauch trat durch Kanäle im Erdreich so wild und erstaunlich an die Erdoberfläche, dass sogar Dichterfürst Goethe davon hörte und nach seinem Besuch darüber schrieb. Heute erkennen wir nur noch rußige Austrittslöcher in den Felsen des engen Kessels. Zum Glück! Beim Picknick auf der Bank genießen wir lieber reine Waldluft als Rauch und Schwefel.

DER DUDWEILER ELEFANT Auf der anderen Seite der Sehenswürdigkeit erreichen wir einen größeren Waldweg, wo wir links abbiegen und gleich darauf an der Relaxbank rechts den Pfad hangabwärts nehmen. Nach einigen Windungen und Wegschleifen kreuzen wir einen größeren Weg. An dieser Stelle wartet der berühmte **4 Dudweiler Elefant**: Eine Baumwurzel wächst dort in Form des großen Herdentieres.

BERGARBEITERPFAD Ab den **5 Sportplätzen** bewegen wir uns auf Bergmannspfaden. Die schönen Villen am Wegesrand waren nicht für die normalen Arbeiter gebaut worden. Wer hier wohnen durfte, hatte schon etwas zu sagen. Hinter dem alten Festplatz an der Kastanienallee erreichen wir wieder die Waldwege. Sie führen uns vorbei an alten Pingenfeldern zurück in die **E Hohl**.

INFO

TOURENCHARAKTER

Rundwanderung über befestigte, schattige Waldwege und unbefestigte Pfade

AUSGANGS-/ENDPUNKT

In der Hohl,
66280 Sulzbach,
49.296344, 7.063185

INFORMATION

tourismus.saarbruecken.de/erleben/ueberblick_der_region/gemeinden/sulzbach

EINKEHR

Keine auf der Tour;
Bayrisch Zell,
Schürer Weg 41,
66280 Sulzbach/Saar,
www.bayrisch-zell.com

Mittel	4,8 km	130 Hm	1.30 Std.

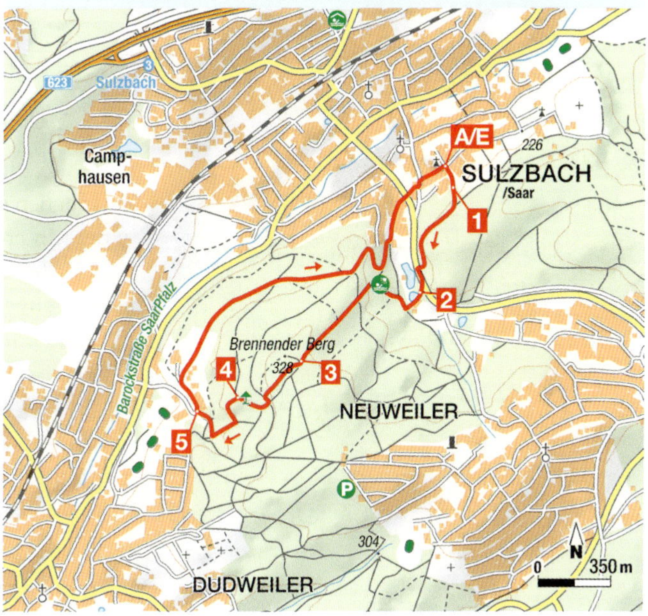

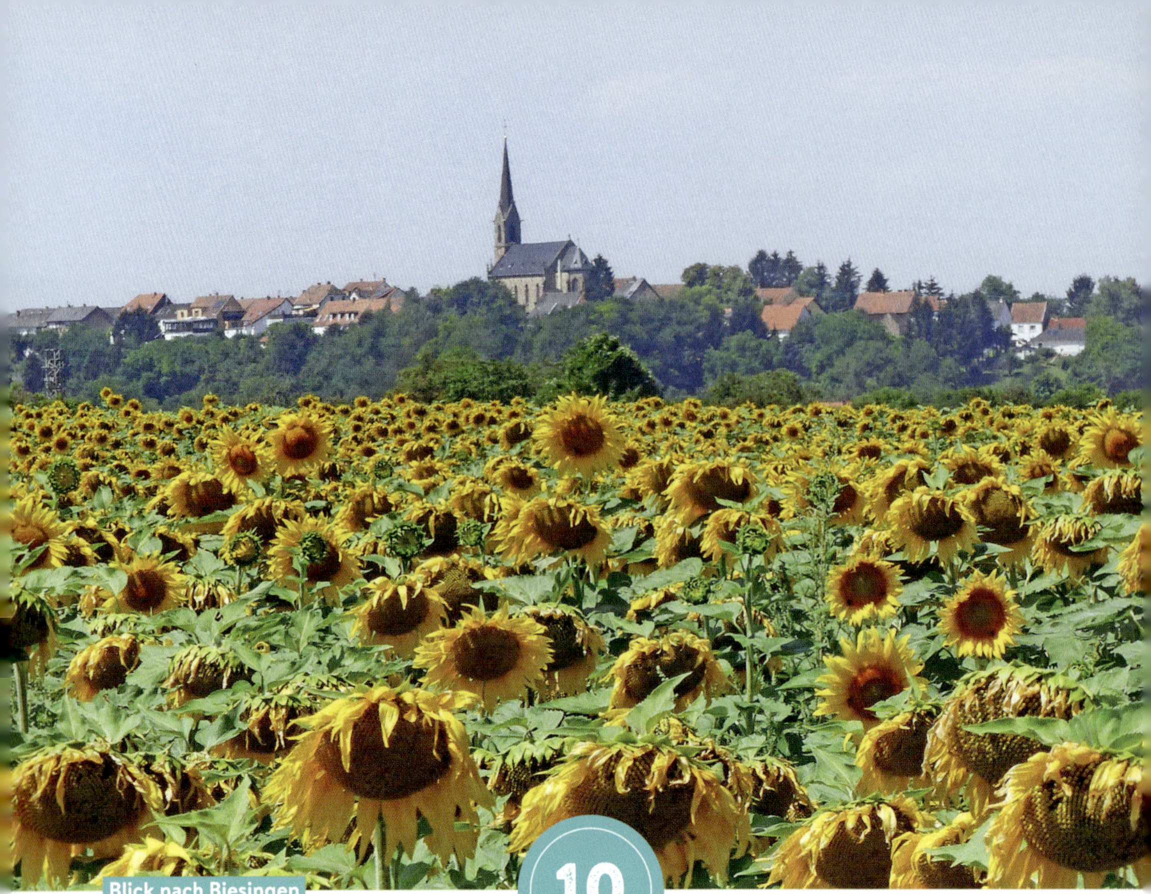

Blick nach Biesingen

10

BEIM SCHLAPPHUT, DER WEISSEN FRAU UND DEM DREIBEINIGEN HASEN

Klostergarten-Gollenstein-Runde

»Auf dem Han« prallen heidnische und christliche Kultur mit voller Wucht aufeinander. Die leichte Runde für den Sonntagnachmittag führt in dicht hintereinander folgenden Abschnitten über weites Feld, dichten Wald und einen anmutigen Park.

GOLLENSTEIN Wir folgen vom **A Parkplatz Klosterweg** den Schildern »Gollenstein« in nördlicher Richtung. Schon nach wenigen Minuten erreichen wir einen freien Bergrücken mit Feldern und weitem Blick in alle Richtungen. Am Besucherparkplatz vorbei laufen wir zuerst ins Tal Richtung Alschbach. Vor den ersten Häusern im Tal drehen wir jedoch nach rechts ab und wandern durch ein Wäldchen zum **1 Gollenstein** zurück.
Das etwa 4000 Jahre alte Steinmonument und Wahrzeichen der Stadt Blieskastel gilt als größter Menhir Europas. Der Sage nach soll er nicht nur sieben Meter in die Höhe ragen, sondern genau so tief in der Erde stecken. Das ist zwar nur eine Sage, unstrittig ist hingegen, dass die Jahrhunderte nicht spurlos am Steinmonument vorbeigegangen sind. Die ärgste Verwundung erlitt der Stein, als er im Zweiten Weltkrieg einfach umgekippt wurde. Er sollte der französischen Artillerie nicht als Zielmarkierung dienen. Noch Jahre danach lag er in mehrere Stücke zerbrochen auf dem freien Feld, bis er 1951 notdürftig repariert und wieder aufgestellt wurde.

DIE BLIESKASTELER GEISTER Kein Mensch weiß heute mehr, warum unsere Vorfahren solche gewaltigen Anstrengungen unternommen haben, um einen mehrere Tonnen schweren Stein auf dem exponierten Bergrücken aufzustellen. War es reine Angeberei? Ein heidnischer Sonnenkult? Eine Thingstätte? Viele Theorien wurden in den letzten Jahrzehnten aufgestellt und stehen immer noch im Raum. Kein Mensch kann Wahrheit oder Gegenteil beweisen. Betrachtet man den Blieskasteler Sagenschatz, deutet die Richtung jedoch auf einen kultischen Hintergrund.
Als das aufkommende Christentum die alten Religionen verdrängen wollte, etablierte es etliche Sagen, um die Menschen von den alten Kultstätten fernzuhalten. Nicht verwunderlich also, dass es »auf dem Han« nicht geheuer ist.
Schlapphut, weiße Frau und der dreibeinige Hase gehen hier um – so heißt es. Sie gelten jeder für sich als Störung der christlichen Weltordnung, stehen für Teufel, Hexen und das Böse. Wer von der Blies auf den Han hinaufstieg, kam gerade bis zur **2 Heilig-Kreuz-Kapelle** an der Felsenklippe des Blieskasteler Berges. Dahinter drohte ihm Unheil.

KLOSTERGARTEN So wandern auch wir auf direktem Weg zu unserem Startpunkt zurück, drehen aber noch eine kleine Runde durch den Klostergarten, wo wir eine szenische Darstellung der Brudermannsklause entdecken.
Die Überlieferung verortet diese Einsiedelei oberhalb von Gräfinthal. Der Eremit hatte eine Pietà an einem Eichenbaum, die er innig verehrte. Als eines Tages Räuber auftauchten, beschossen sie das Marienbild mit Pfeilen. Darauf soll Blut aus den Einschusslöchern geflossen sein. Ein Räuber fiel auf die Knie und bekehrte sich auf der Stelle. Die anderen suchten das Weite. Und

Tipp

BLIESKASTEL

Cittaslow – mit dem Vorsatz, seiner Vergangenheit eine Zukunft zu geben, setzt sich Blieskastel für eine lebens- und besuchenswerte Kultur ein. Beim Gang durch das liebenswerte Barockstädtchen mit seinen verwinkelten Gassen, geselligen Plätzen und antiken Brunnen ist das an jeder Ecke zu spüren.

dann tauchte wohl ein blinder Bettler auf. Ob mit Absicht oder nicht: Jedenfalls soll er sich mit dem Blut die Augen bestrichen haben, worauf er wieder sehen konnte. Das wiederum hörte die Blieskasteler Gräfin Elisabeth. Auch sie hatte Augenprobleme und probierte sogleich die ungewöhnliche Heilmethode. Als Dank für die selbstverständlich erfolgte Heilung stiftete Elisabeth das Kloster Gräfinthal. Zum Schutz der Pietà wurde sie in das Kloster und später nach dessen Auflösung in die Heilig-Kreuz-Kapelle gebracht.

HEILIG-KREUZ-KAPELLE Über den Klosterhof mit einer Kreuzigungsgruppe erreichen wir die **2** **Kapelle** und würdigen das schmucke Innere des Gotteshauses. Vor dem alten Gnadenbild werden gerne Ehen geschlossen und regelmäßig kommen Gläubige von weit her. Denn das Blieskasteler Kloster gehört zu den bekanntesten Wallfahrtsorten des Bistums Speyer. Etwa 80 000 Pilger besuchen jährlich die offiziellen Feierlichkeiten zu den Wallfahrtsterminen, kehren in der Pilgerherberge ein oder übernachten in einer der ehemaligen Mönchszellen. Bei unserem Besuch ist jedoch kein Pilger zu sehen. So genießen wir ganz in Ruhe die anmutige Aussicht auf Blieskastel und das Bliestal. Natürlich nachdem wir die Kapelle wieder verlassen haben. Zurück zum **E** **Parkplatz Klosterweg** sind es nur wenige Meter.

Wallfahrtsziel:
die Heilig-Kreuz-Kapelle

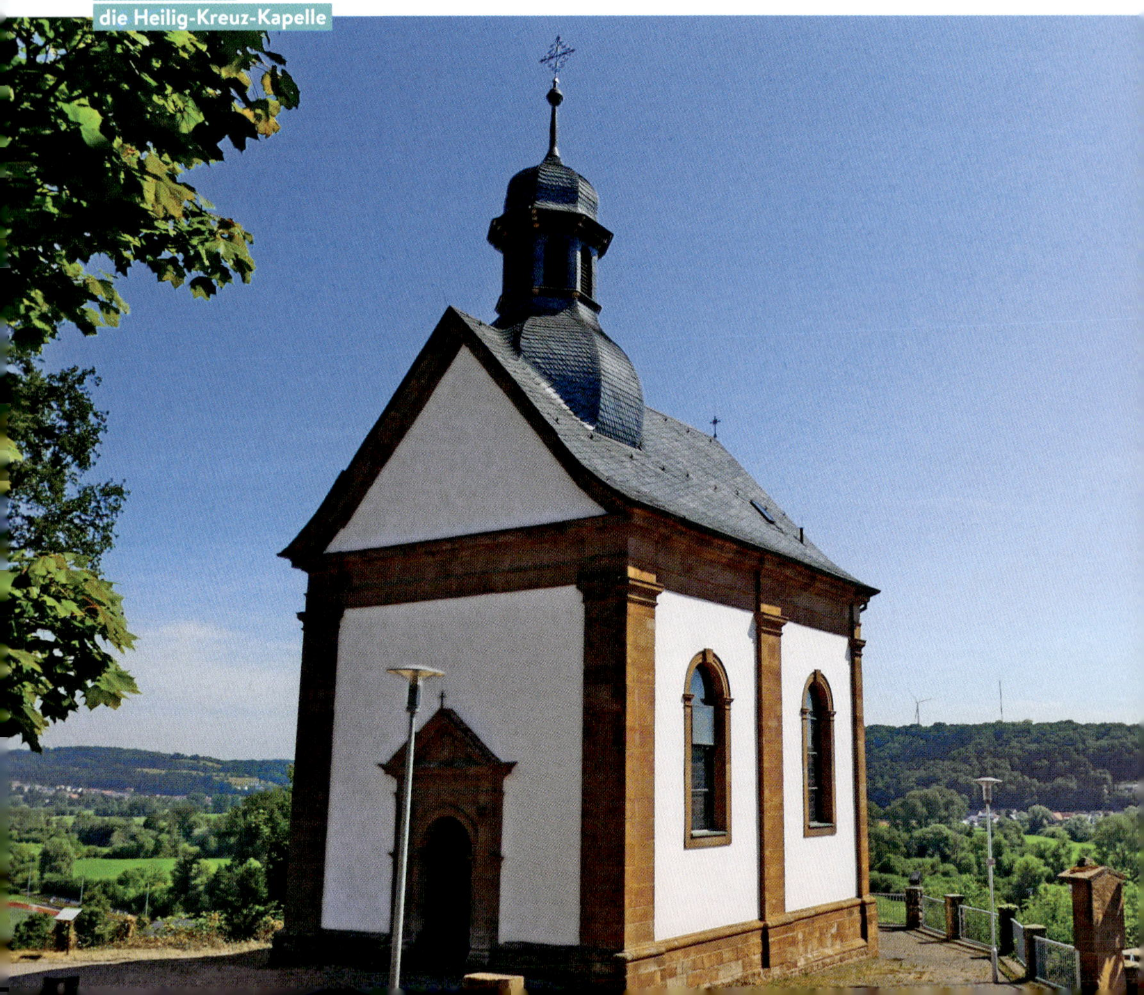

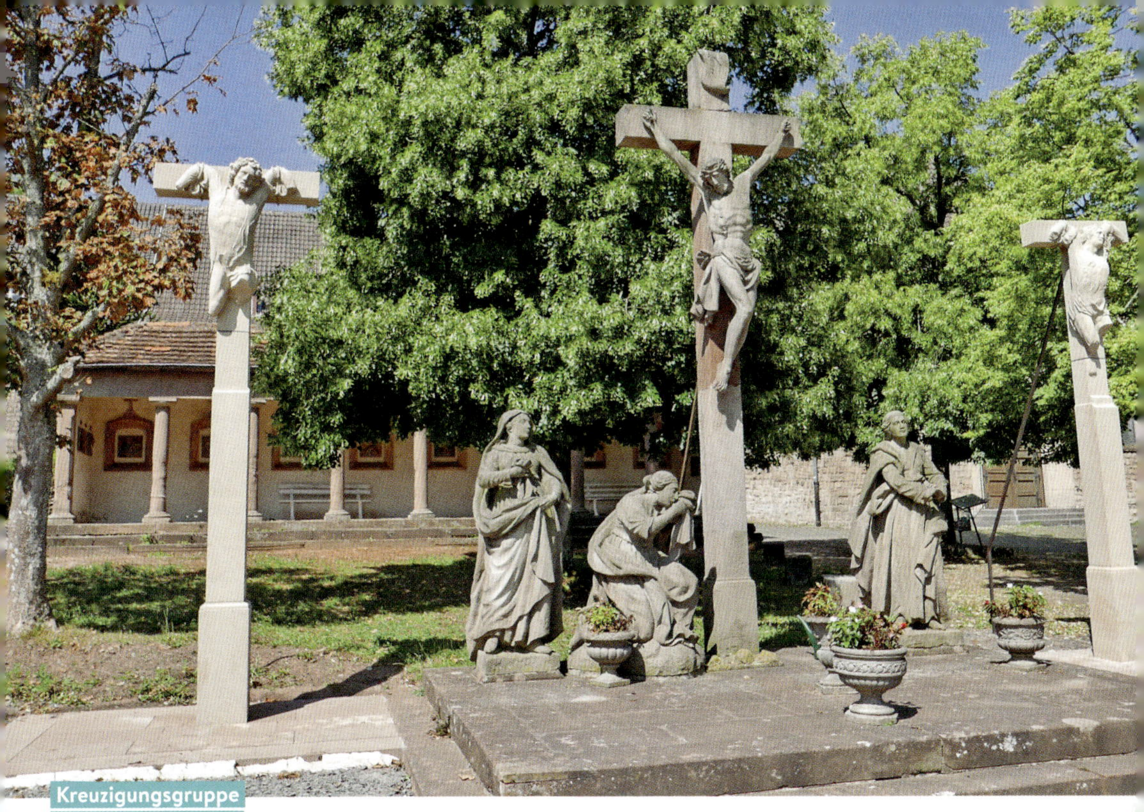

Kreuzigungsgruppe
auf dem Klosterhof

INFO

TOURENCHARAKTER

Rundwanderung über befestigte, schattige Wald- und Feldwege

AUSGANGS-/ENDPUNKT

Parkplatz Klosterweg,
66440 Blieskastel,
49.240930, 7.255267

INFORMATION

www.blieskastel.de/kultur-tourismus

EINKEHR

Pilgerrast im Wallfahrtskloster,
Klosterweg 35,
66440 Blieskastel,
www.pilgerrast.de

Leicht | 4,3 km | 100 Hm | 1.30 Std.

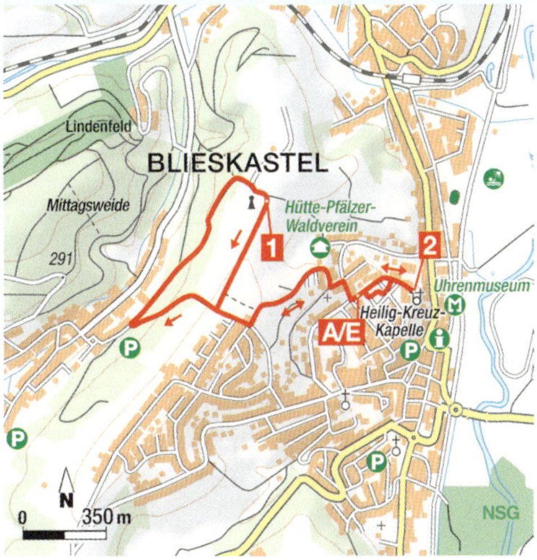

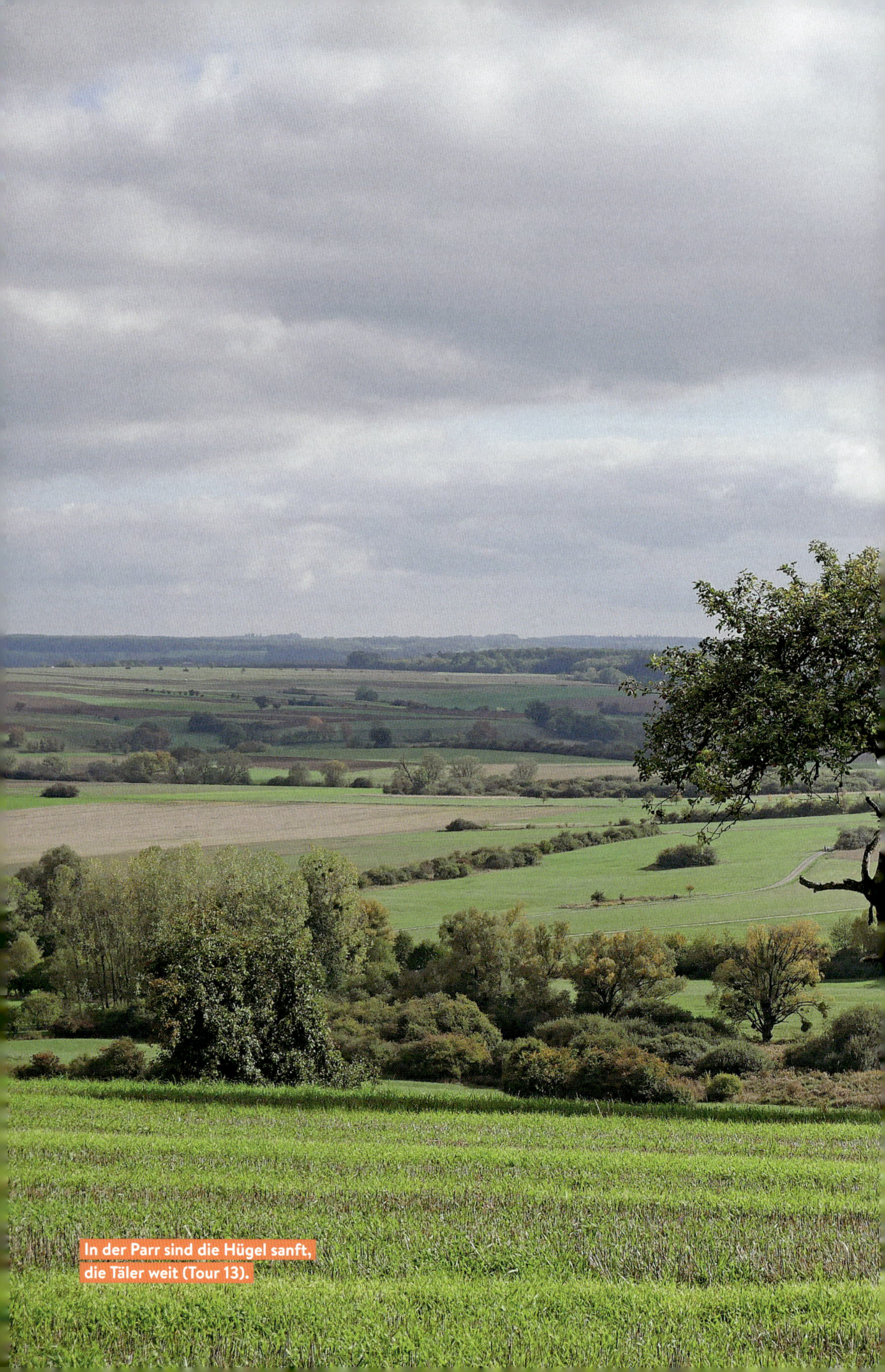

In der Parr sind die Hügel sanft, die Täler weit (Tour 13).

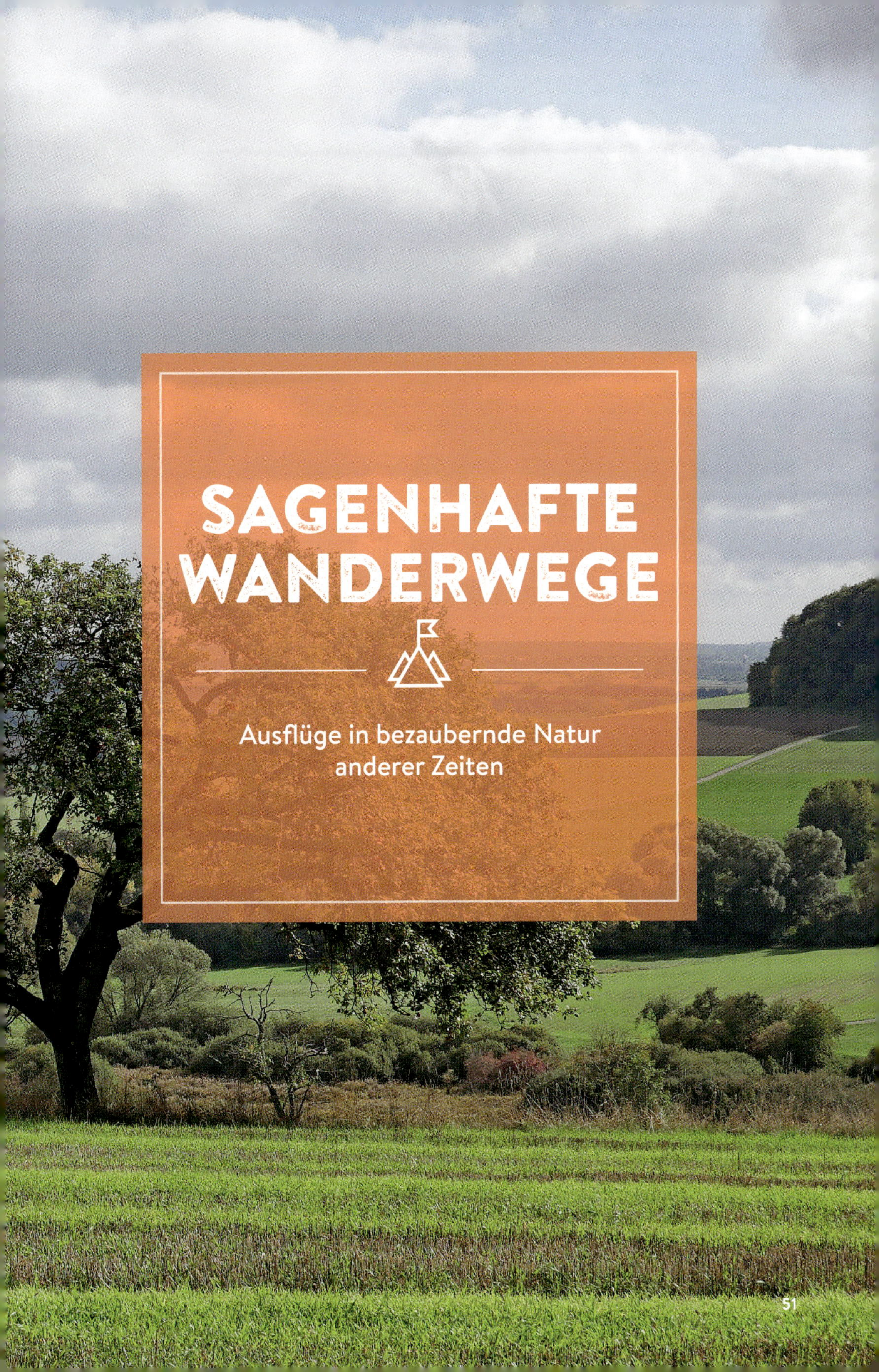

SAGENHAFTE WANDERWEGE

Ausflüge in bezaubernde Natur anderer Zeiten

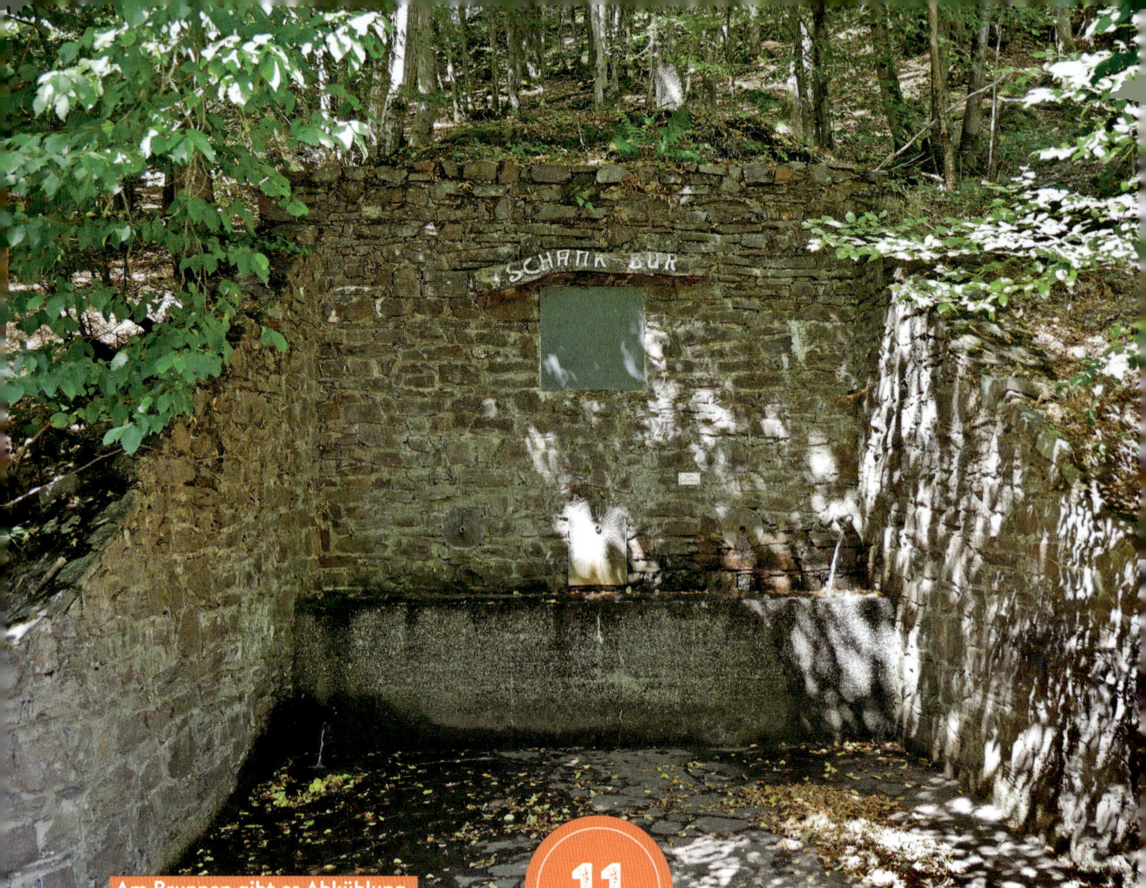

Am Brunnen gibt es Abkühlung.

11

DEN HERRGOTTSTEIN IM BLICK

Den Vogelfelsen hinauf – den Saarhölzbach hinunter

Eigentlich eine leichte Tour – wäre da nicht der anspruchsvolle Anstieg zum Vogelfelsen. Wer ihn mit langsamen und stetigen Schritten angeht, kommt ohne Atemnot an der Wanderhütte an und wird mit einem fantastischen Ausblick über das Saartal belohnt. Fast erholsam geht es durch samtgrüne Wälder weiter zum lauschigen Saarhölzbach.

AUFSTIEG Zum Glück mussten wir hier nicht hochlaufen: Der Vogelfelsen liegt etwa 150 Meter über der Saar. An unserem Startpunkt, dem **A Saarhölzbacher Waldparkplatz**, haben wir schon einen Großteil davon geschafft.
Trotzdem halten wir auf dem etwas mehr als 1300 Meter langen, kontinuierlich ansteigenden Weg zum ersten Etappenziel des Öfteren an. Durch die Lücken zwischen den Bäumen erhaschen wir schon Panoramenfetzen auf die Dächer des Dorfes unter uns und den sich zwischen den steilen Hängen malerisch dahinwindenden Fluss. »Schau ein Boot« – »Oh ja, wie schön«, geht es im Gänsemarsch den Hang hinauf. Von unten schallt die Musik einer sonntäglichen Blaskapelle zu uns herauf. »Was die Saarhölzbacher da wohl Schönes feiern?«

VOGELFELSEN Langsam nähern wir uns dem ersten Highlight, dem **1 Vogelfelsen**, betreten ihn aber nicht: Zum einen sollen die dort lebenden Vögel während der Brutzeit nicht gestört werden, zum anderen haben wir keine Kletterausrüstung dabei – der Stein ragt schroff aus der Bergflanke heraus. Ein falscher Tritt und wir würden uns 100 Meter tiefer wiederfinden. Die Aussicht genießen wir trotzdem: Von der 1958 errichteten Schutzhütte oberhalb des Felsens überblicken wir den markanten Stein im Vordergrund bis weit über das dahinterliegende Saartal mit seinen steilen Hügeln.

HERRGOTTSTEIN Hinter Saarhölzbach umfließt die Saar in einem sanften Bogen den Herrgottstein, eine kugelartige Erhöhung mit einem Kreuz auf der Kuppe. An

↓ Der Vogelfelsen einmal von unten …
↘ … und die Aussicht von oben

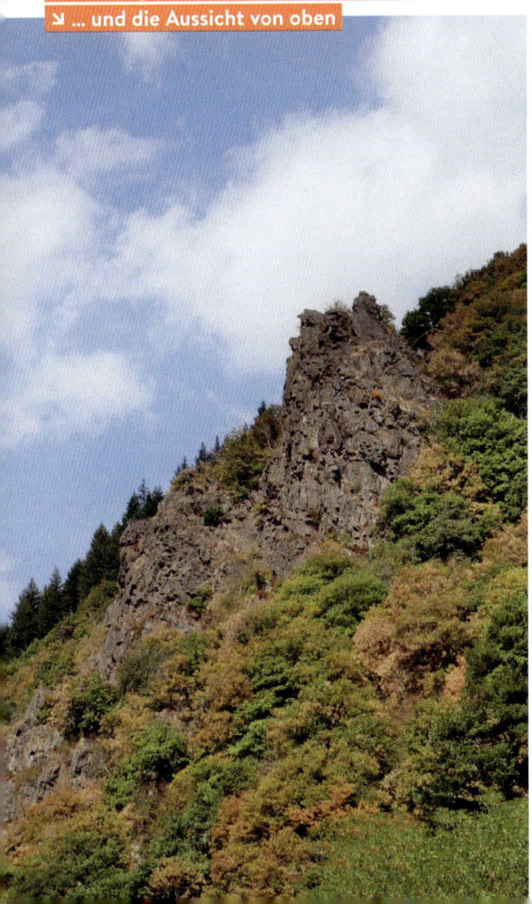

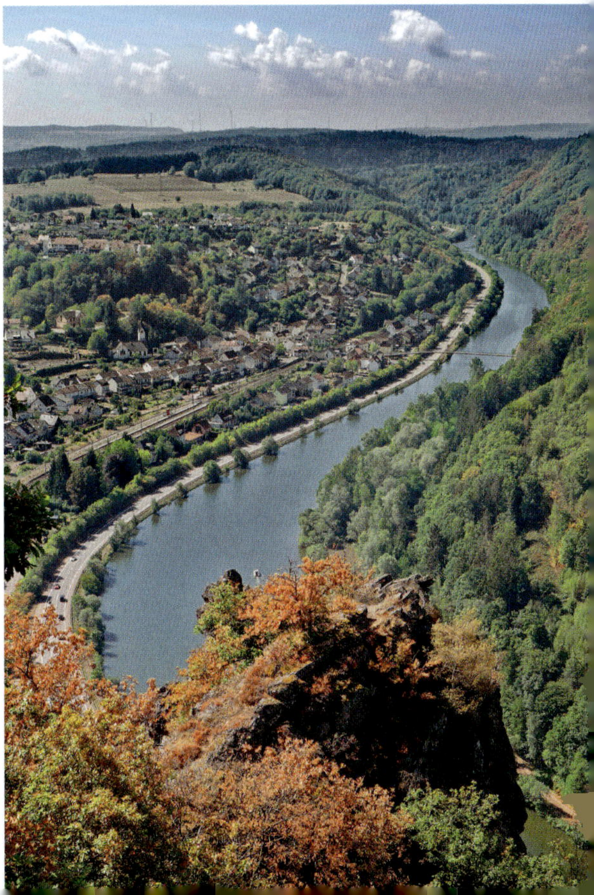

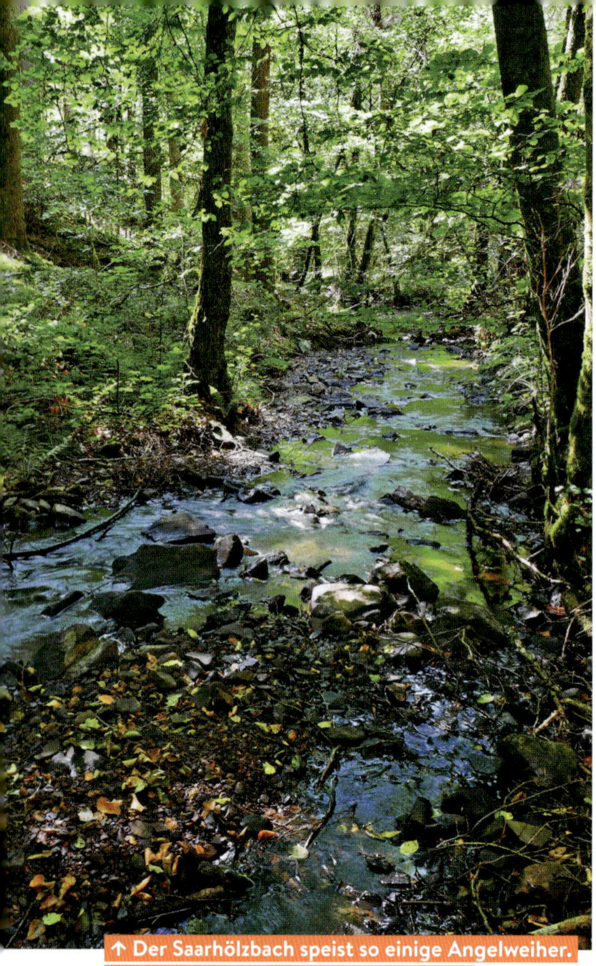

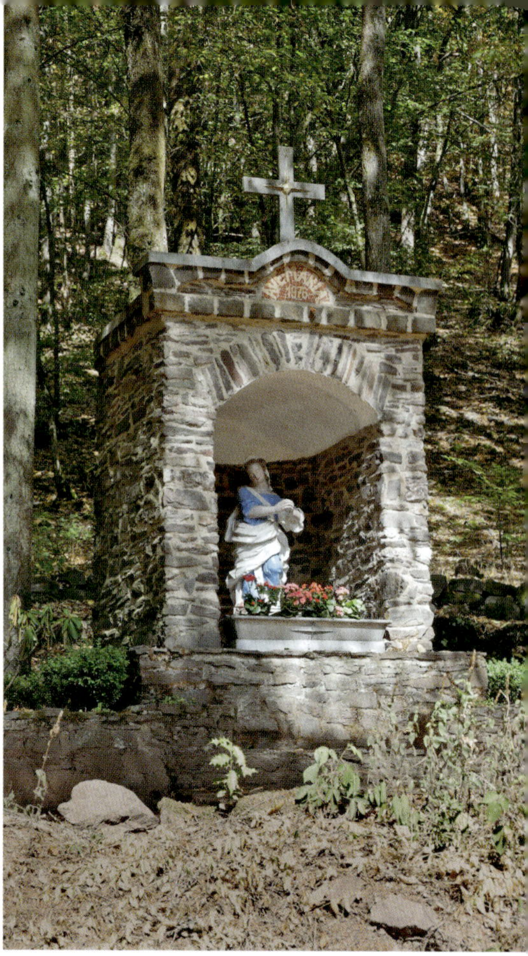

↑ Der Saarhölzbach speist so einige Angelweiher.
↗ Liebevoll gepflegt: die Mariengrotte

diesem Sommertag können wir es wegen des Laubes nur erahnen. Doch hat es eine besondere Bewandtnis mit dem Gotteszeichen. Die Geschichte spielt im Jahr 1351: Damals lagerte Erzbischof und Kurfürst Balduin von Trier auf dem Hügel. Der Landesherr war mal wieder unterwegs, um die Region zu kultivieren und einen Ritter mit Hilfe seines stattlichen Heeres daran zu erinnern, dass Recht und Gesetz auch für den Adel galten. Raubritter Jakob von Montclair, dessen Burg noch heute in der Nähe der Saarschleife zu besichtigen ist, sollte zur Raison gebracht werden. Der Sage nach lagerte Balduin mit seinem Heer da drüben am Herrgottstein, um sich auf den Angriff vorzubereiten. Noch vor Sonnenaufgang ließ er ein Felsplateau als Altar herrichten, um die Messe zu lesen. Danach ging es auf in den aufreibenden Kampf. Bis er den Sieg davontrug, vergingen acht zermürbende Monate.

WENDELINUSEICHE Nachdem wir die Aussicht auf die Saar und das weite Land ausgiebig genossen haben, setzen wir unsere Saarhölzbachtour fort. Der jetzt ebenerdige Weg lässt sich bequem wandern, während wir erstaunt registrieren, wie schnell die Landschaft am Wegesrand ihr Gesicht verändert: Umgab uns eben noch hochgewachsener Laubwald links und rechts, fühlen wir uns bald wie auf einem Feldweg mit heckenartiger Vegetation. Eine Geröllhalde, fast wie im Odenwald, zieht sich zwischen den

sich duckenden Bäumen moosbewachsen den steilen Hang hinunter. Dahinter, als ob wir ein Tor durchwandern würden, erwartet uns dichter Nadelwald, wie wir ihn aus Schwarz- und Hochwald kennen.
In der Nähe der Forsthütte verlassen wir den offiziellen Saarhölzbachpfad und biegen scharf nach rechts ab. Anschließend folgen über den Bergrücken der Beschilderung zur gewaltigen **2 Wendelinuseiche**. Obwohl hier im Saarhölzbacher Wald 74 alte Eichen stehen, ist sie mit mehr als 276 Jahren geschätzten Alters doch etwas Besonderes. Wir würdigen das Naturdenkmal mit einem Imbiss in der benachbarten kreisrunden Schutzhütte.

SAARHÖLZBACHTAL Richtung Osten erreichen wir über das Bremmergewann die **3 Angelweiher des Saarhölzbachtales**. Leider befinden sich alle in Privatbesitz, sodass wir uns keinen davon näher anschauen oder die Füße hineinhalten können. Erfrischung finden wir aber doch noch: Rechts taucht ein Brunnen mit dem Namen Schank-Bur auf. Zwar sollen wir dessen Wasser nicht trinken, doch die kühlende Wirkung für Arme und Beine gibt uns neue Kraft. Denn eines hatten wir nicht bedacht: Wir befinden uns nun fast auf Saarhöhe. Ab der Mariengrotte hinter dem **4 Jugendzeltplatz** geht es steil den Berg hinauf zum **E Waldparkplatz**. Jetzt laufen wir doch noch da hoch.

INFO

TOURENCHARAKTER
Mittelschwere Rundwanderung mit zwei ambitionierten Steigungen über meist schattige Waldwege und fantastischen Aussichten über das Saartal

AUSGANGS-/ENDPUNKT
Waldparkplatz Saarhölzbach, 66693 Mettlach, 49.513100, 6.613173

INFORMATION
www.saarschleifenland.de

EINKEHR
Keine auf der Tour

Mittel	8,2 km	224 Hm	2.30 Std.

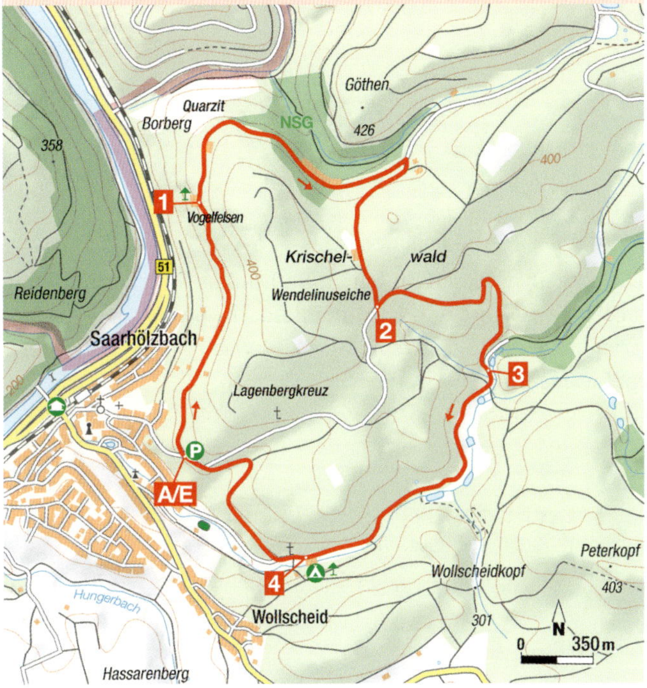

GOLDFEUERCHEN AM AUGENBORN

Runde vom Wareswald

Die ansprechende Rundtour führt durch eine vielfältige Landschaft, begeistert mit weiten Aussichten von den Feldwegen und mit anheimelnden Pfaden auf den Streckenabschnitten im Wald. Falls Sie ein Augenleiden quält, könnte diese Tour Abhilfe schaffen: Die Varusquelle soll hier wahre Wunder wirken. Der Volksmund spricht vom Augenborn.

12

Perfekt in die Natur integriert: Blick auf Oberthal

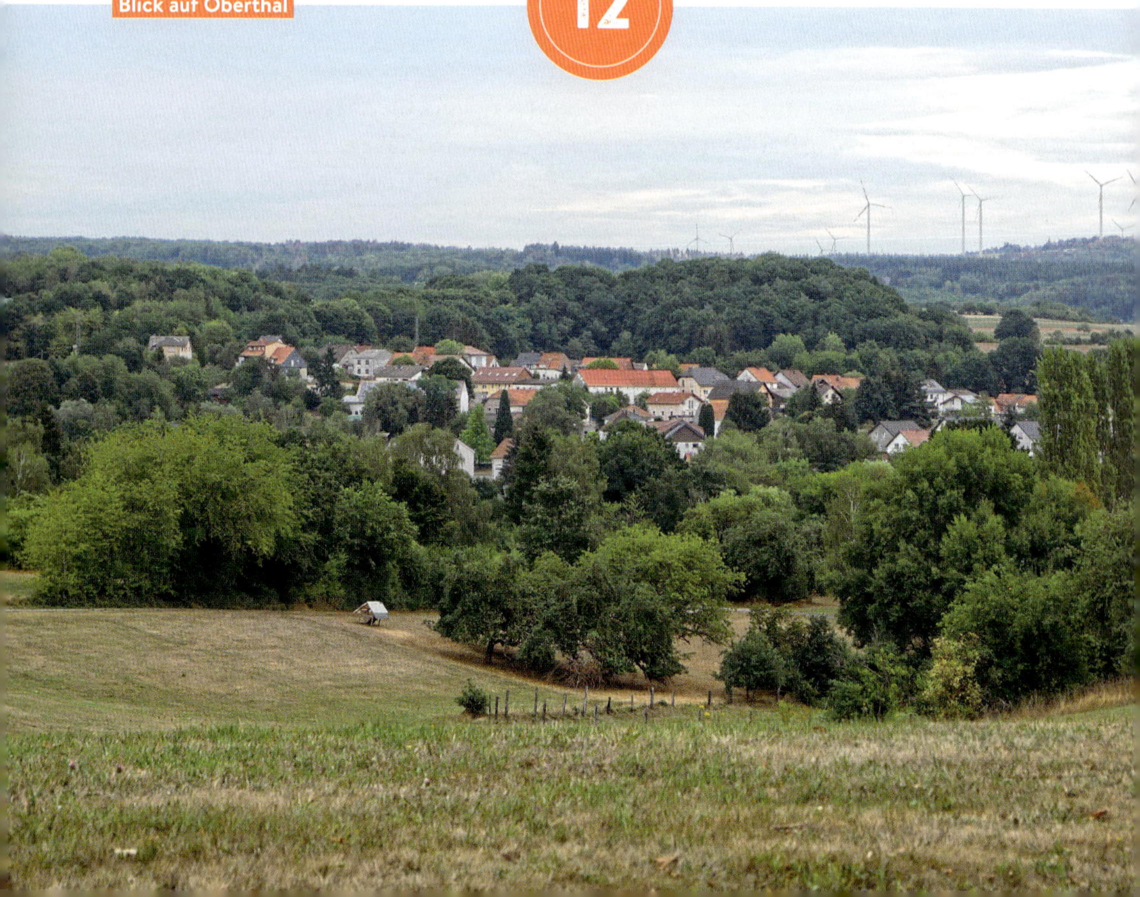

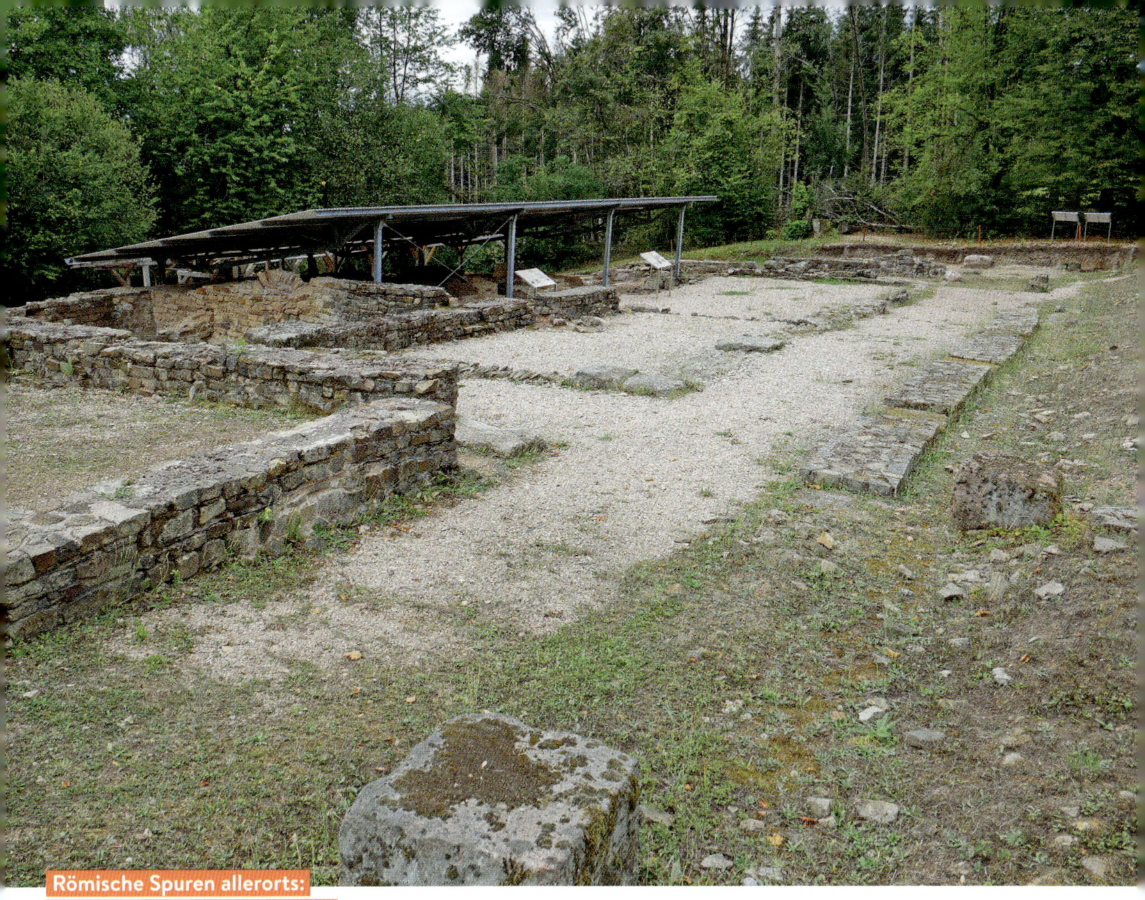

Römische Spuren allerorts: die Grabungsstelle Wareswald

GOLDFEUERCHEN IM WARESWALD Wir starten an der **A Grabungsstätte Wareswald**. Die systematische Erforschung der römischen Siedlung startete erst im Jahre 1984. Doch die Leute aus der Gegend wussten, dass hier vor langer Zeit eine römische Siedlung stand, fanden die Bauern dort doch immer wieder Münzen und Artefakte. Allerlei Sagen und Geschichten rankten sich mit der Zeit um das Gebiet und immer wieder will man Goldfeuerchen gesehen haben. Dem Peter Müller aus Oberthal soll einmal in der Nähe des Wareswaldes die Pfeife ausgegangen sein. Da sah er eines dieser goldenen Feuerchen: ein willkommener Zünder. Er nahm ein Stück glühende Kohle aus den Flammen und legte es auf den gestopften Tabak. Doch er konnte so kräftig ziehen und blasen wie er wollte, die Pfeife ließ sich nicht wieder anzünden. Verärgert steckte er die Pfeife ein und wollte es zu Hause erneut probieren. Doch statt einem Stück kalter Kohle fand er einen Dukaten in dem Rauchgerät. Eiligst ging er zurück zu dem Goldfeuerchen in den Wareswald, wo er sogleich weitere Goldstücke in der Asche fand. Als er sie holen wollte, verschwanden sie vor seinen Augen.

WAGNER KREUZ Nach etwa 1500 Metern und kurz nachdem wir den Wald erreicht haben, treffen wir auf das **1 Wagner Kreuz**. Peter Wagner war Landwirt aus Bliesen. Als ihm bei der Feldarbeit die Pferde durchgingen, riss ihm der Pflug die Hauptschlagader eines Beines auf. Zum Glück konnte er selbst die Blutung stoppen und überlebte. Aus tiefer Dankbarkeit errichtete er das

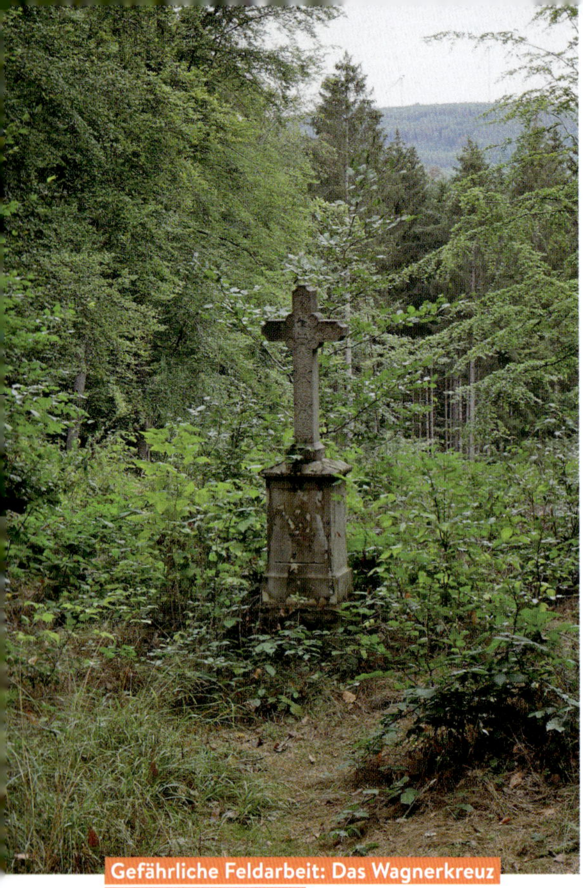

Gefährliche Feldarbeit: Das Wagnerkreuz hat eine Geschichte.

Wegekreuz. Wir machen einen Schlenker nach rechts und besuchen die mit 412,93 Metern höchste Stelle unserer Tour. Hinter den hügeligen Feldern erhebt sich der sagenhafte Schaumberg mit seinem weithin sichtbaren Turm.

AUGENBORNSTEIN Am Ende des Lohwaldes – früher versorgten sich die Gerber hier an den jungen Eichen mit der wertvollen Baumrinde zur Lederherstellung – erreichen wir eine Wegkreuzung mit einem wuchtigen Stein an der Seite. Für einen Grenzstein zu groß, betrachten wir den Block genauer und entdecken eine verwitterte Inschrift. Außer »Augenborn« können wir kaum noch etwas entziffern. Etwas enttäuscht, dass wir nach vier Kilometer Wanderung nicht mehr zu sehen bekommen als einen zu klein geratenen Menhir, machen wir ein paar Fotos. Ein älterer Herr beobachtet unser Treiben von einer Bank aus. Als wir uns anschicken weiterzugehen, spricht er uns an: »Haben Sie auch schon die Quelle fotografiert?« Erstaunt notieren wir, dass wir fast am sagenhaften Brünnchen vorbeigelaufen wären. Er weist uns den Weg: 50 Meter in die entgegengesetzte Richtung.

AUGENBORNQUELLE Die etwas vertieft, in einer Mulde gelegene **2 Quelle** wurde in Stein gefasst. Daneben wartet eine Sitzgruppe mit Tisch und Dach auf den Heilung suchenden Wanderer: Der Sage nach wurde ein römischer Soldat bei Unruhen verletzt. Ein Kämpfer der aufständischen Mediomatriker hatte ihn mit einem Speer am Auge getroffen. Verletzt und kampfunfähig fand der Legionär Zuflucht an einer Quelle im nahen Wald. Mit deren Wasser wusch er die Wunde aus. Von der Sorge gequält, zu erblinden und was dies für sein weiteres Leben bedeuten könnte, blieb er eine Weile und wiederholte die Waschung immer wieder. Das Wasser hatte eine wohltuende Wirkung und – oh Wunder: Nach kurzer Zeit nahmen die Schmerzen ab. Die Wunde verheilte und die Sehkraft war vollständig wiederhergestellt. Die phänomenale Wirkung des Quellwassers sprach sich schnell herum. So kamen in der Folge immer wieder Menschen, um ihre Leiden am Augenborn zu kurieren. Noch im Jahr 1843 beschrieb ein St. Wendeler Apotheker die heilende Wirkung der Quelle: Gerade bei Augenleiden, gegen die sonst kein Mittel half, beobachtete er erstaunliche Ergebnisse.

FAST FÜNF WEIHER Auf dem breiten Waldweg wird uns langsam klar, dass wir uns auf der 5-Weiher-Tour befinden. Nur sind wir sie vom nördlichen Ende aus angegangen und nicht vom offiziellen Startpunkt

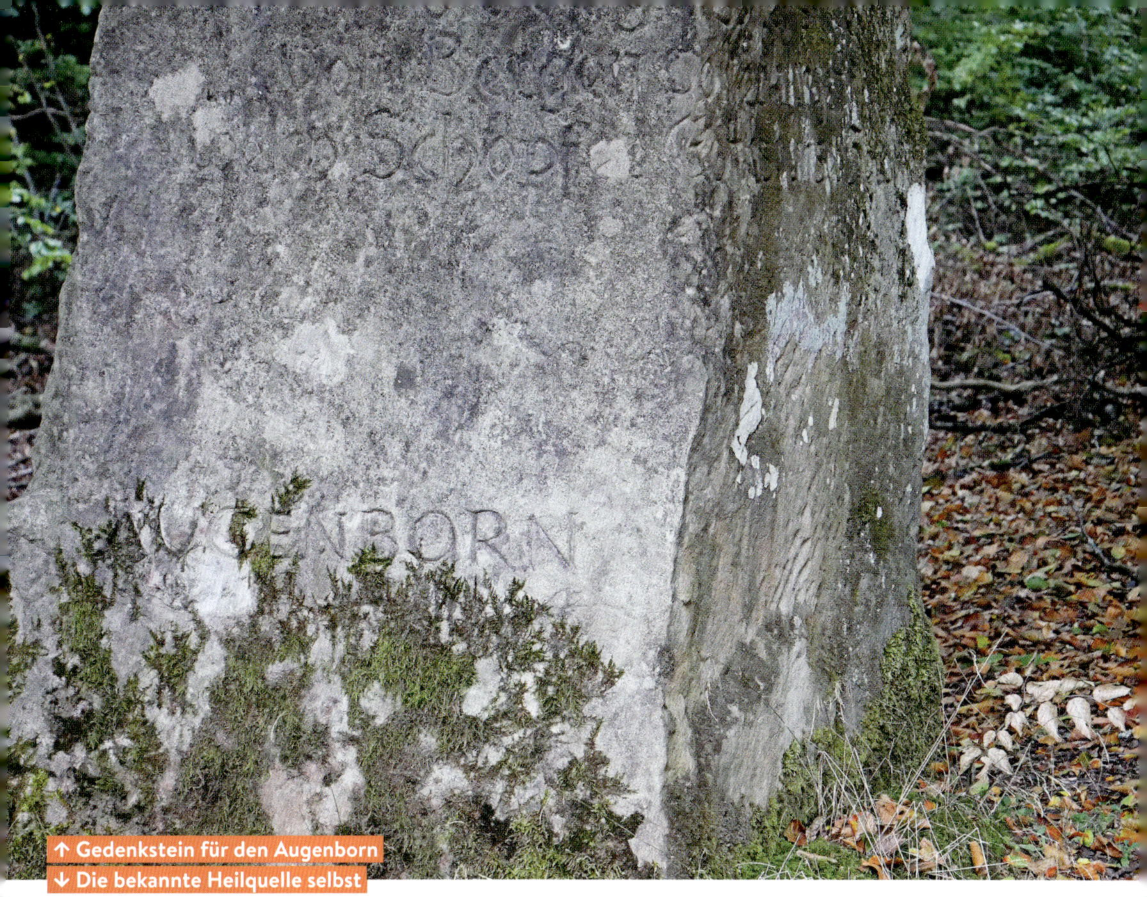

↑ Gedenkstein für den Augenborn
↓ Die bekannte Heilquelle selbst

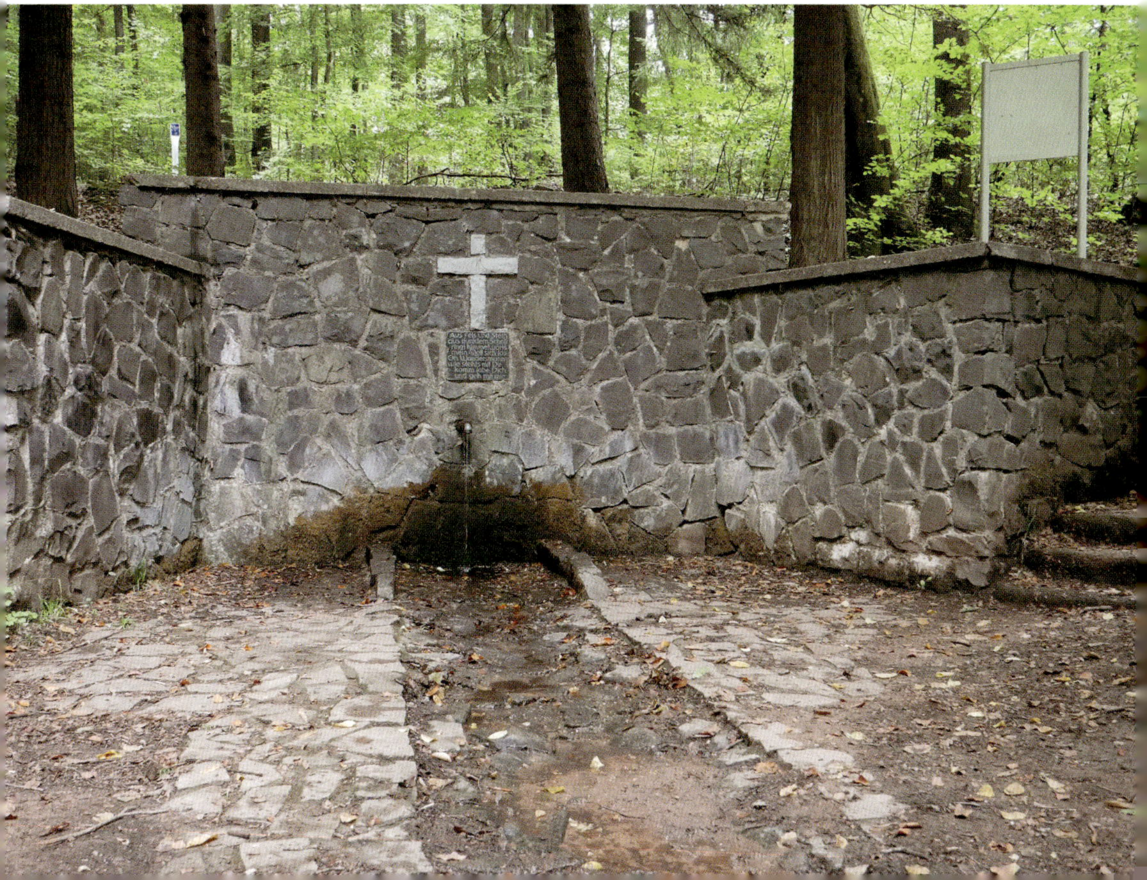

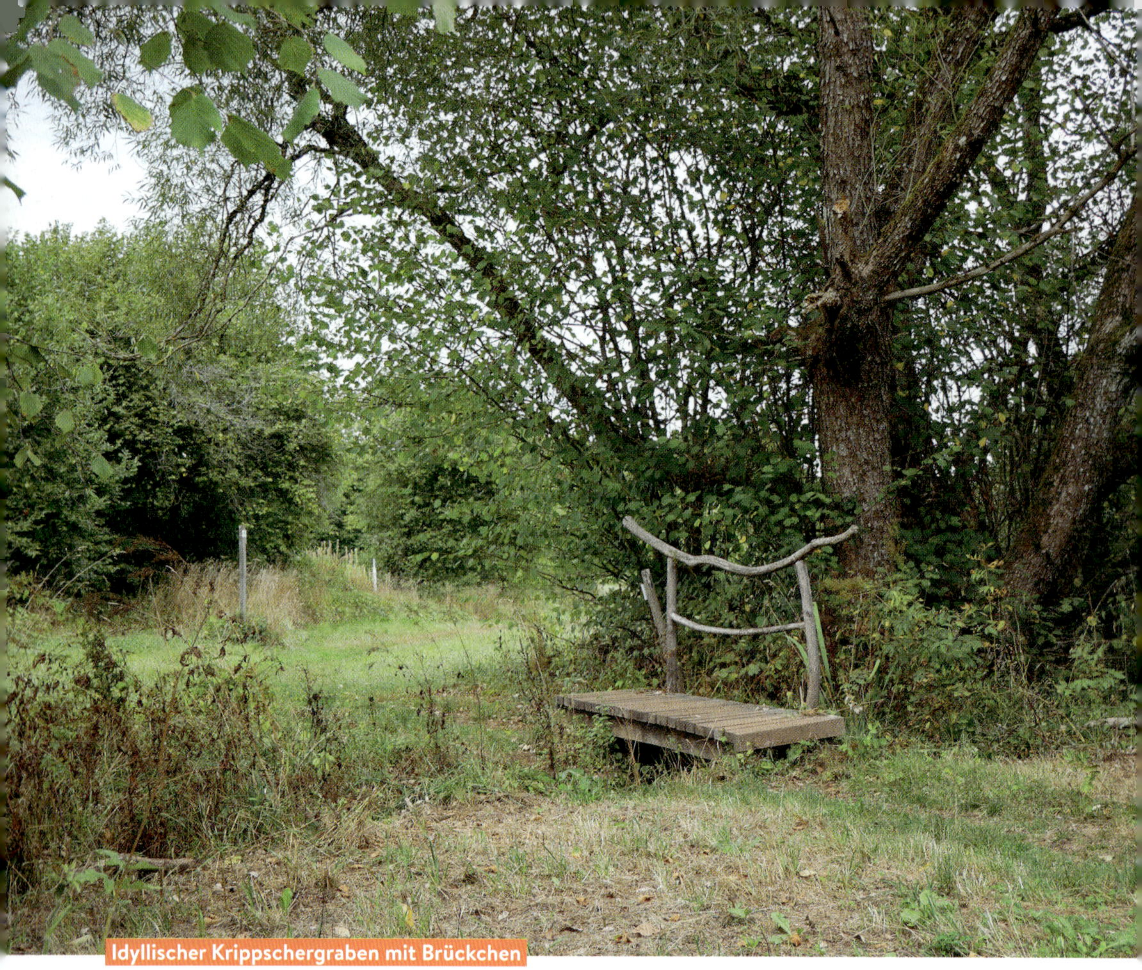

Idyllischer Krippschergraben mit Brückchen

beim Sportplatz in Winterbach. Dazu wandern wir entgegen der empfohlenen Laufrichtung. So lassen wir das Smartphone mit der Online-Tourenplanung zunehmend in der Tasche und vertrauen dem vorbildlich ausgeschilderten Weg. Eine Erleichterung sondergleichen! Vor allem, da unser GPS-Signal in der hügeligen Gegend oft schwach und ungenau ist. Die namensgebenden fünf Weiher bekommen wir durch unsere Variation der Tour allerdings nicht zu Gesicht. Über einen Pfad entlang des Höhwiesgrabens erreichen wir das **3 freie Feld** westlich von Bliesen.

BLIESTALDOM Zwischen den Feldern und Äckern nehmen wir die Steigung zur Anhöhe vor uns. Oben spenden die Bäume entlang der Hügellinie herrlichen Schatten. Eine geschwungene **4 Wellnessbank** bietet uns ein besonderes Plätzchen an. Wir nehmen uns die Zeit, relaxen und lassen unsere Augen über die Landschaft schweifen. Die stoppeligen Äcker, weiten Wiesen und stolzen Baumgruppen entspannen Geist und Gemüt. Hinter den Bäumen lugt der Turm des Bliestaldomes hervor. Die Größe der Pfarrkirche St. Remigius Bliesen wäre tatsächlich eines Domes würdig. Ob sich der Düsseldorfer Architekt Professor Kleesattel dessen bewusst war, dass Bliesen nur etwa 3000 Einwohner hat, als er das Gotteshaus im neoromanischen Stil zeichnete?

KRIPPSCHER Die Bewohner der Pferdekoppel rechts vom Weg schauen neugierig

zu uns herüber, als wir vorbeigehen. Gewiss tun wir ihnen etwas Gutes, indem wir ihnen NICHTS geben.
Hinter dem Schützenhaus führt uns dann noch einmal eine Furt hinunter ins Tal. Dort finden wir einen urwüchsigen Bachlauf mit Buschwerk und einer kleinen Holzbrücke aus dünnen Hölzern und nur einem Handlauf rechts. Diesen Komfort hätten wir gar nicht gebraucht: Über den Graben hätten wir auch einen Satz machen können. Eine handgemachte Tafel mit Computerausdruck in Klarsichtfolie informiert über den weiteren Verlauf der **5 Krippscher** in die Blies. Danke. Etwa 800 Meter vor der Grabung zum Wareswald verlassen wir dann auch den Wanderweg, um zum **E Parkplatz Wareswald** zurückzukehren.

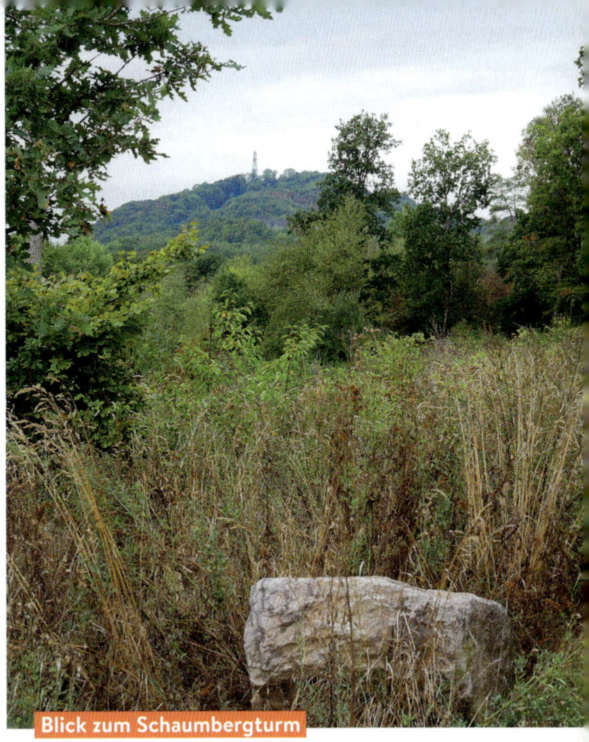
Blick zum Schaumbergturm

INFO

TOURENCHARAKTER
Mittelschwere, etwas längere Wanderung über meist schattige Waldwege und -pfade mit vielen Möglichkeiten zum Rasten

AUSGANGS-/ENDPUNKT
Parkplatz Wareswald, 66636 Tholey, 49.492618, 7.056290

INFORMATION
www.bostalsee.de

EINKEHR
Keine auf der Tour; Bistro am Radweg, Auf den Eichgärten 5, 66606 St. Wendel

Mittel	11 km	170 Hm	3.45 Std.

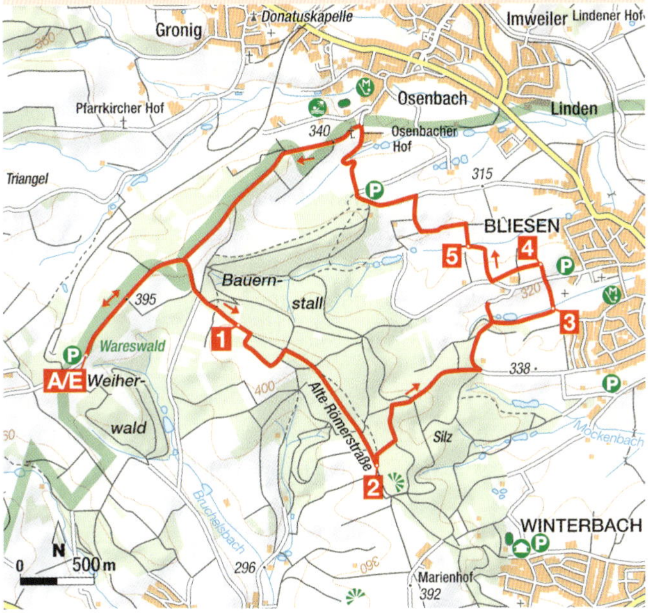

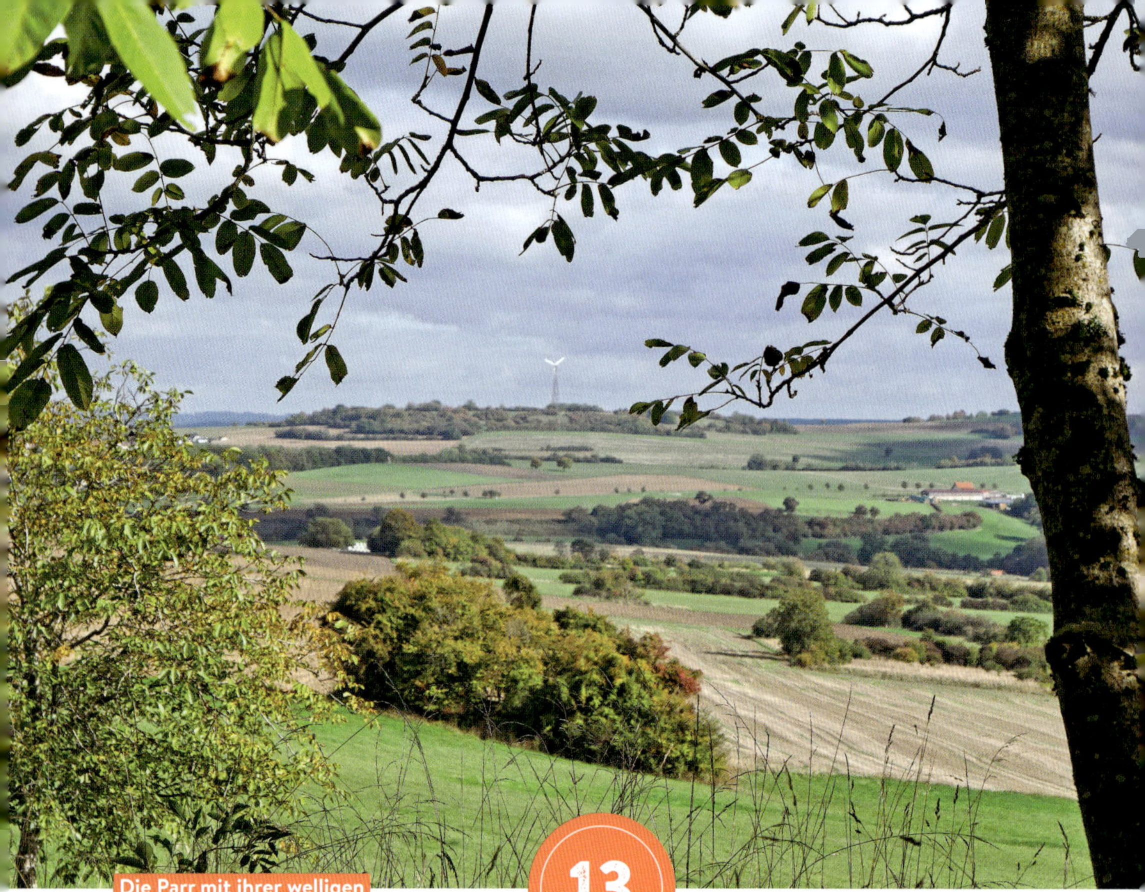

Die Parr mit ihrer welligen und harmonischen Landschaft

13

BEIM BLECHERNEN MÜLLER

Runde über den Totenkopf

Eine eigene Region im Biosphärenreservat Bliesgau bildet die Parr. Die Hügel sind hier sanfter und mit Irland-grünem Gras bedeckt, die Täler weiter als sonst an der Blies. Als beunruhigender Kontrast mittendrin präsentiert sich der Totenkopf mit seinem dunklen Zauberwald. Selbst dort kann man noch die bedrohlichen Schritte des blechernen Müllers hören.

DIE VERSCHWUNDENE STADT Von der ehemaligen Wallfahrstätte **A »Kreuzkapelle zur Schmerzhaften Mutter«** schlagen wir den Weg Richtung Südwest entlang der Felder ein. Wir befinden uns in der Parr – der ehemaligen Gemeinschaftspfarrei der Dörfer rund um Medelsheim bis hinüber nach Peppenkum und Riesweiler.

Letzteres ist im Laufe der Jahrhunderte mehrmals zerstört und danach wieder aufgebaut worden. Irgendwo dort drüben auf dem Bergrücken, da, wo jetzt das Windrad aufragt, muss das alte Riesweiler gestanden haben – samt Burg, Kirche und Befestigung. Eine Großstadt seiner Zeit! Die Stadtmauern Riesweilers sollen genau so groß wie die von Worms gewesen sein. Römer und die anderen alten Völker kannten den Ort. Noch in den Freiheitskriegen, Anfang des 19. Jahrhunderts, wären russische Offiziere vorbeigekommen und hätten sich in Altheim nach der auf ihren Karten verzeichneten Stadt erkundigt. Erstaunt stellten sie fest, dass sie nur einen kleinen Weiler fanden.

WOLFSGALGEN Nur von ein paar frei stehenden Bäumen unterbrochen, ziehen sich Wiesen und Hügel soweit das Auge reicht. Dunkelgrün steht das Gras unter dem veilchenblauen Himmel und wir erreichen rechts vom **1 »Wolfsgalgen«** den Waldrand. Der NABU hat hier ein Schild aufgestellt, informiert über die Wichtigkeit der Kulturlandschaft Kalk-Halbtrockenrasen: »Eine besondere Flora und einzigartige Fauna haben hier ihren Lebensraum gefunden.« Lebensraum! Die Namensgebung des Ortes hat eine gegenteilige Bedeutung, erzählt von Schrecken, schwerer Not und Tod. Damals, als noch viel mehr Menschen als heute an Werwölfe glaubten, verkrochen sie sich bei Vollmond ängstlich hinter ihren Türen, scharten sich ängstlich um das helle Herdfeuer. Hinter vorgehaltener Hand raunten sie sich schaurige – heute längst vergessene – Geschichten zu. Und wenn über Tag bei Sonnenschein ein Wolf gefangen und getötet wurde, hat man den Kadaver zum Schutz und als Warnung für andere Werwölfe an einem Baum aufgehängt: den Wolfsgalgen.

↓ Üppig tragen die Apfelbäume bei Medelsheim.
↘ Gipfelstein des »Totenkopf« mitten im Wald

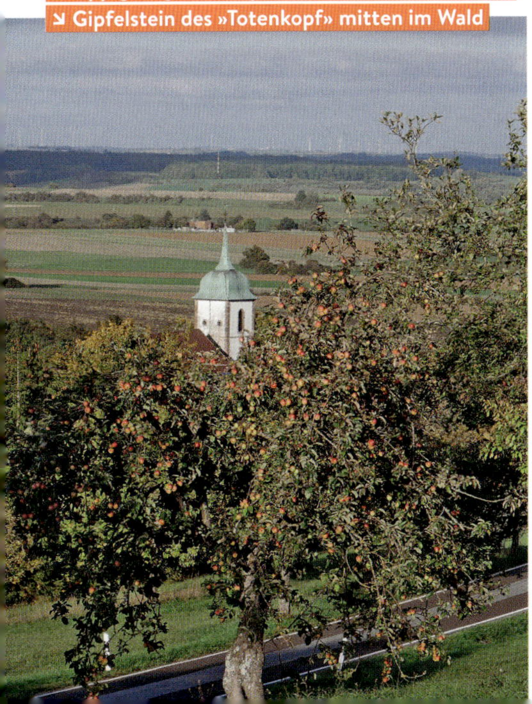

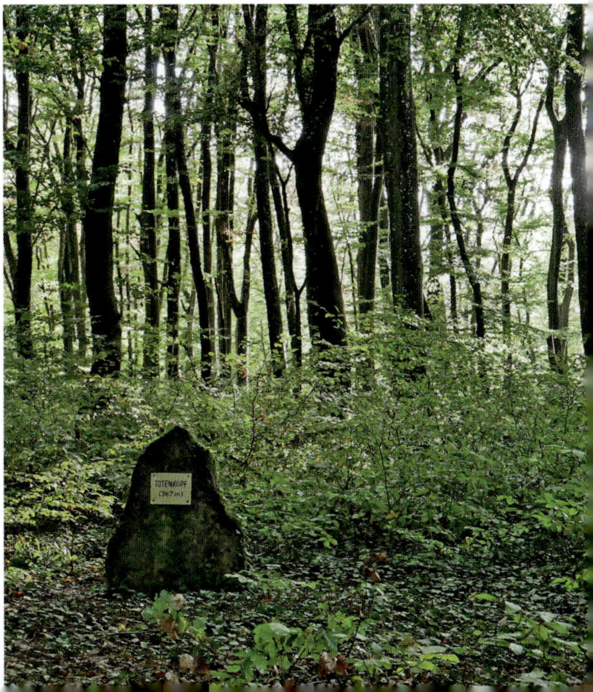

TOTENKOPF Immer dichter wird der Wald. Dann endet der offizielle Weg – eine **2 Furt** ermöglicht uns das Weiterkommen. Hier hat keiner die umgestürzten Bäume aus dem Weg geräumt. Dann tauchen nach ein paar Metern die ersten Grenzsteine auf. Wir befinden uns direkt an der Grenze zum Nachbarland, machen uns den Spaß, mehrmals ins andere Land und zurückzureisen. Ein einziger Schritt macht es möglich. Und dann ist auch wieder ein Weg da. Das fehlende Stück geht wohl noch auf die Saargebietszeit zurück, als der Grenzverkehr peinlich genau kontrolliert wurde. Der Krieg davor soll hier auch ganz besonders heftig gewütet haben. »Vielleicht wäre das der Grund für die makabere Namensgebung«, lautet die Auskunft im Ort. Bei Forstarbeiten würden selbst heute immer wieder Granaten und Kriegsgerät entdeckt. »Vom Weg abschweifen und querfeldein wandern sollten Sie hier nicht«. Wollen wir auch gar nicht, aber mit der Erklärung zur Namensherkunft des 387 Meter hohen **3 Totenkopfs** geben wir uns ebenfalls nicht zufrieden. Schließlich kommen solche Ortsnamen nicht ohne Grund zu Stande.

KELTENKULT Anderswo, zum Beispiel am Kaiserstuhl im Breisgau, vollstreckte König Otto III. an einem einzigen Gerichtstag unzählige Hinrichtungen. Beim Pfälzer Totenkopf in der Gegend von Maikammer hat man einen Schädel gefunden. Neben der über den Berg verlaufenden Römerstraße befindet sich ein Hügelgrab. Ähnliches vermuten wir auch hier: Heinz Royar, ehemals Konrektor aus Gersheim, berichtet von geometrisch ausgerichteten Erdwällen, seltsamen Steinhäufungen und Hügelgräbern im Bliesgau im Allgemeinen und dem

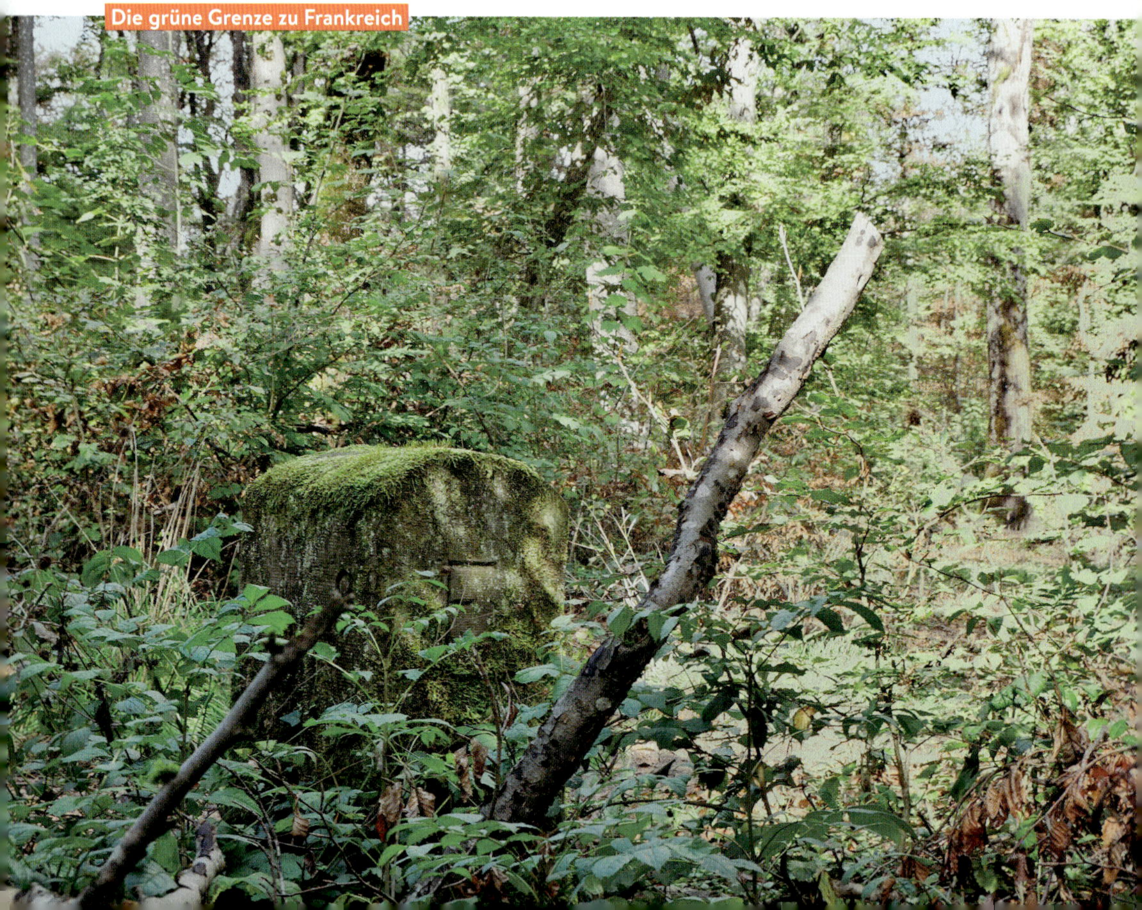
Die grüne Grenze zu Frankreich

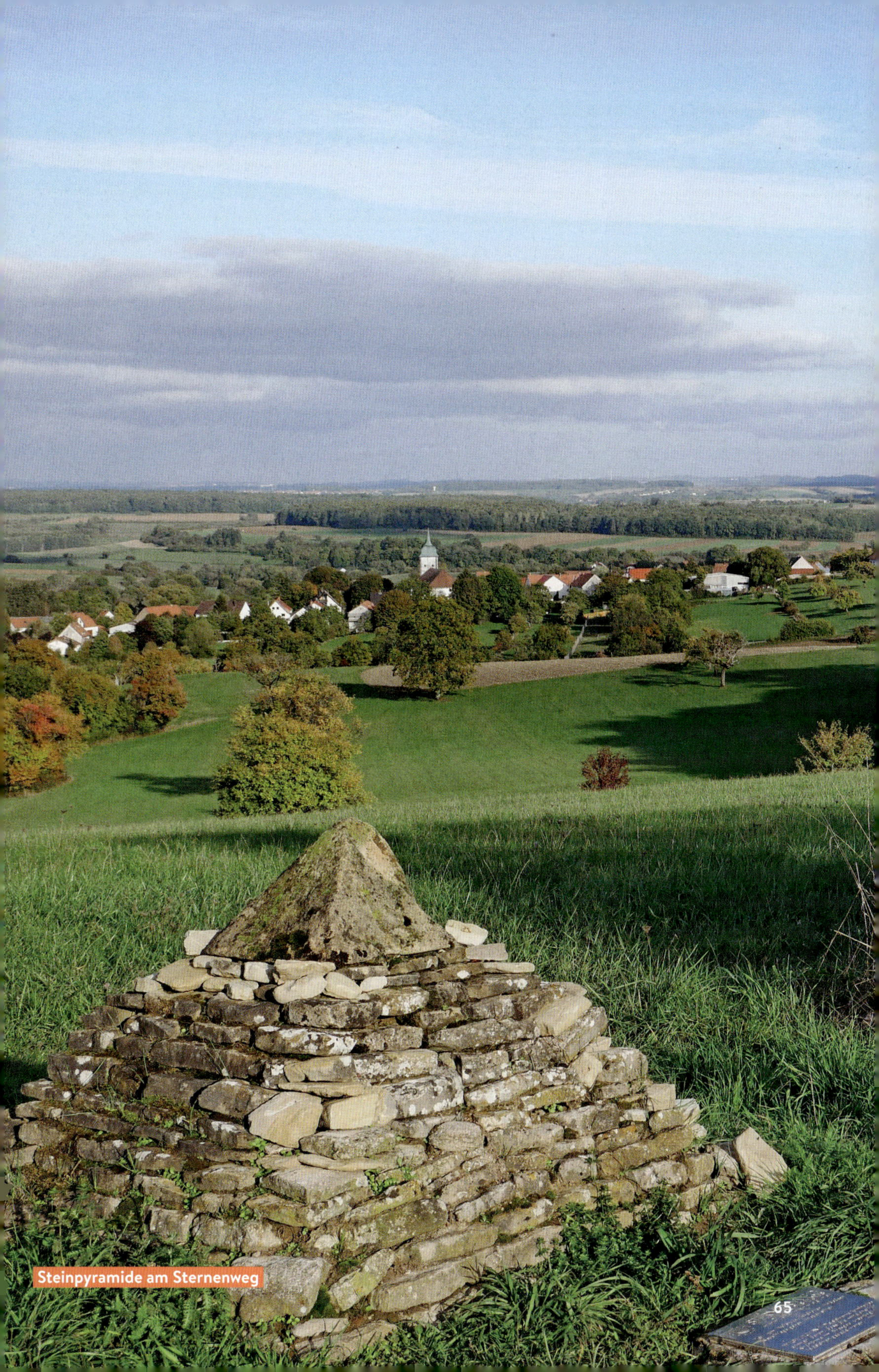

Steinpyramide am Sternenweg

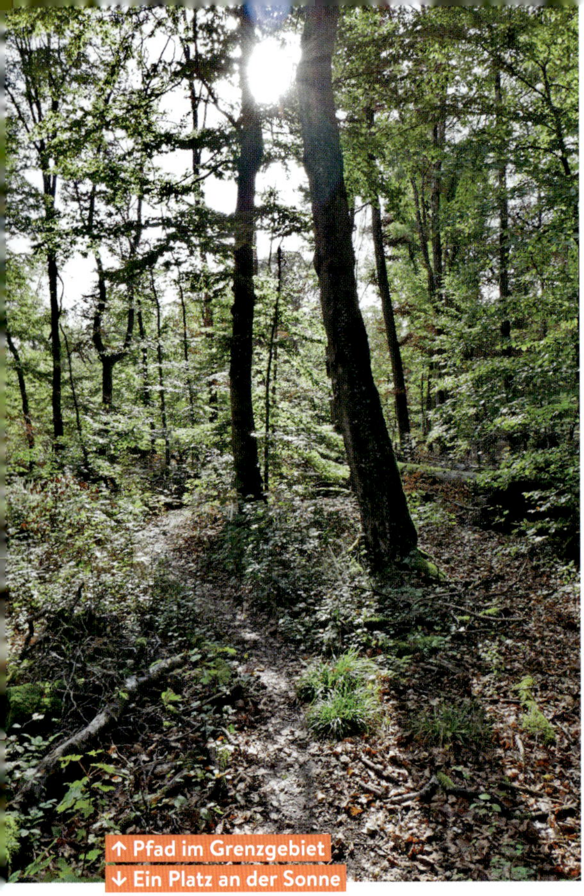

↑ Pfad im Grenzgebiet
↓ Ein Platz an der Sonne

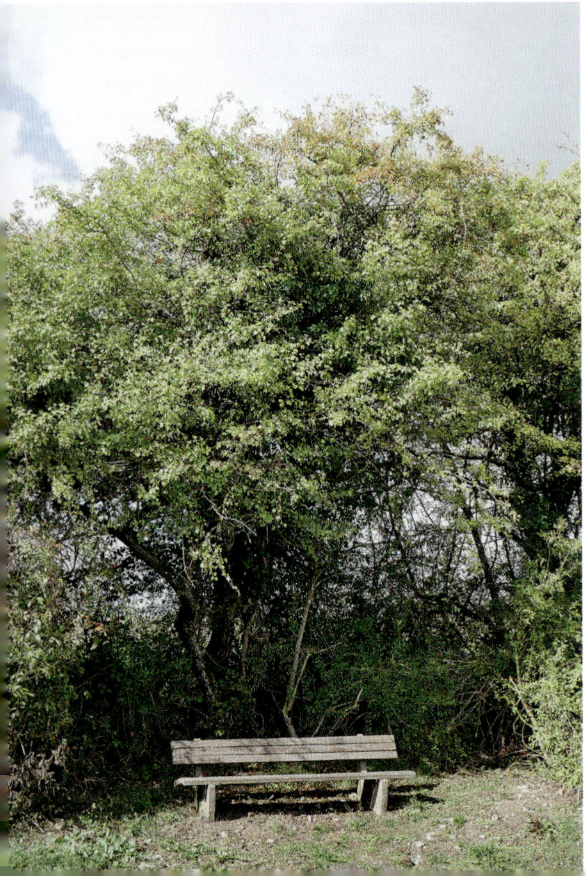

Totenkopfgebiet im Besonderen. Die Linien würden geometrisch auf den Punkt des Sonnenaufgangs zu Sommerbeginn zeigen. Wandern wir also über einen vergessenen, keltischen Kultort? Nur vier Kilometer weiter im Europäischen Kulturpark Bliesbruck-Reinheim ist das prunkvolle Grab einer keltischen Fürstin zu besichtigen. Und der Zauberwald um uns herum verströmt die passende, magische Atmosphäre.

ERZENTALER WALD Kurz hinter dem Gipfel verlassen wir den Wald Richtung **4 Drehbrunnerhof**, bei dem wir rechts abbiegen und zu einer großen Pferdekoppel gelangen. Die Anzahl der Pferde ist so groß, dass man sich fast der Illusion hingeben könnte, die Tiere in freier Wildbahn zu beobachten. Vom Anblick der Tiere fasziniert, brauchen wir eine ganze Weile, bis wir uns lösen können, um zum Erzentaler Wald, vor langer Zeit ein Erzabbaugebiet, zu wandern.

DER BLECHERNE MÜLLER Hinter der Landstraße L 102 führt ein breiter Wanderweg weiter Richtung Klosterwald, wo der Erzentalbach genug Wasser führte, um in früherer Zeit eine Mühle zu betreiben. Sie gehörte den Mönchen des nahe gelegenen Klosters in Walsheim. Die Müller standen in ihren Diensten und wechselten. Einer dieser Müller erwies sich als außerordentlich habgierig und geizig. Wenn die Bauern das Getreide brachten, wog er es stets zu seinen Gunsten und behauptete, es sei zu feucht. Nur um den Preis zu drücken. Die Bauern hassten ihn deshalb und sein Ruf als Geizhals war schon über die Region hinausgedrungen. Beschwerden bei den Klosterbrüdern halfen auch nicht: Der Müller war ein geschickter Redner und verhalf nicht nur sich selbst, sondern auch seinen Dienstherren zu Reichtum. Zu geizig für Lederschuhe ließ er sich von seinem Knecht Schuhe aus

Blech anfertigen. Die machten bei jedem Schritt einen Mordslärm, übertönten der Sage nach alles andere. Als der Müller den Knecht vom Hof jagte und ihm den Lohn schuldig blieb, verfluchte ihn der Neu-Obdachlose: »Auch nach deinem Tod sollst du noch in deinen Blechschuhen umhergehen.« Der Wunsch ging in Erfüllung: Laut Überlieferung sucht der blecherne Müller bis heute im Erzental nach seinen heimlich angehäuften Reichtümern. Da seine Schritte bis heute immer wieder zu hören sind, liegen sie wohl noch immer unter der Erde.

MARDELLE SCHWEFELSPFUHL Kurz vor Verlassen des Klosterwaldes erreichen wir die **5 Mardelle Schwefelspfuhl**. Mardellen sind Teiche ohne Zu- oder Abfluss, deren Entstehung bis heute nicht gänzlich geklärt ist. Oft Gegenstand von Sagen und Gruselgeschichten werden sie auch in kultischen Zusammenhang gebracht. So könnte der Schwefelspfuhl ein weiterer Hinweis auf eine keltische Kultstätte am Totenkopf sein. Doch wir haben an diesem Nachmittag genug von Werwölfen und magischen Kultstätten.

PILGERWEG Über den Sternenweg wandern wir zurück zur **E Kreuzkapelle**. Die schon tiefstehende Sonne taucht die Felder und Wiesen in ein warmes Licht. Von unten im Dorf grüßt die Spitze des Kirchturms, die Apfelbäume davor hängen voll mit süßen und gesunden Früchten. Mehrere Heißluftballons nutzen die Thermik des Spätsommerabends. Wer braucht noch mehr Zauberei?

INFO

TOURENCHARAKTER

Rundwanderung über sonnige Feldwege und durch schattige Wälder

AUSGANGS-/ENDPUNKT

Kreuzkapelle zur Schmerzhaften Mutter, Medelsheim, 66453 Gersheim, 49.140939, 7.262472

INFORMATION

www.gersheim.de

EINKEHR

Keine auf der Tour; Gasthaus Weber, St.-Martin-Straße 19, 66453 Gersheim-Medelsheim, gasthaus-weber.edan.io

Leicht | 9 km | 170 Hm | 2.50 Std.

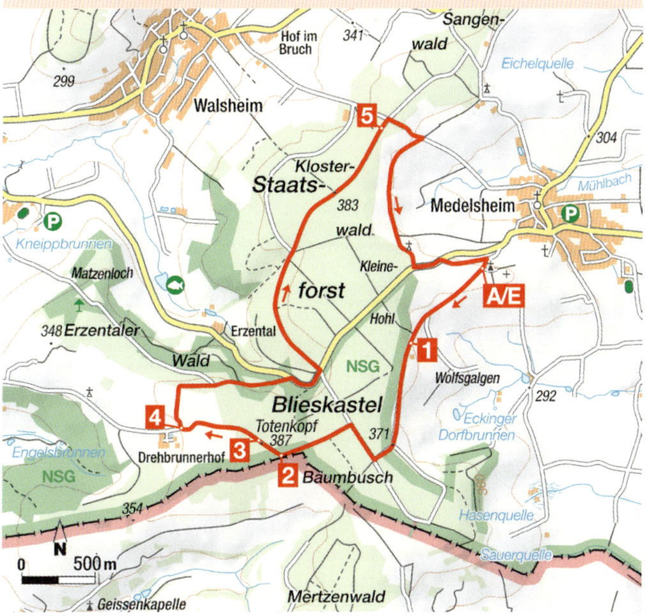

GRENZENLOSE LIEBE

Berus-Berviller-Runde

Weite Felder mit Fernsichten über Saargau und Lothringen lassen uns die Grenzen zwischen den Ländern vergessen. Vielleicht liegt's aber auch an der heiligen Oranna, die als Vermittlerin zwischen Saar und Lothringen gilt, aber mehr noch in Liebesangelegenheiten helfen soll. Und beim vielleicht schönsten Sonnenuntergang des Saarlandes kann sowieso niemand widerstehen.

Historische Sendehalle des ersten Privatsenders Frankreichs

14

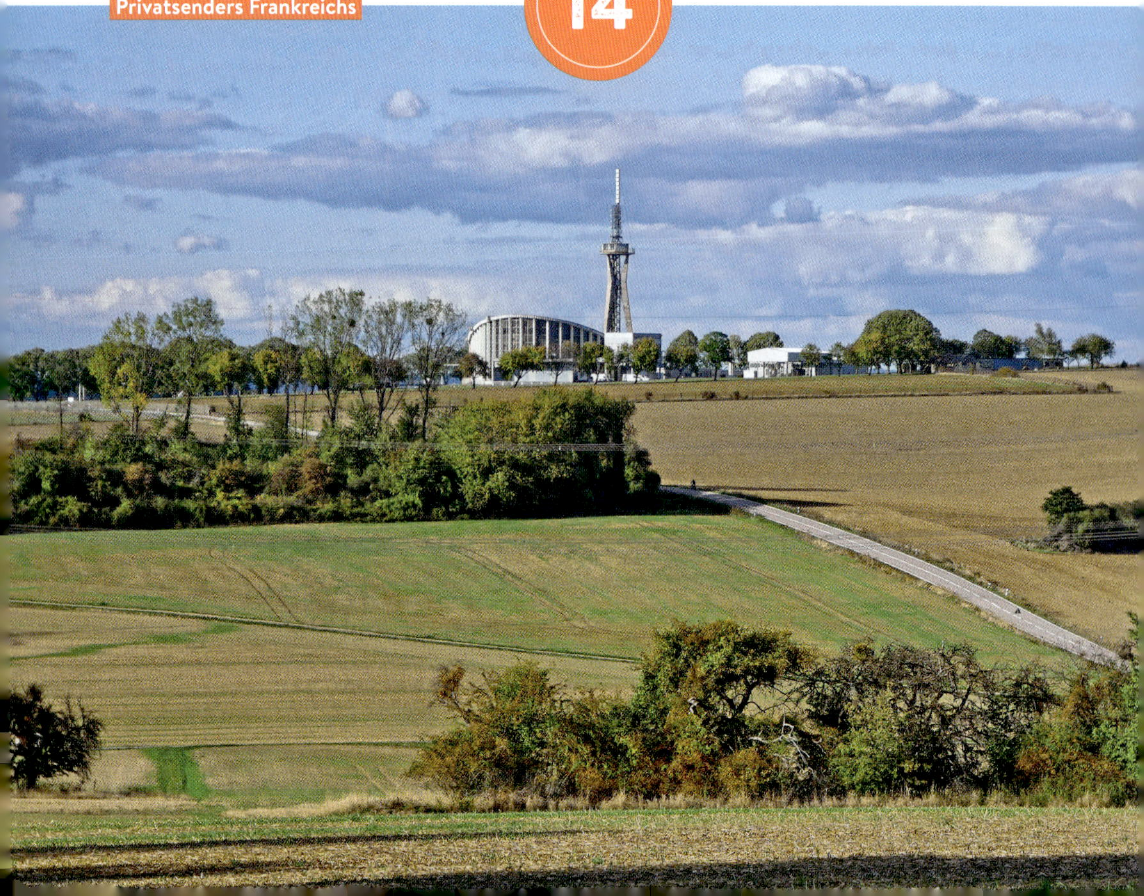

ZWEILÄNDERBLICK Vom **A Europadenkmal** auf der Beruser Höhe hat man Richtung Nordost einen weiten Blick über das Saarland. Dreht man sich einmal um 180 Grad, stellt man bei der Betrachtung Lothringens fest, dass es dort kaum anders aussieht. Nicht verwunderlich, denn die Grenze trennt Land und Leute noch gar nicht so lange. Die Stäbe, die am oberen Ende des Denkmals die beiden Stelen verbinden, symbolisieren die gemeinsame Vergangenheit. Wir starten Richtung Nordwest auf die Orannastraße.

ORANNALEGENDE Nach nicht ganz einem Kilometer erreichen wir die **1 Orannakapelle**, das letzte Bauwerk des im Dreißigjährigen Krieg zerstörten Dorfes Eschviller und Wohnort der heiligen Oranna. Man sagt ihr nach, die Schwester des heiligen Wendelin gewesen zu sein. Zusammen mit diesem sei sie im Saarland aufgetaucht, und das Wunder vollbringen muss wohl in der Familie gelegen haben: Ein tauber Jäger erlangte sein Gehör zurück, nachdem Oranna für ihn gebetet hatte. Und ein anderes Mal soll sie dafür gesorgt haben, dass sich Prinz Kuno von Austrasien (Name des Ostfrankenreiches Anfang des 7. Jahrhunderts) in die schöne Melusine verliebte. Bis sie Oranna um Hilfe bat, wollte der Edelmann ihr Schmachten nicht erwidern. Seither wird Oranna bei Kopf- und Ohrenleiden angerufen und heiratswillige Frauen pilgern regelmäßig zur Kapelle. Ihr Gebet lautet: »Heilige Orann, bescher mir einen Mann, keinen, der sauft, keinen, der rauft! Keinen mit einem roten Bart, denn das ist keine gute Art!«

BERVILLER Vor dem Hofbach schwenken wir nach Westen, wo wir nach kurzer Zeit von zahlreichen **2 in Beton verewigten Kinderhänden** überrascht werden. Rund 250

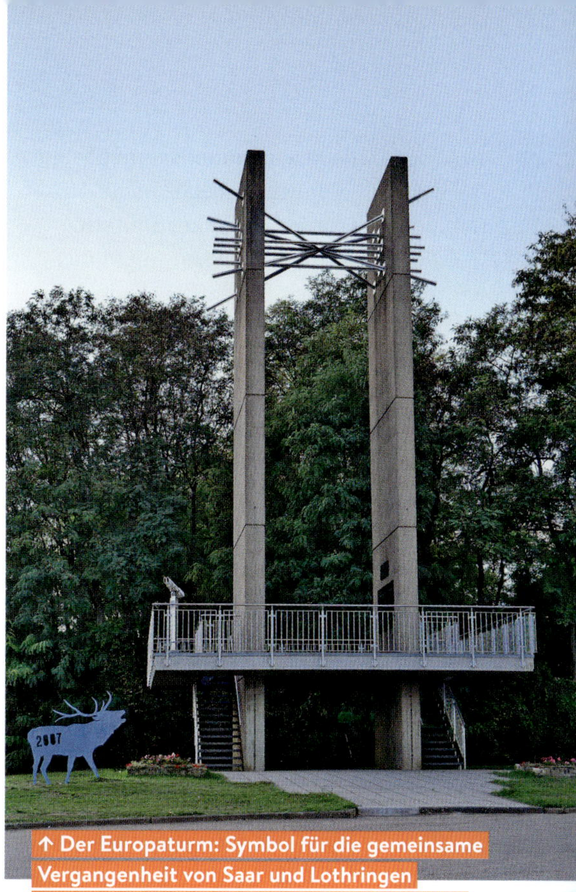

↑ Der Europaturm: Symbol für die gemeinsame Vergangenheit von Saar und Lothringen
↓ »Vis-à-vis«: Kinderhände in Beton verewigt

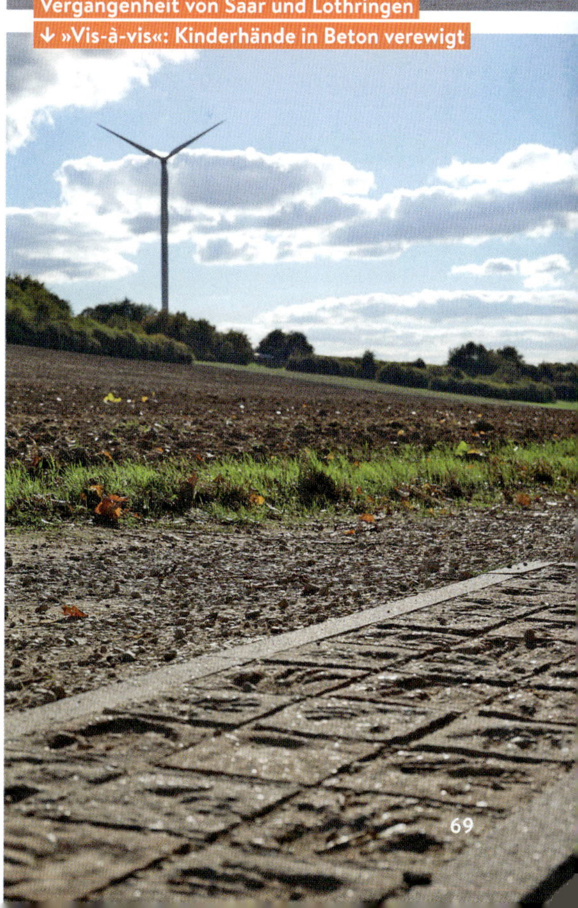

Schüler aus den Gemeinden dies- und jenseits der Grenze wirkten am Projekt »Vis-à-vis« für Völkerverständigung und Miteinander-Reden mit. Dann biegen wir rechts ab, überqueren den Hofbach, der hier in Frankreich Weissbach heißt. Bis zur Nachbildung der 3 **Mariengrotte von Lourdes** am Ortseingang von Berviller folgen wir der Beschilderung »Tafeltour«. Nachdem wir den typisch lothringischen Ort hinter uns gelassen haben, nehmen wir den »Chemin de la frontière«, den Grenzweg, zurück Richtung Europadenkmal.

EUROSTROM Vom Feldweg haben wir wieder Fernsicht in alle Richtungen. Doch dieses Mal ist es nicht nur die Natur, die uns beeindruckt: Eine gewaltige Stromtrasse führt quer durch die Landschaft, verschwindet irgendwo im Sonnenuntergang. Die europäische Stromautobahn liefert Elektrizität bis nach Südeuropa, oder umgekehrt bis weit in den Norden – je nachdem, wo die Energie gebraucht wird. Falls Sie die Wegweiser zu den Frauen irritieren: Das sind die Namen der Windkraftwerke. Typisch französisch halt.

LOTHRINGER KREUZ Genau auf der Grenze zu Deutschland treffen wir auf einen Rastplatz, daneben ein Wegekreuz. Aber anders, als wir es kennen: Das Kruzifix mit dem Doppelbalken ist das 4 **Lothringer Kreuz**. Seinerzeit Zeichen des französischen Widerstands, steht es jetzt als Symbol der Freundschaft und der Versöhnung zwischen

Die Orannakapelle war früher Dorfkirche von Eschweiler.

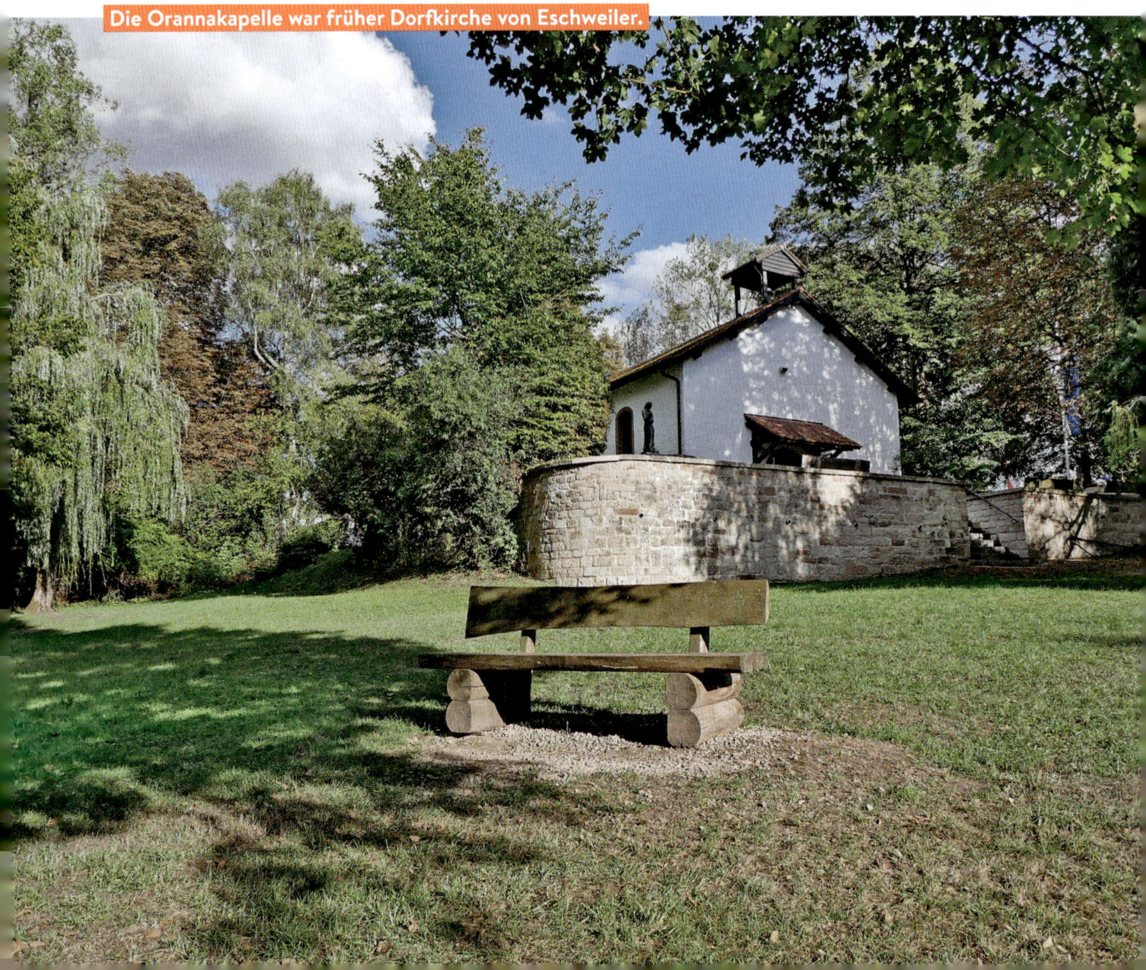

den Ländern. Die vorbeikommenden Menschen werden gebeten, zum Zeichen der Solidarität einen Stein unter dem Denkmal abzulegen. Freundschaft dokumentieren auch zwei Wanderer, die am sonnigen Tisch daneben ihr Bierchen genießen.

DER SCHÖNSTE SONNENUNTERGANG DES SAARLANDES Vorbei am ehemaligen Kalksteinbruch der Röchlingwerke und der Rampe einer Seilbahn – an beiden Orten gibt es kaum mehr zu sehen als die Hinweistafeln – erreichen wir wieder das **E** **Europadenkmal**. Dort ist allerhand los. Alle Relaxbänke sind besetzt. Andere picknicken auf Decken, die sie auf dem Boden ausgebreitet haben. Das allabendliche schönste Schauspiel der Welt hat begonnen: der Sonnenuntergang.

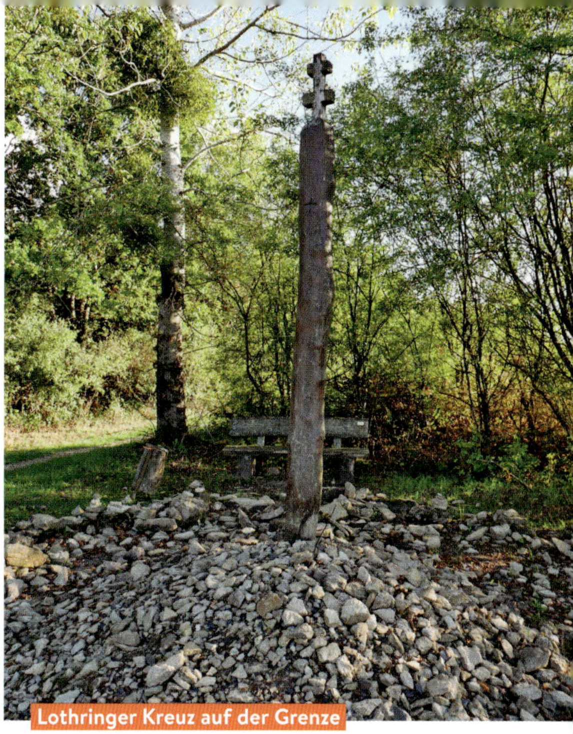

Lothringer Kreuz auf der Grenze

INFO

TOURENCHARAKTER
Rundwanderung über sehr sonnige Feldwege und ein wenig durch schattige Wälder

AUSGANGS-/ENDPUNKT
Europadenkmal Berus, Orannastraße 20, 66802 Überherrn, 49.265058, 6.685420

INFORMATION
www.ueberherrn.de

EINKEHR
Le Chalet du Chemin, Chem. de la Carrière, 57550 Berviller-en-Moselle, Frankreich, www.lechalet-du-chemin-et-sa-roulotte-berviller.com

Leicht	7,4 km	173 Hm	2.20 Std.

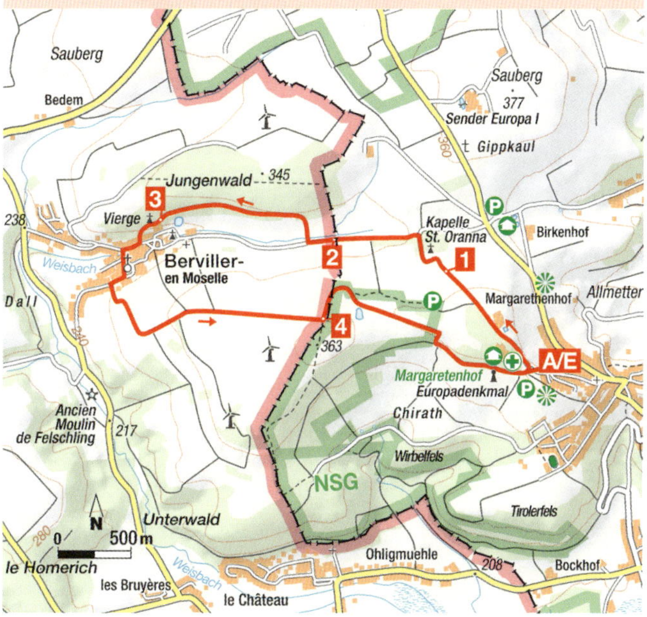

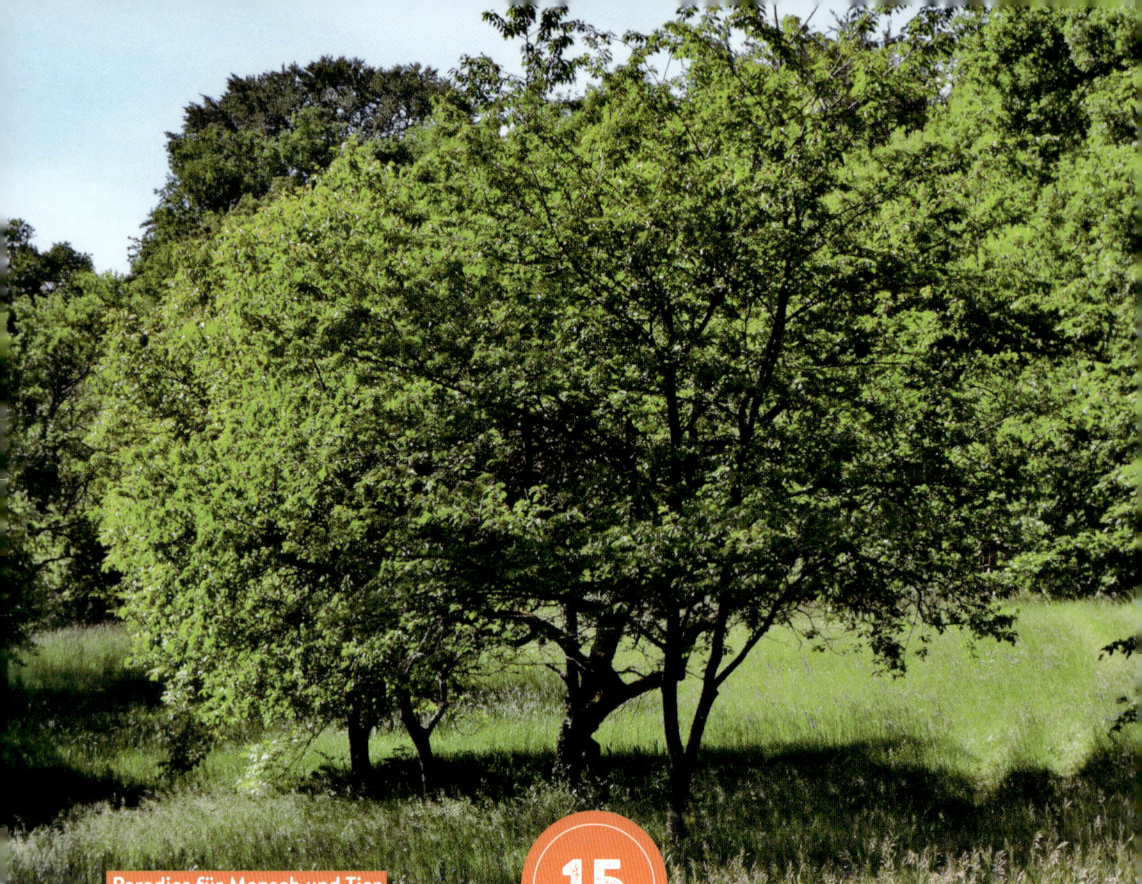

Paradies für Mensch und Tier

15

DER RAUBRITTER UND DIE BÖSE KÄTT

Vom Orchideenpfad Gersheim zum Rohrentalweiher

Mit vielen »Ahs« und »Ohs« starten wir zwischen den bunten Blüten des Orchideenpfades zum bewaldeten Hannocksberg und weiter zum beliebten Ausflugsziel Rubenheimer Weiher. Dort trieb aber noch um 1880 herum die böse Kätt ihr Unwesen, erschreckte Mensch und Tier.

ORCHIDEENPFAD In den 1970er-Jahren standen Kühe praktisch überall. Außerhalb der Dörfer und Städte wurde nahezu jede Wiese als Weide genutzt. Morgens und abends behinderten die träge dahintrottenden Vierbeiner auf dem Weg von und zum Stall die wenigen Berufspendler in ihren Autos. Doch im gleichen Maß, wie die Zahl der Autos zunahm, verringerte sich die Anzahl der Kühe. Auf den Straßen begegnet man ihnen nur noch selten und die meisten Weiden liegen brach. Umso freudiger begrüßen wir direkt nach dem Start vom A **Wanderparkplatz** die zufrieden wirkenden Bliesgaukühe im Schatten der Obstbäume. Träge verjagen sie ein paar Fliegen, während sie uns anglotzen und als natürlicher Rasenmäher das Gras kurz halten. Auf der Nachbarwiese ist das anders: Über die kniehohen Halme weht sanft der Wind, sorgt für sanfte Bewegung und bringt die bunten Punkte darin zur Geltung. Blaue und rosa Blüten malen den Bliesgau bunt an. Begeistert fragen wir uns, ob das schon 1 **Orchideen** in ungeahnter Zahl sind. Leider nicht! Orchideen finden wir zwar auch bald, doch sind es erst einmal Wiesensalbei, Margeriten und Wicken, die herrliche Muster in die Wiesen zaubern.

AUF DEM HAHNEN Der Sage nach wurde Gersheim unten im Tal früher von einem Raubritter terrorisiert. Vorbeikommende Händler wurden ausgeraubt und die Dorfbewohner mussten Sklavenarbeit verrichten. Seine Raubritterburg soll auf einem bewaldeten Hügel, dem Hahnen, gestanden haben, der heute auf keiner Karte mehr verzeichnet ist. Möglicherweise handelt es sich um den 2 **Hannock** mit seinen 372 Metern, den wir bald passieren. So ein schlechtes Benehmen blieb nicht lange unbemerkt. Bald tauchten Soldaten auf, die den Schutz der nahen Handelsstraße gewährleisten sollten. Doch es gelang ihnen nicht, die Raubritter zu fangen.

Blick auf Gersheim

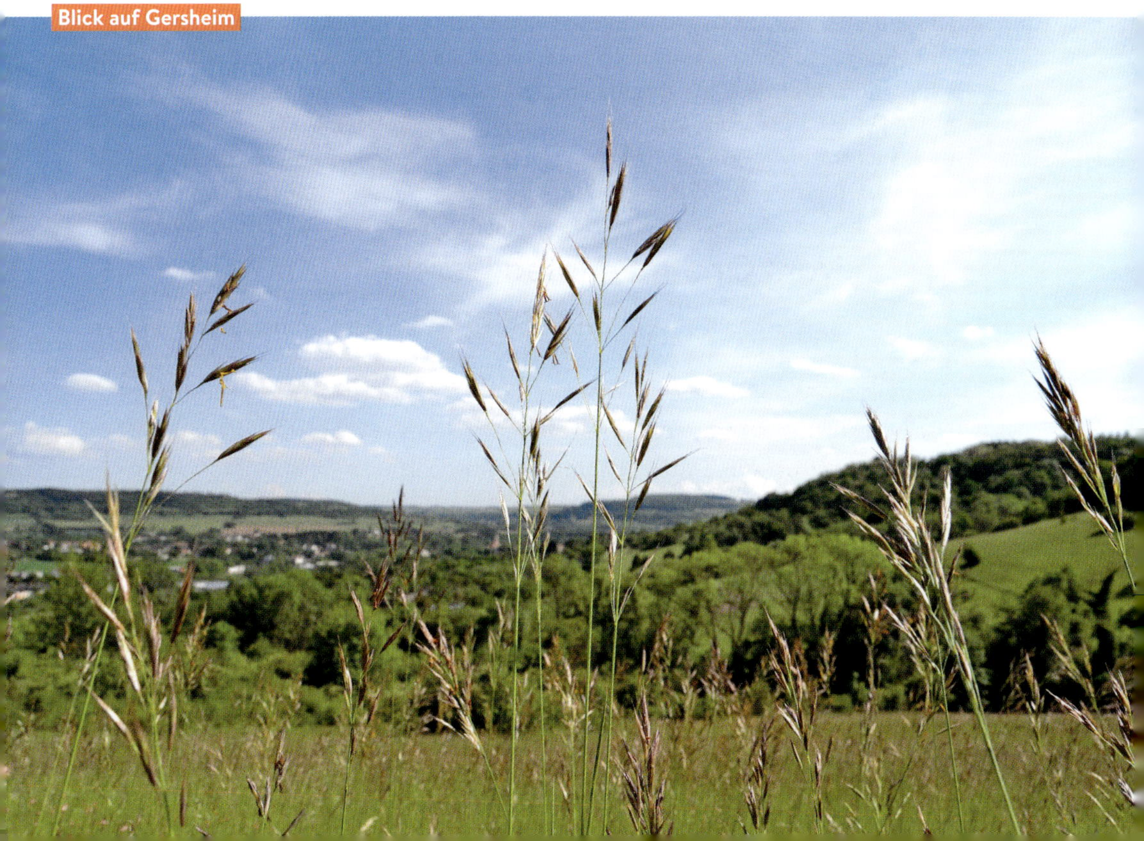

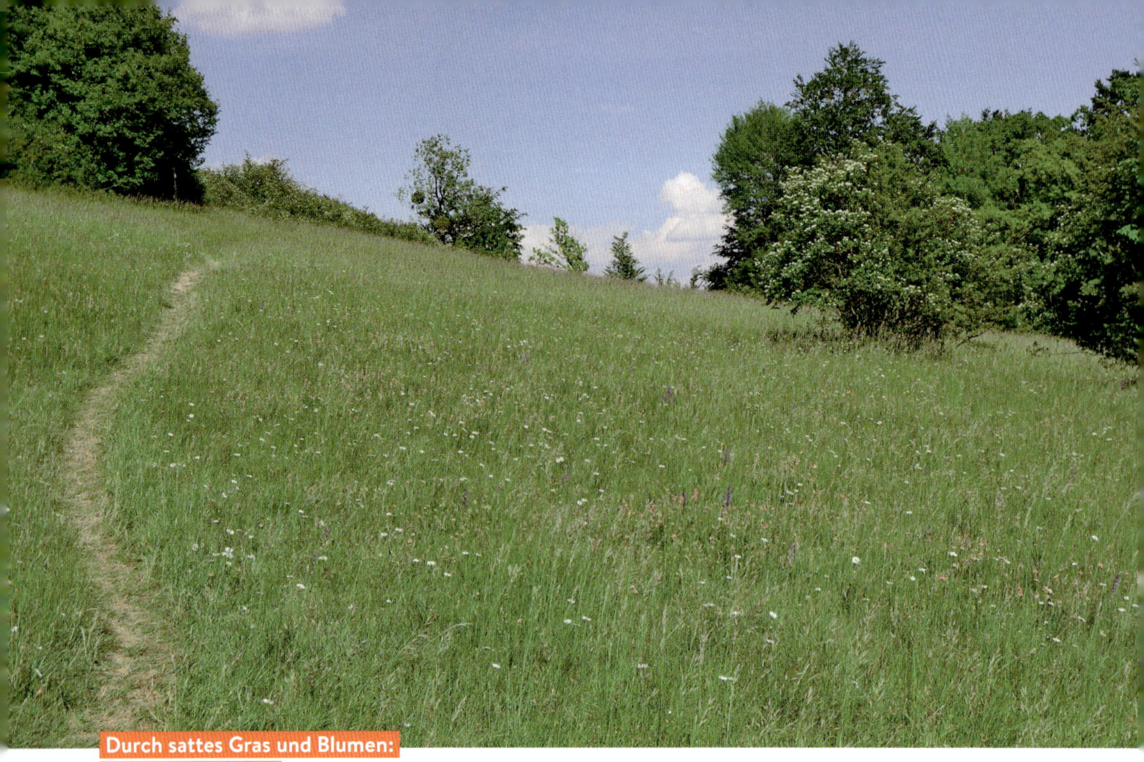

Durch sattes Gras und Blumen: Auf zum Hannock!

Sie hatten keine Wahl: Sie mussten die Festung belagern. Ihren Ring um die Burg zogen sie so eng, dass keiner die Burg betreten oder verlassen konnte. Dennoch gelang es Jahre lang nicht, die Ritter zur Aufgabe zu bewegen: Ein unterirdischer Gang führte hinunter ins Dorf, sodass die Raubritter sich täglich mit Lebensmitteln und Wasser versorgen konnten. Die eingeschüchterten Gersheimer hielten sehr, sehr lange dicht. Keiner traute sich, ein Wort zu sagen. Trotzdem war es irgendwann soweit. Als die Angreifer nach vielen Monaten wussten, wie sie unterirdisch in die Burg gelangen konnten, hatten sie leichtes Spiel, erschlugen die Bösen und machten das Gemäuer dem Erdboden gleich. Deshalb weiß heute keiner mehr so genau, wo die Raubritter hausten.

DIE HEXE VON RUBENHEIM Der **3 Rohrentalweiher** war mehr als 30 Jahre lang Schauplatz des Kleintiroler Weiherfestes. Damals eine feste Größe im saarländischen Veranstaltungskalender, sorgte das beliebte Volksfest dafür, dass Rubenheim und insbesondere der Teich zu einem beliebten Ausflugsziel avancierte. Das hatte Rubenheim auch bitter nötig, denn lange wurde das Dorf wegen seiner gefürchteten Hexe gemieden. Obwohl nicht überliefert ist, was genau die Hexe so angestellt hatte, so wissen wir dennoch, dass die Rubenheimer in großer Angst und fürchterlichem Schrecken lebten, sich nach Einbruch der Dunkelheit nicht mal mehr vor die Tür trauten. Am Schlimmsten dran waren alte und allein lebende Frauen: Die Hexe besuchte sie des Nachts und ängstigte sie zu Tode. So ging es auch einer Schuberts Bas. Als die alte Frau allein war, besuchte sie das Teufelsweib und begehrte Einlass: »Mach auf, sonst hex ich dich tot!« Doch die Alte hatte zu viel Angst, verkroch sich in ihrem Bett und ließ die Andere vor der Haustür wüten. Diese geriet bald in Raserei. Sie schrie und tobte bis nach Sonnenaufgang. Doch das war ihr Verhängnis: Mit dem Sonnenlicht kehrte der Mut zur alten Bas zurück. Sie schaute aus ihrem Fenster nach der bösen Zauberin und erkannte ihre nicht minder alte Nachbarin, die böse Kätt mit ihrem Krückstock. Nachdem dann alle Rubenheimer wussten, wer die Hexe war, fürchtete sich niemand mehr und die Hexerei war vorbei.

RÜCKWEG Rubenheim streifen wir nur ganz am Rande, passieren den **4 Friedhof** und sind bald wieder zwischen den Feldern. Während uns der Wind die Haut streichelt, wärmt uns wohlig die Sonne. Der Bliesgau mit seinen sanften Hügeln hat einfach etwas ganz Besonderes, strahlt Ruhe und Zufriedenheit aus. Viel zu früh erreichen wir unseren **E Parkplatz**.

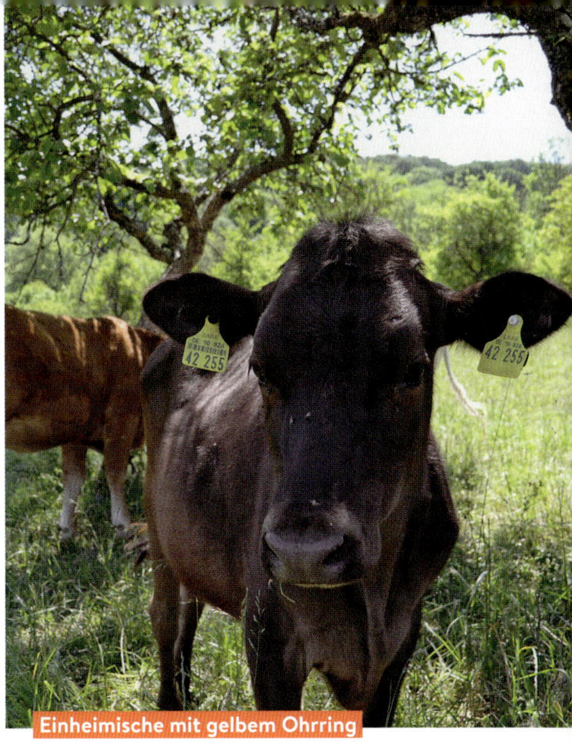

Einheimische mit gelbem Ohrring

INFO

TOURENCHARAKTER
Rundwanderung über sonnige Wiesenpfade, Feldwege und durch schattige Wälder

AUSGANGS-/ENDPUNKT
Wanderparkplatz nahe Lachenhof, 66453 Gersheim, 49.158205, 7.203582

INFORMATION
www.saarpfalz-touristik.de

EINKEHR
Keine auf der Tour; Historischer Bahnhof, Bahnhofstraße 3, 66453 Gersheim, www.historischer-bahnhof-gersheim.com

Mittel	9,7 km	260 Hm	3.30 Std.

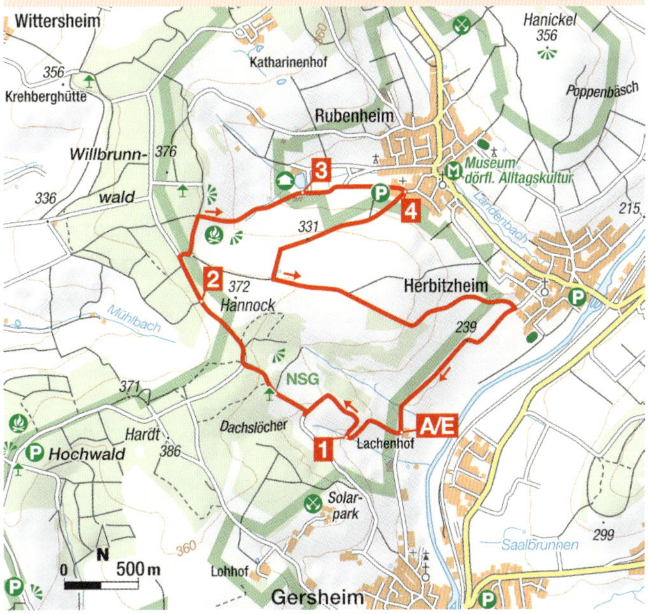

LIPS TULLIAN IN GRÜNEKRAUT

Warndtrunde bei Ludweiler

Der verwarndte Wald im Südwesten unseres Saarlandes hat über Jahrhunderte hinweg seinen dunklen und geheimnisvollen Charakter bewahrt. Kein Wunder, dass wir hier auf die Geschichte des bösen Räuberhauptmanns Lips Tullian treffen, der die Bevölkerung brutal drangsalierte.

16

Versank hier Grünekraut, das saarländische Atlantis?

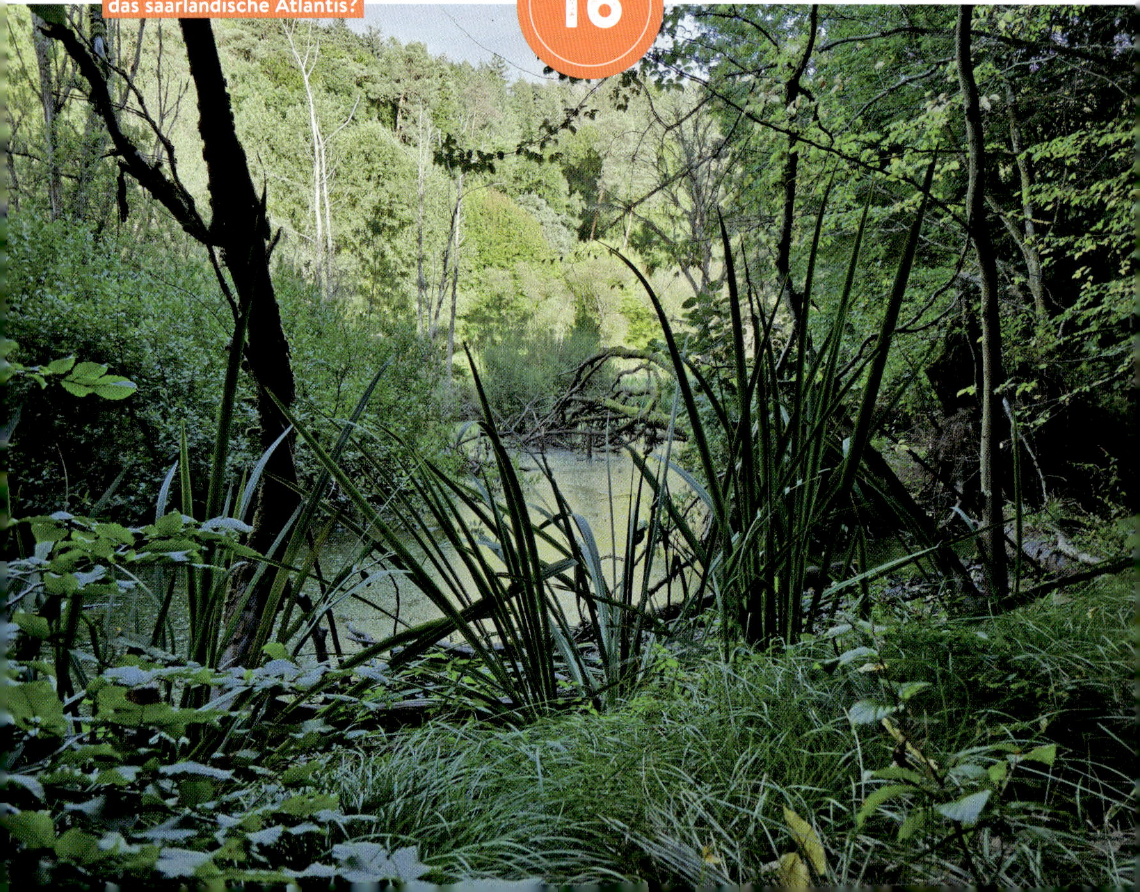

HANDELSWEG Rings um unseren **A Waldparkplatz im Krämbachtal** gibt es einfach nur Hügel, Wald und Bäume. Und obwohl die Sonne fast senkrecht am Himmel steht, fällt doch kaum ein Lichtstrahl auf unseren Weg, der sanft den Hügel hinaufführt. So eng und hoch stehen die Bäume am Wegesrand. Von alters her führte eine Handelsstraße von Rosbruck über Differten nach Wallerfangen und weiter nach Trier zwischen den Hügeln hindurch. Kein Wunder, dass den Händlern die Passage zwischen Karlsbrunn und Ludweiler nicht geheuer war: Dunkle Gesellen fanden an der Krämbach die ideale Stelle für einen Hinterhalt.

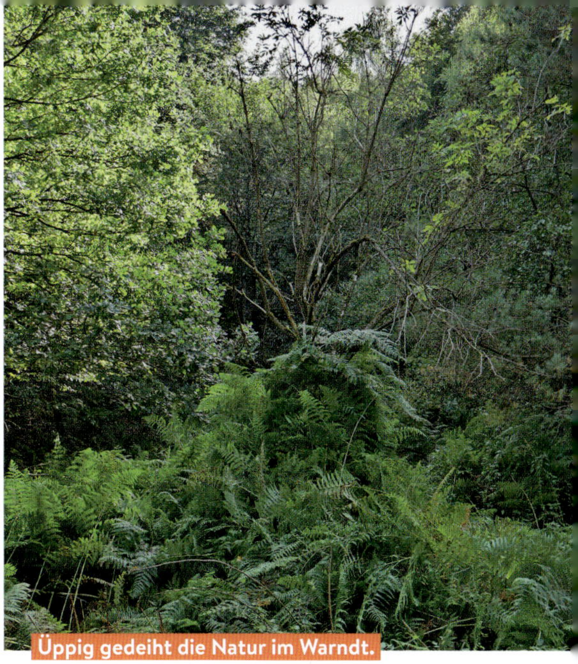

Üppig gedeiht die Natur im Warndt.

LIPS TULLIAN Während wir auf meist schnurgeraden Wegen durch den Wald wandern, wird uns klar, dass diese Überfälle tatsächlich des Öfteren stattgefunden haben mussten. Und dass man die Täter wohl nie gefunden hat. Würde die Sage sonst vom Räuberhauptmann Lips Tullian berichten, der zwar aus lothringischen Wurzeln hervorgegangen sein soll, aber geschichtlich verbrieft seine Räuberschandtaten viel weiter im Osten, in Sachsen und Tschechien, vollbrachte? Und während man die historische Figur dort posthum zu einer Art Robin Hood verklärte, wurde aus dem saarländischen Räuberhauptmann ein angsteinflößender Kinderschreck: »Wenn du nicht brav bist, bring ich dich zum Lips Tullian.«

DER LAUTERBACHER TEUFEL Über den Bergrücken erreichen wir auf der anderen Seite den **1 Lauterbach**, der vom gleichnamigen Dorf kommend hinunter nach Ludweiler plätschert. So friedvoll das Bächlein heute erscheinen mag, muss es am Oberlauf doch ziemlich unheimlich zugegangen sein. Denn am unteren Ende der Kette des dortigen Ziehbrunnens wurde regelmäßig der Teufel gesichtet. Und einmal verabredeten sich drei Kartenspieler im Wirtshaus, drei Tage lang Karten zu spielen. Falls einer von ihnen vorher aufhören wollte, sollte ihn der Teufel holen. Prompt erschien der Heraufbeschworene in Gestalt eines großen schwarzen Hundes und wartete auf seine Beute. Als die Kartenspieler Angst bekamen und ans Aufhören dachten, half ihnen ein beherzter Dorfbewohner, indem er das Spiel beendete.

LIEBESWIESE Auf Höhe des Ludweiler Sportplatzes mündet der Krämbach in den Lauterbach. Zeit für uns, rechts abzubiegen, um in Richtung unseres Startpunktes zu wandern. Nach wenigen Hundert Metern finden wir linker Hand eine von alten Buchen und Fichten umgebene **2 Waldwiese**. Möglicherweise handelt es sich hierbei um ein Stückchen Erde, wo die Saarbrücker Grafen sich während ihrer Jagdaufenthalte in Karlsbrunn gerne schöne Bauernmädchen hinbestellten, um mit ihnen ein paar Schäferstündchen zu verbringen. Die Sage berichtet etwas derb vom Hurengarten, denn mit der Zeit hätten die Adligen den Wald in einen dem Zweck entsprechenden, gemütlichen kleinen Park verwandelt.

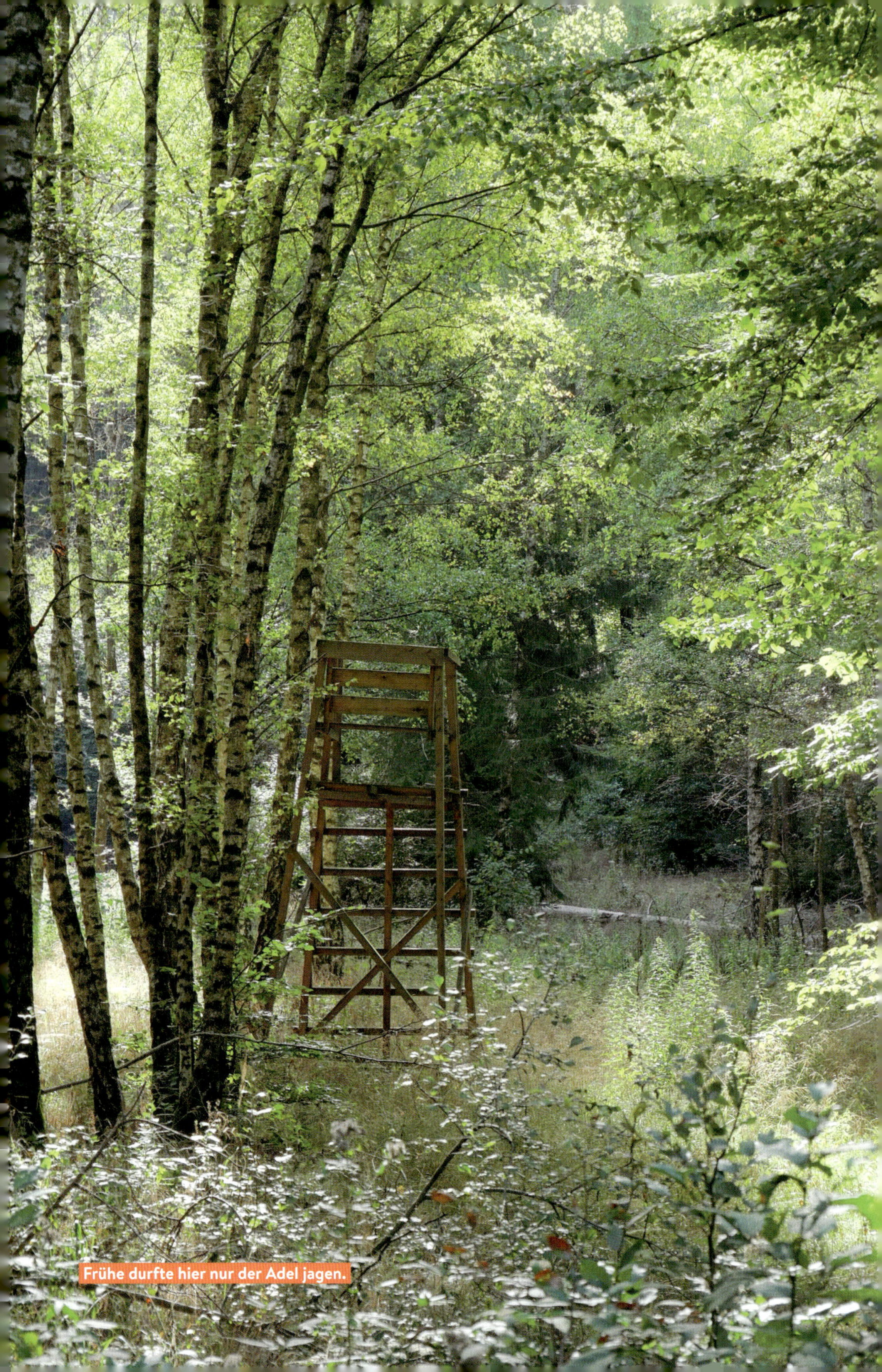

Frühe durfte hier nur der Adel jagen.

GRÜNEKRAUT Wieder ein Stück weiter finden wir **3 rätselhafte Vertiefungen** und Löcher im Boden. Teilweise vom Krämbach überflutet, macht das Gebiet einen sehr sumpfigen Eindruck. Bäume und Sträucher wurzeln im Wasser. Altes Gehölz liegt quer und bunte Blüten schaffen grelle Kontraste auf der dunklen Erde. Zwischendrin erheben sich dann wieder Erdwälle und mauerartige Erhöhungen. Hier vermutet der Volksmund das saarländische Atlantis: die untergegangene Stadt Grünekraut. Und ihr letzter Bewohner zwischen den Ruinen war natürlich Lips Tullian. Immer wieder wurde er hier mit breitem Hut, schwarzem Bart und geladenem Gewehr gesehen. Das Grauen! Zum Glück sind es nur noch ein paar Hundert Meter gerade den Weg entlang zum **E Waldparkplatz**.

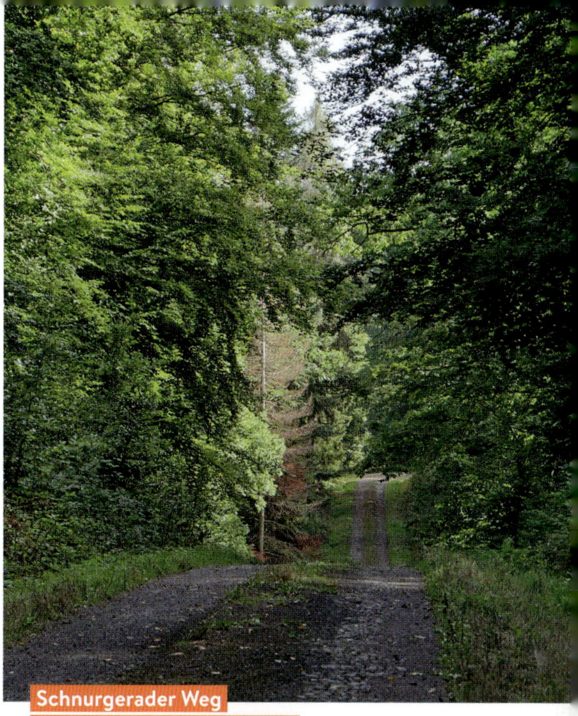

Schnurgerader Weg durch den gewaltigen Forst

INFO

TOURENCHARAKTER
Rundwanderung auf gut ausgebauten Wegen durch schattige Wälder

AUSGANGS-/ENDPUNKT
Waldparkplatz an der L 276 zwischen Karlsbrunn und Ludweiler, 66333 Völklingen, 49.197098, 6.800418

INFORMATION
www.urlaub.saarland

EINKEHR
Keine auf der Tour; Karlsbrunner Wildpark »Buedche«, Friedhofstraße, 66352 Großrosseln

Leicht | **8,8 km** | **90 Hm** | **3.00 Std.**

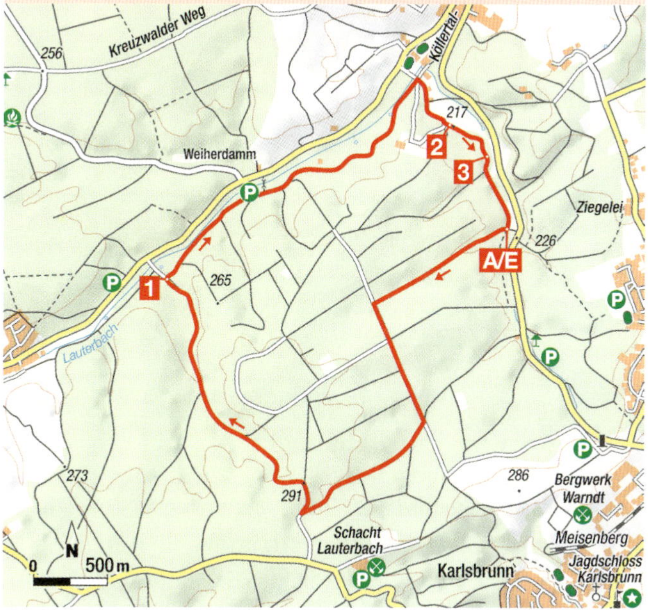

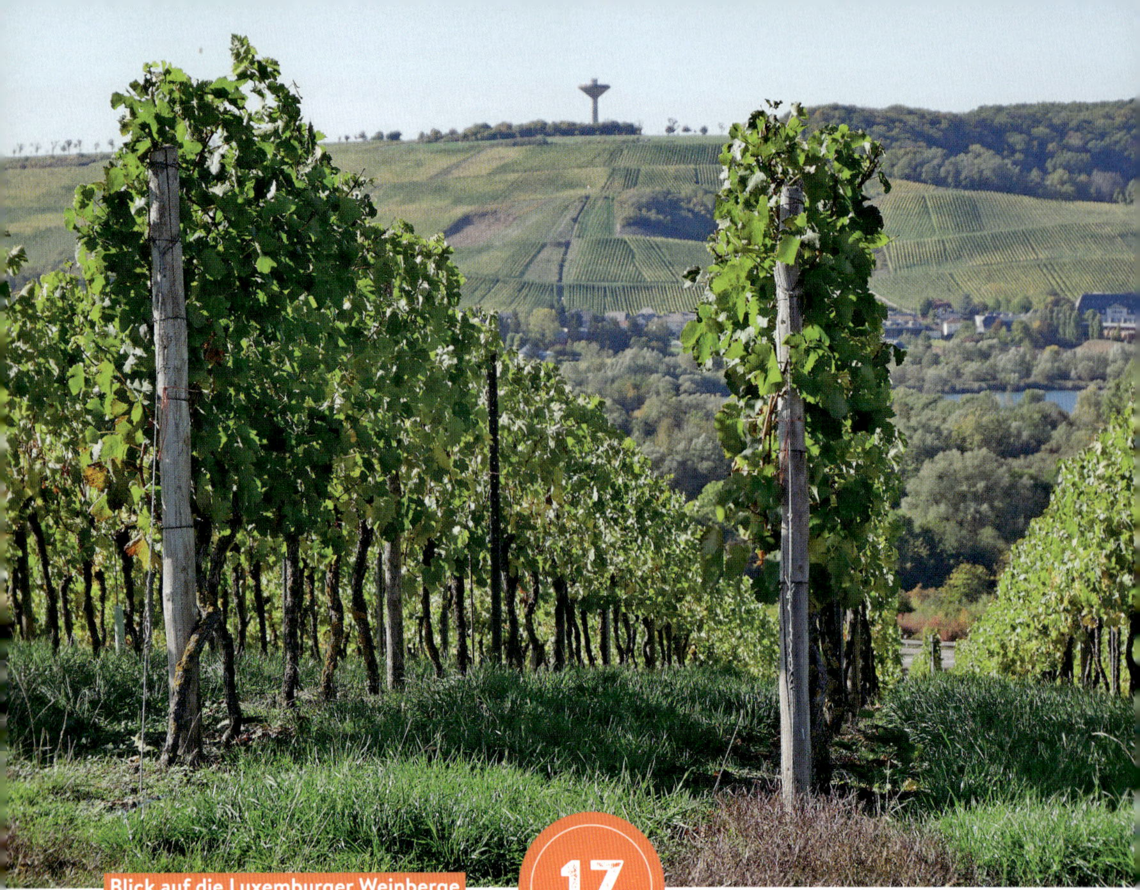

Blick auf die Luxemburger Weinberge

17

DAS KREUZ MIT DER PEST UND DIE NORMANNENSCHLACHT

Bescher Runde

Sagenumwobene Wälder, sonnige Weinberge und die Frau Mosel: Kurz vor der Luxemburger Grenze hat das Saarland alles, was man für einen florierenden Tourismus bräuchte. Remich auf der luxemburgischen Flussseite macht vor, wie das geht. Wir dagegen genießen abseits des Trubels die herrliche Natur und entdecken ursprüngliche Dörfchen.

NORMANNENSCHLACHT Vom **A Ende der Brunnenstraße** halten wir uns zunächst östlich Richtung Besch, verlassen aber das Dorf gleich wieder über den Nillesterweg. Am Waldrand entdecken wir den **1 Sockel eines Kreuzes**. Das Fehlen des oberen Teils lässt das Denkmal wie einen gefallenen Krieger aussehen. Die Vorstellung manifestiert sich direkt in der Person des Bischofs Walo von Metz. Er fand in der Normannenschlacht am 11. April 882 zwischen Besch und Nennig den Tod. Nach einem verlorenen Kampf in England verlegten die Wikinger ihre Raubzüge ins Rheinland. Nachdem sie Aachen und Trier verwüstet und geplündert hatten, wollten sie auch in Metz reiche Beute machen. Doch Bischof Walo von Metz wollte nicht zu Hause auf das Eintreffen der wilden Horden warten. Er sammelte ein kleines Heer und stellte die Nordmänner hier an der Mosel.

DER TOD Der Sage nach tafelte Walo am Abend vor der Schlacht mit seinen Getreuen, als ein unbekannter schwarzer Ritter hinzutrat, das Visier aufklappte und den Bischof mit feurigen Augen ansah. Direkt darauf war der Schwarze verschwunden, ohne dass ihn sonst jemand bemerkt hätte. Walo war tief beunruhigt, verbreitete aber weiterhin Siegesgewissheit und Mut. Am nächsten Tag traf er den unheimlichen Krieger mitten im Kampfgetümmel der blutigen Schlacht wieder. Walo gewann die Oberhand im Zweikampf, wollte den schwarzen Ritter gerade erschlagen, als der abermals das Visier hob. Sein Blick erschütterte den Verteidiger ein zweites Mal – genug Zeit, um Bischof Walo zu erschlagen und zu verschwinden. »Es war der Tod«, soll Walo sterbend gehaucht haben. Nach dem Tod ihres Anführers verloren die christlichen Verteidiger zwar die Schlacht, doch hatten sie

Schauplatz der Normannenschlacht: das Moseltal

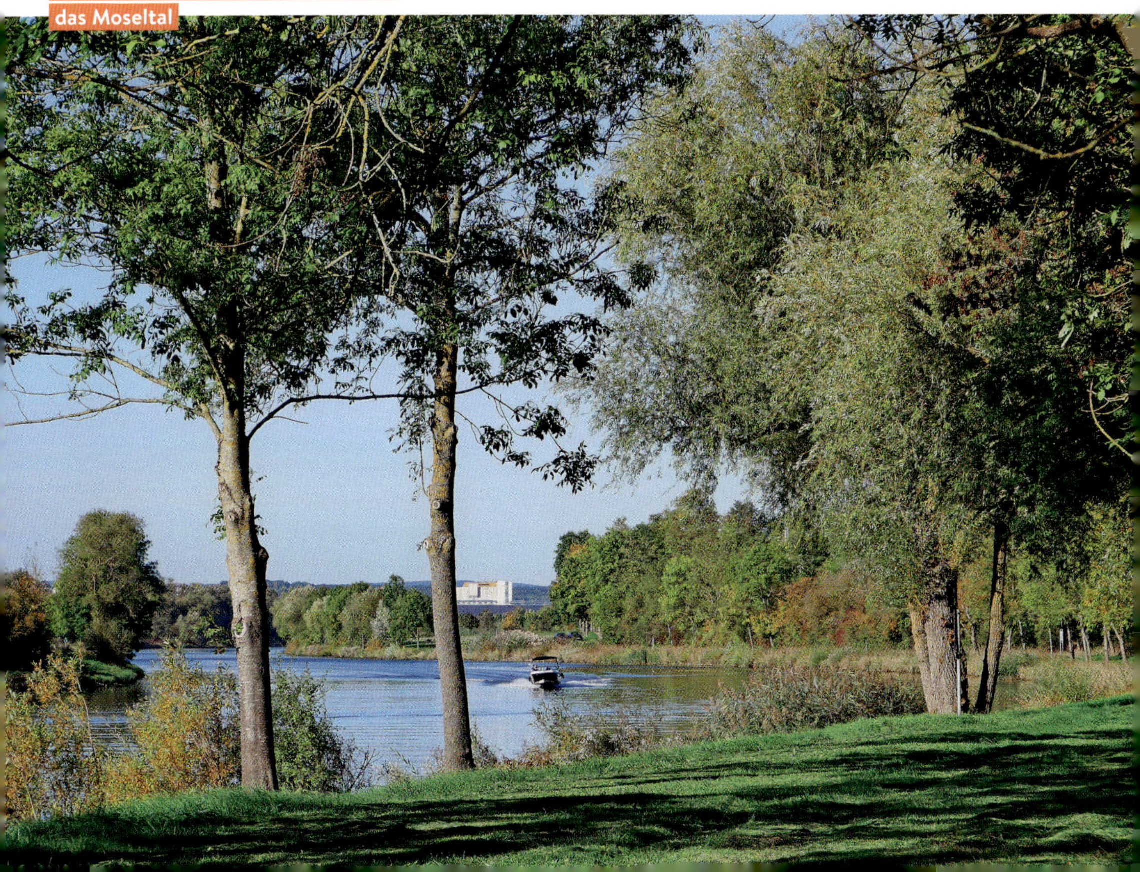

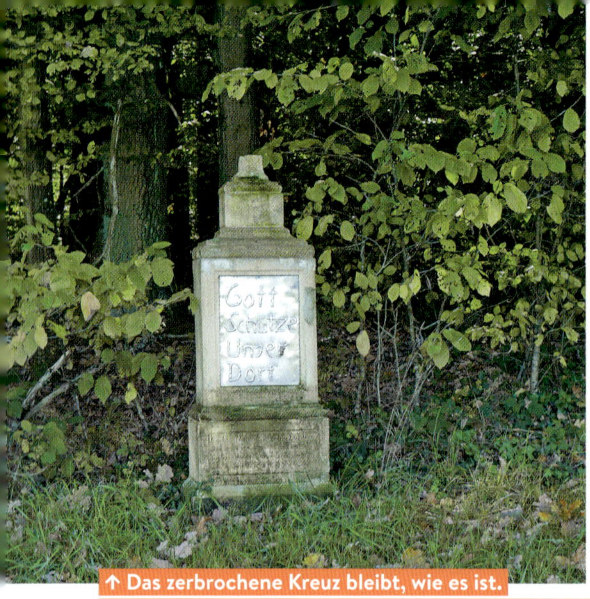

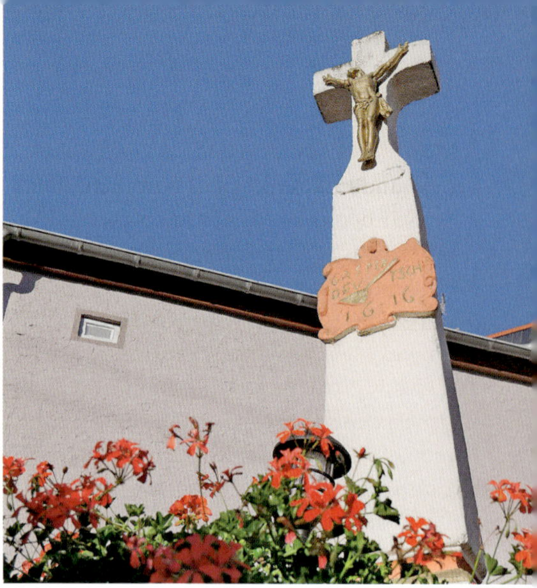

↑ Das zerbrochene Kreuz bleibt, wie es ist.
↗ Die Pestkreuze sollen Besch vor der Seuche beschützt haben.

den Wikingern genug Verluste beigebracht, um ihnen die Lust an weiteren Raubzügen in Richtung Lothringen zu verderben.

PFAFFENBACH Durch den Bescher Wald, den Honeckerbüsch, erreichen wir auf einer Wiese den **2 Pfaffenbach**. Er weist uns den Weg den Hang hinauf zum Naturschutzgebiet Atzbüsch-Hammelsberg, wo wir für eine kurze Zeit den Moselsteig benutzen. Das lichtdurchflutete Waldgebiet gibt uns einen Vorgeschmack auf die sonnenbeschienenen Weinberge. Wir erreichen sie hinter dem höchsten Punkt. Vor der **3 Bank am Waldrand** liegen – wie ein Teppich ausgebreitet – die Weinstöcke in ihren geraden Reihen zwischen dem hügeligen Moseltal und den Kirchtürmen der Dörfer. Von gegenüber grüßen die Höhen Luxemburgs. Kein Wunder, dass hier auch der örtliche Panoramaweg verläuft. Fast ohne den Blick von der verträumten Landschaft abzuwenden, kommen wir zur **4 Blockhütte Sehndorf**, wo uns mehrere Relaxbänke zum Rasten einladen.

BLITZ Durch das Weinbaugebiet erreichen wir die Häuser von Sehndorf, wo wir das **5 »Spretzenhaus«** (Feuerwehr) und die Kapelle St. Marien bewundern. Hätte man am Feuerwehrhaus nicht das Tor erneuert, könnte man meinen, die Zeit wäre stehengeblieben. So anmutig gepflegt stehen die Gebäude nebeneinander am Ortsrand. Mit einem »Hier ist die Welt noch in Ordnung«-Gefühl halten wir uns Richtung Mosel. Ein **6 Wegekreuz** erinnert an die Schattenseiten des Landlebens: Im Jahre 1955 wurde Johann Linster zusammen mit seinem Kuhgespann tödlich vom Blitz getroffen.

TREIDELWEG Zwischen Weinbergen, Feldern und Weiden erreichen wir kurz vor der Mosel, Bundesstraße, Autobahn und Gleise. Doch die Wegführung ist auch für Wanderer und Radfahrer gut gelöst, sodass wir ohne Probleme zur Mosel gelangen. Der Wander- und Fahrradweg ist eben geteert, sodass wir die Nähe des Flusses in seiner ganzen Pracht genießen und unterwegs Boote und Wasservögel beobachten können. Auch den Pfaffenbach treffen wir wieder: Er mündet 500 Meter vor Besch in die Mosel. Dahinter haben die Bescher einen **7 kleinen Park** mit Fitnessgeräten, Spielplätzen und Bänken errichtet. Wir nehmen Platz und genießen die schon tief stehende Sonne über dem Fluss.

DER PESTMANN Bis zu unserem Ausgangs- und Endpunkt ist es nun nicht mehr weit. Nur noch ein paar Straßen durch das 1500-Einwohner-Dorf mit seiner trutzigen Kirche und dem vermutlich 800 Jahre alten Pfarrhaus. Dann das **8 Pestkreuz** an einer Kreuzung. Besch soll der Epidemie entronnen sein, weil einer seiner Bauern unterwegs mit dem Gespann einen Fremden traf. Dieser sprach ihn an und bat, ein Stück mitfahren zu dürfen. Er sei schon müde und der Berg sehr anstrengend. Der freundliche Bescher lud ihn daraufhin ein, zu ihm auf dem Kutschbock zu steigen – obwohl der Unbekannte schon auch unheimlich wirkte. Als der merkwürdige Fremde am Ortsrand abstieg, atmete der Bauer erleichtert auf. Doch der Mitfahrer hatte noch einen wichtigen Tipp bevor er verschwand: »Stell Kreuze vor den Häusern auf, damit sich der schwarze Tod an deine gute Tat erinnert. Dann wird er nicht nach Besch kommen.« Einige dieser Kreuze stehen heute noch im Dorf. In wenigen Minuten haben wir wieder den **E Parkplatz am Ende der Brunnenstraße** erreicht.

INFO

TOURENCHARAKTER

Rundwanderung durch schattige Wälder und sonnige Weinberge. Wald- und Feldwege sind durchweg gut gepflegt, bzw. befestigt und leicht zu begehen.

AUSGANGS-/ENDPUNKT

Parkplatz am Ende der Brunnenstraße, Besch, 66706 Perl, 49.505271, 6.380904

INFORMATION

verwaltung.perl.saarland/besch.html

EINKEHR

Am Wochenende: Gerd Petgen Sekthaus und Straußwirtschaft, Marienstraße 22, 66706 Perl, www.petgen.de; Restaurant Hammes, Hubertus-von-Nell Str. 15, 66706 Perl www.hotel-hammes.de/restaurant

Mittel | 11,4 km | 219 Hm | 3.35 Std.

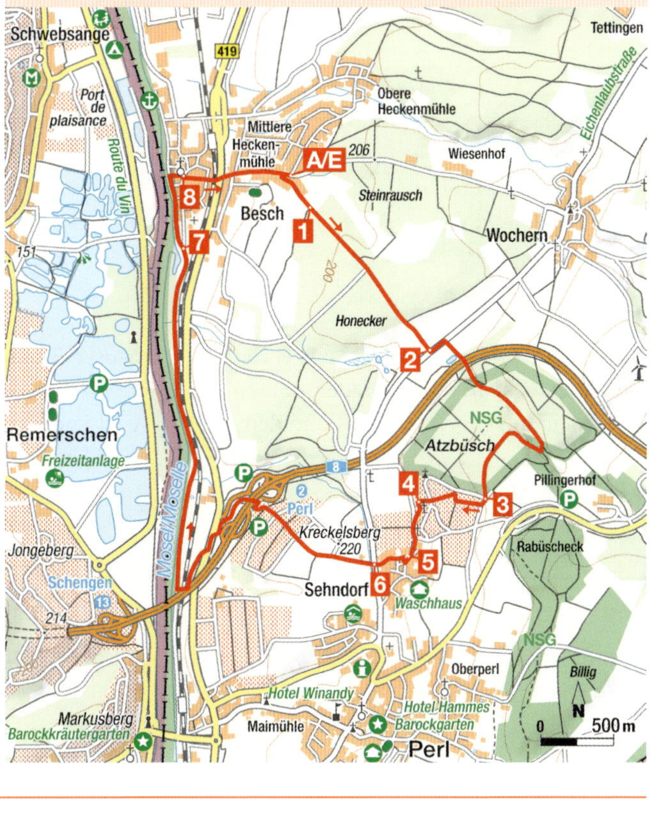

IN BESTEN KREISEN

Frohnwaldrunde bei Riegelsberg

Mächtige Buchen und knorrige Eichen begleiten unsere schattige Wanderung durch den Saar-Kohle-Wald. Mal auf breiten Wegen, dann wieder auf engen Pfaden finden wir Relikte des Bergbaus und des Westwalls. Dann erhaschen wir gänzlich unerwartet einen kleinen Blick auf die oberen 10 000 der französischen Kaiserzeit.

18

Ein Heim für Fledermäuse

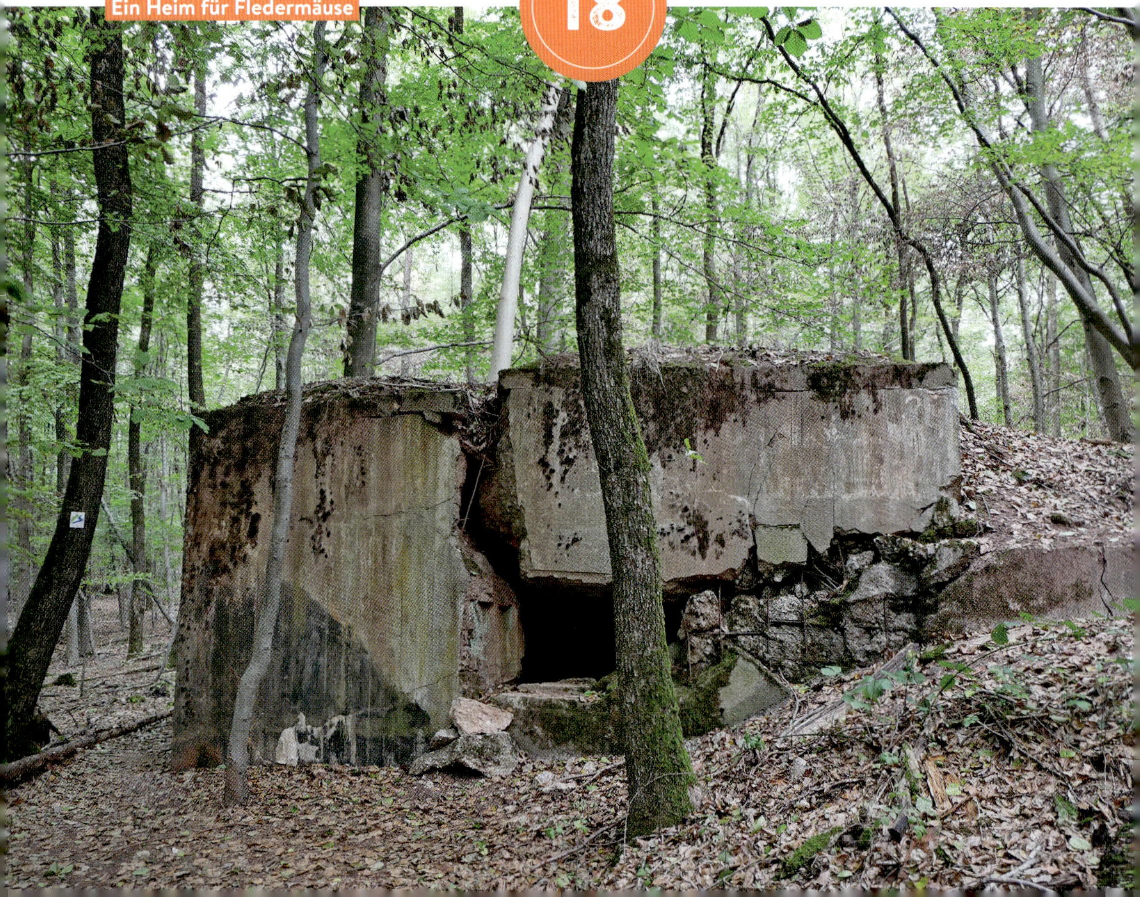

LAMPENNEST An den **A Tennisplätzen** am Ende der Riegelsberger Waldstraße beginnt unsere Tour direkt vor dem ersten Wegepunkt: Von der **1 Grube Lampennest** ist kaum mehr zu sehen als eine Infotafel und ein Gedenkstein. Im Jahre 1872 angehauen, schloss man das Abbaugebiet schon 44 Jahre später wieder und verfüllte die Schächte. Damit sollte alle Gefahr gebannt sein, doch die letzten Nachwirkungen gab es im Herbst 2017, als einer der alten Schächte einbrach und sich am Ende der Waldstraße ein knapp zehn Meter tiefes Loch auftat.

MÄUSBACH Wir folgen der Beschilderung Frohnwaldweg, die zügig bergab führt und ihr Gefälle zum **2 Mäusbach** hin noch einmal steigert. Dicht an dicht stehen die Bäume auf dem dunkelbraun-schwarzen Boden neben dem Wasserlauf. Die im Jahre 2016 erneuerte Bauhofbrücke bringt uns guten Fußes hinüber, dann geht es auch schon wieder steil bergauf. Immer wieder sind wir fasziniert von der Macht des Wassers, wie es solche besonderen Orte in die Landschaft gräbt. Nur wenige Meter weiter wiederholt sich das Schauspiel: Beim Schlieberbrunnen biegen wir links ab, um den Krummgraben zu durchqueren. Am Waldrand entlang genießen wir den **3 Anblick von Riegelsberg**.

KÖHLER Wieder im Wald, erreichen wir den Hilschbach. Auf dem geschichtsträchtigen Boden fanden die Archäologen 3000 Jahre alte **4 Spuren des Köhlerhandwerkes**. Schon im Jahrtausend vor Christus stellten die Handwerker Holzkohle für die Eisenherstellung her. Sie war leichter als Holz, produzierte aber trotzdem höhere Temperaturen. Wir erreichen wieder den Waldrand, wo wir den weiten Blick auf die umliegenden Hügel und ihre Dörfer genießen. Quer über die Wiese marschieren wir Richtung Holz mit seinem auffälligen Wasserturm.

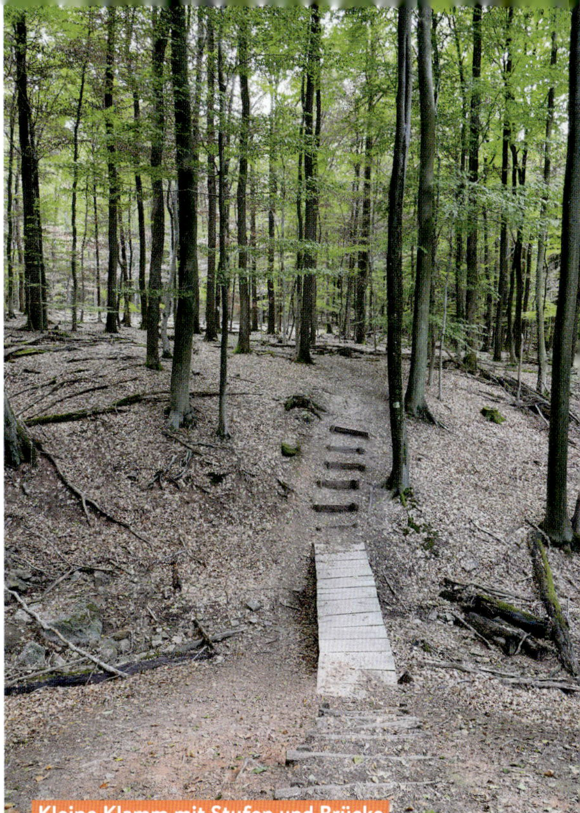

Kleine Klamm mit Stufen und Brücke

DIE GEBANNTEN RÄUBER Hier in der Gegend zwischen Heusweiler und Holz soll man auf zwei schwarze Gestalten mit erhobenem Arm aufpassen. Diese hätten wohl mal den Heusweiler Pfarrer überfallen wollen und lockten ihn deshalb aus seinem Pfarrhaus Richtung Holz. Gerade als sie ihn mit erhobenem Arm erschlagen wollten, hätte der Geistliche die Hostie vor sich hochgehalten. Mitten in der Bewegung seien die Räuber erstarrt und mussten bewegungslos stehen bleiben, bis der Pfarrer mit ein paar Männern zurückgekehrt sei. Erst da hätten sie sich aus der Erstarrung lösen und flüchten können. Doch bis heute hat man sie immer wieder gesichtet – zumindest aus der Ferne. Erkannt wurden sie am immer noch zum Schlag erhobenen Arm.

FROHNWALDHÜTTE Kurz später erreichen wir die reizende **5 Frohnwaldhütte**. Eine typische Rundüberdachung, die durch den daneben stehenden Brunnen veredelt wird. Wir finden einen Hinweis auf Schloss Bietschied, welches nur zehn Minuten entfernt liegt. Das Herrenhaus wurde von Heinrich Wahlster anstelle eines alten Gutes errichtet. Um den reichen Holzhändler und Pferdezüchter ranken sich allerlei Sagen.

IN BESTEN KREISEN So soll Heinrich, der viel auf Reisen war, auch bei der Kaiserkrönung von Napoleon I. in Paris anwesend gewesen sein. Wie es sich gehörte, trug er zu diesem Anlass Paradeuniform samt goldenem Degen. Im Nachhinein wären die französischen Marschälle auf Schloss Bietschied erschienen, um sich am dortigen Gestüt mit ihren Schlachtrossen zu versorgen.

WILDER RÜCKWEG Dunkelgrün spiegeln sich die Bäume nur wenige Meter weiter auf der Oberfläche des **6 Fröhner Weihers**, laden zu einer weiteren Rast ein. Doch wir wollen weiter, halten uns südlich, wo wir ein wenig die Atmosphäre des Saarbrücker Urwaldes vorfinden. Kleine Klammen, schmale Pfade, entwurzelte Bäume und mehrere Holzbrücken gestalten den folgenden Wegabschnitt abwechslungsreich und spannend – genau wie die Reste des **7 Westwalls**, an denen ein schmaler Pfad vorbeiführt. Die gesprengten Bunker sind jetzt Heimat für Fledermäuse und seltene Pflanzen. Seltsam unwirklich stehen die alten Betonkolosse neben unserem Weg. Einen Schlenker Richtung Ost legen wir noch ein, stehen dann plötzlich vor dem Zaun an der A 1, dahinter der **8 Rastplatz**. Erstaunt mustern uns die pausierenden Autofahrer. Kleine Pfade kreuzen jetzt die breiteren Wege, führen uns auf geradem Weg zu den **E Tennisplätzen** zurück.

Die Frohnwaldhütte lädt zur Rast ein.

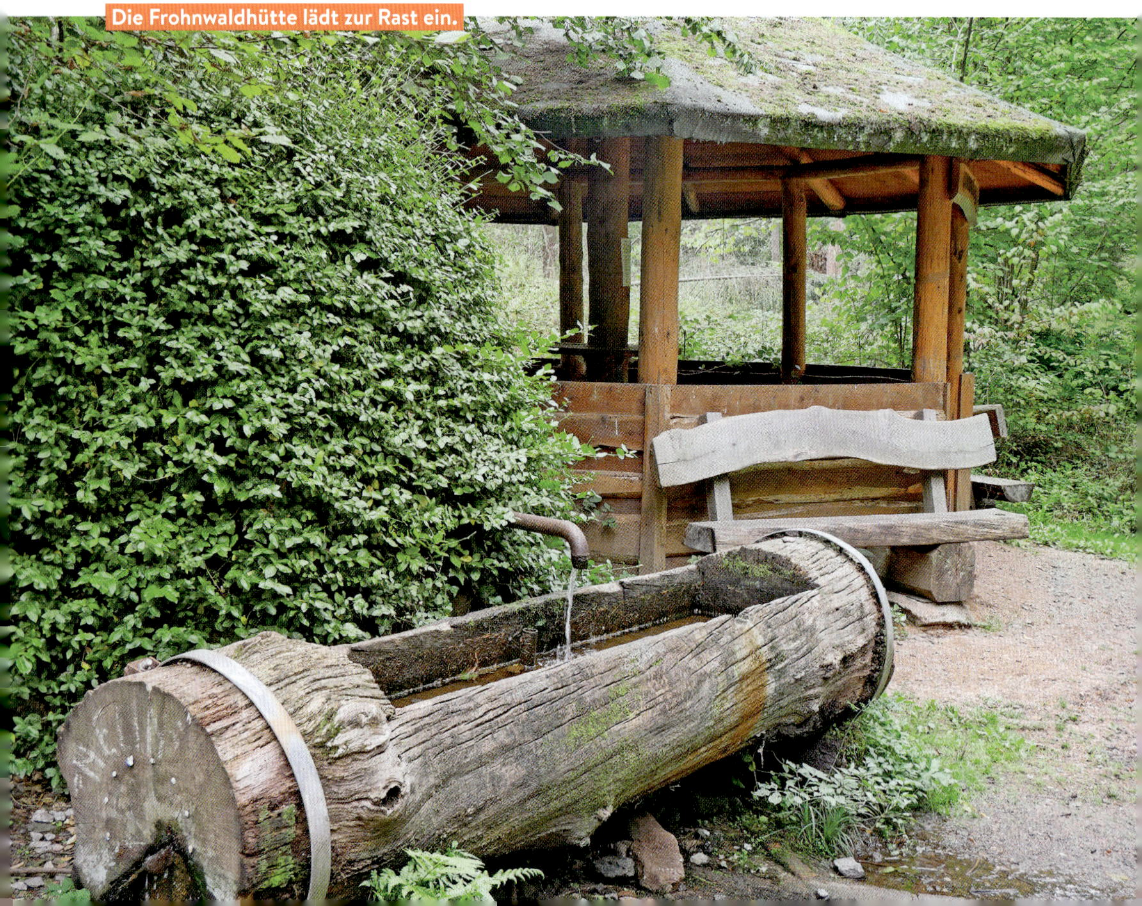

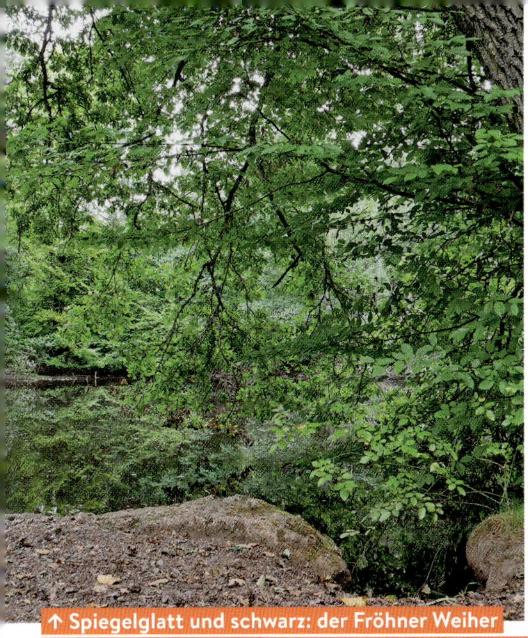

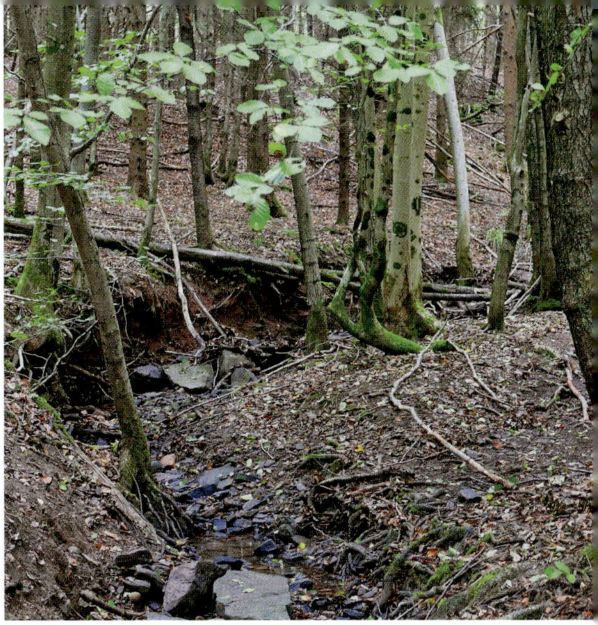

↑ Spiegelglatt und schwarz: der Fröhner Weiher

↗ Der Mäusbach hat ein tiefe Kerbe in die Landschaft geschnitten.

INFO

TOURENCHARAKTER

Rundwanderung meist durch schattige Wälder mit einigem Auf und Ab

AUSGANGS-/ENDPUNKT

Waldparkplatz Frohnwaldweg, Waldstraße 57, 66292 Riegelsberg, 49.302427, 6.952124

INFORMATION

tourismus.saarbruecken.de

EINKEHR

La Foresta, Waldstr. 57, 66292 Riegelsberg, www.laforesta-riegelsberg.de

Mittel | 10 km | 286 Hm | 3.20 Std.

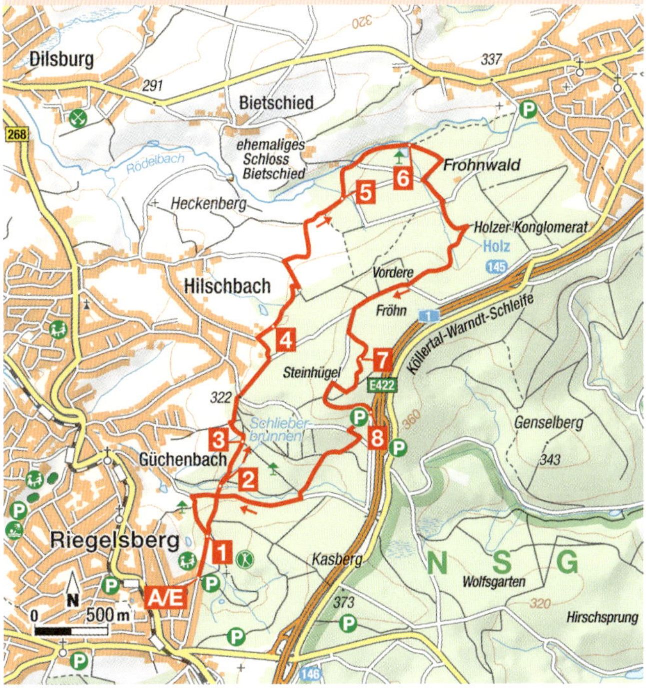

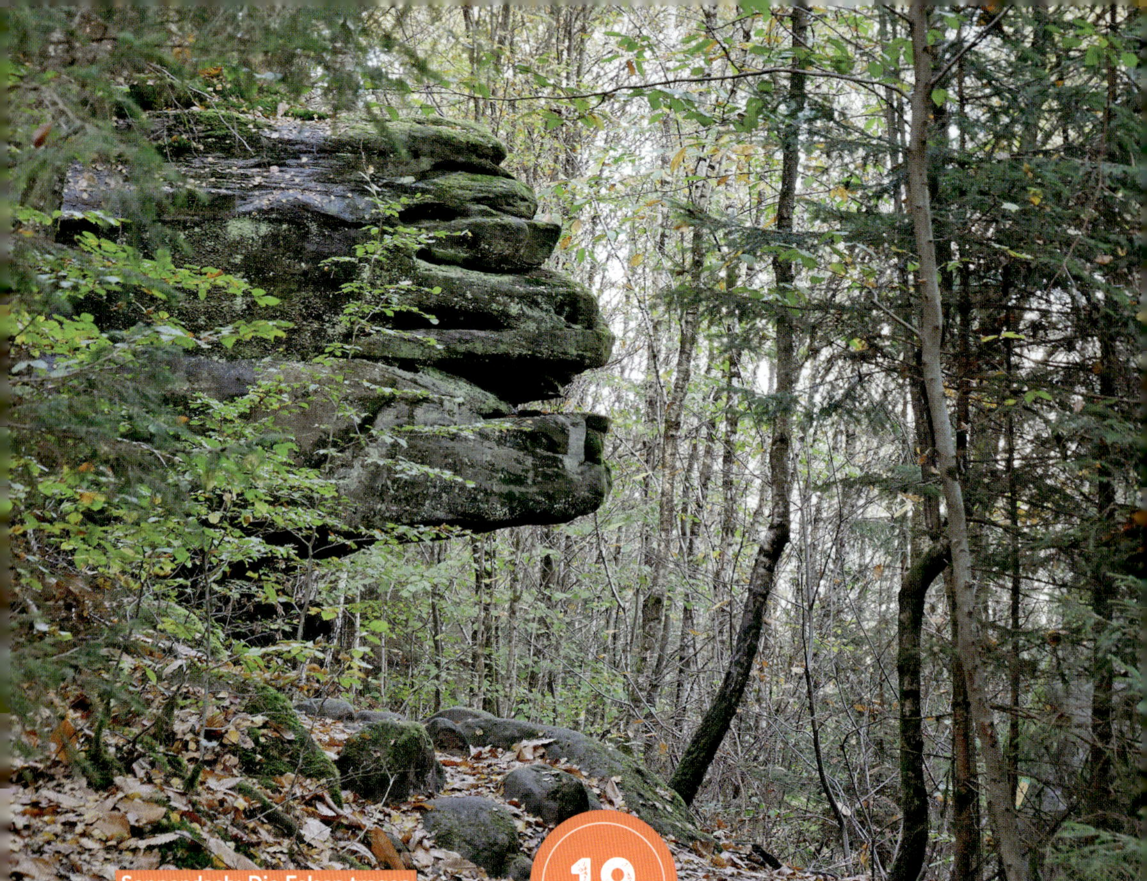

Sonnendach: Die Felsen tragen fantasievolle Namen …

19

DIE SIEBEN FICHTEN

Im Kirkeler Felsenwald

Quellen, ehrwürdige Naturdenkmale und mächtige Felsen: Der Kirkeler Wald erinnert uns mehr an einen englischen Landschaftsgarten als an einen wilden Wald. Kein Wunder, liegt doch im Norden die Kirkeler Burg und am südlichen Rand die sagenumwobene Ruine des Wörschweiler Klosters.

KIRKELER BURG Vom Parkplatz am A **Naturfreundehaus Kirkel** starten wir hinter den gepflegten Gärten der Anwohner Richtung Westen. Schon nach wenigen Metern erreichen wir die ersten Waldwege und halten uns Richtung Wasserfelsen. Am leicht aufwärts führenden Weg finden wir allerlei Unterhaltung: Baumwurzeln mit kunstvollen Schnitzereien und auch eine lange Murmelbahn. Bald erscheint rechts unter uns im Dorf die Ruine der Kirkeler Burg. Lange galt sie als uneinnehmbar. Doch die Erfindung der Kanone machte den strategischen Vorteil dahin. Vom hoch gelegenen Hirschberg aus, hinter der Burg, erreichten die schweren Kanonenkugeln problemlos ihr Ziel und richteten großen Schaden an. Schon im Jahre 1750 befand sich das Gemäuer in einem desaströsen Zustand und wurde als Steinbruch freigegeben. Die tief unter dem Schloss gelegenen Gänge und Keller wurden dabei verschüttet. Ein Jammer, denn unterirdisch soll die Festung mit so ziemlich allen Siedlungen der näheren Umgebung, sogar bis nach Zweibrücken verbunden gewesen sein. Lange als Sage abgetan, fördern neuere Grabungen unter der Burg immer wieder Überraschungen zu Tage.

FRAUENBRUNNEN Links tauchen jetzt die ersten Wasserfelsen auf. Dank einer versteckten Quelle tropft das ganze Jahr über das kühle Nass an ihnen herunter. Es sei denn, Väterchen Frost betätigt sich als Künstler und zaubert eine Symphonie aus Eiszapfen in den Wald. In der Nähe des Waldklassenzimmers folgen wir den Schildern zum 1 **Frauenbrunnen**. Die weit hinten unter den überhängenden Felsen gelegene Quelle ist seit Jahrhunderten bekannt. Der Sage nach soll ein Stollen von hier zum fünf

... und nützen auch, wenn es regnet.

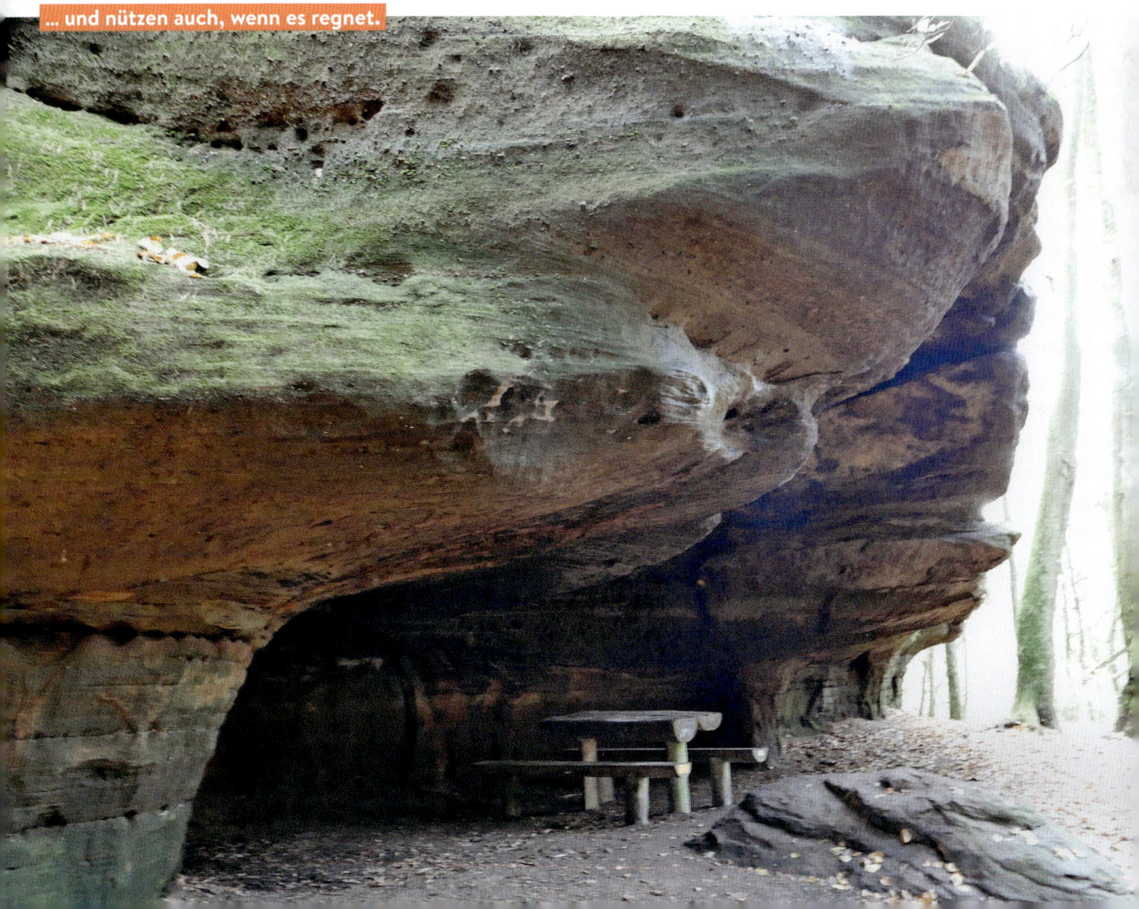

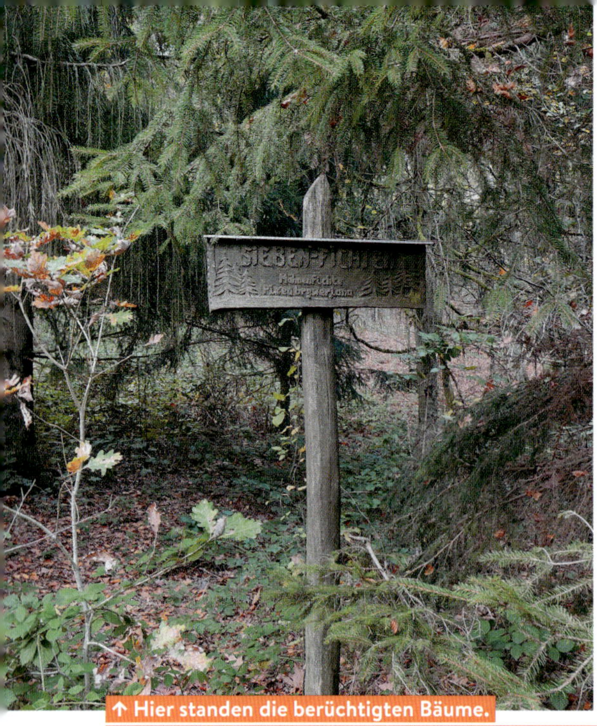

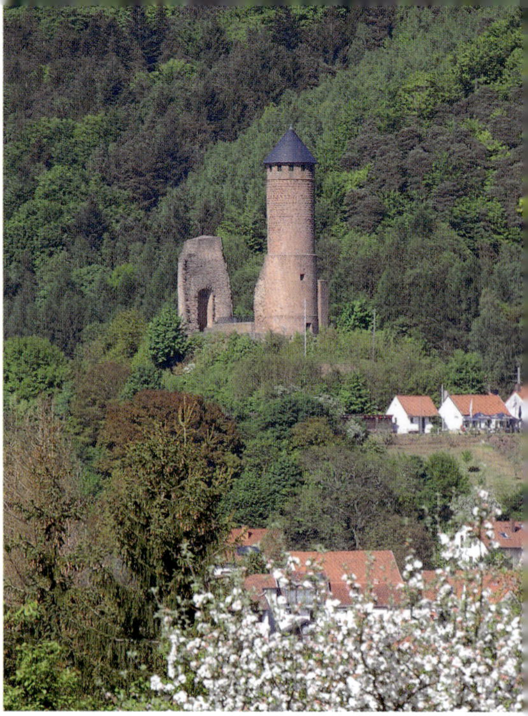

↑ Hier standen die berüchtigten Bäume.
↗ Nach der Wanderung geht es auf das »Kirkeler Türmche«.

Kilometer entfernt gelegenen Wörschweiler Kloster geführt haben, was nach neueren Forschungen aber als eher unwahrscheinlich gilt. Interessanter ist die Tatsache, dass die Frauenquelle als Kinderborn galt: Im Mittelalter war der Glaube, dass die Kinder nicht vom Storch gebracht würden, sondern von dieser Quelle kämen, weit verbreitet. Beim Anblick des lauschigen Plätzchens kann man sich das recht gut vorstellen. Damit war es spätestens nach der Eröffnung der Waldwirtschaft, die hier bis in die 1950er-Jahre betrieben wurde, vorbei. Die Einbuchtungen im Felsen stammen aus dieser Zeit.

DIE SIEBEN FICHTEN Zurück auf dem Hauptweg wandern wir auf sagenumwobenen Pfaden durch den dichter werdenden Wald. Ein alter Förster hatte die Gewohnheit, hier nachts herumzuschleichen und lange wegzubleiben. Bald folgte ihm sein neugieriger Forstgehilfe und beobachtete, wie der Alte ein kleines Männlein heraufbeschwor. Dieses forderte als Gegenleistung für seine siebenjährigen Dienste die Seele des Försters. Doch der Vertrag hatte einen Ausweg. Falls es dem Förster gelingen sollte, eine andere Seele zu liefern, würde ihm das Männlein weitere sieben Jahre dienen. So soll der Förster gelächelt haben und sich sieben Fichten mit goldenen Zapfen gewünscht haben. Als die Bäume plötzlich aus dem Boden schossen, ging er ohne weiteres davon. Doch der Gehilfe sprang aus seinem Versteck und begann die Zapfen zu pflücken. Gierig kletterte er immer höher – bis ihn die Zweige nicht mehr trugen und er abstürzte. Am nächsten Morgen soll er von Waldarbeitern auf einem Haufen ganz normaler Fichtenzapfen gefunden worden sein. Der Sage nach verwandeln sich die Zapfen der **2 sieben Fichten** immer noch alle sieben Jahre in pures Gold.

UNGLÜCKSFELSEN Richtung Norden verlassen wir die sagenhafte Wegekreuzung Sieben-Fichten, drehen eine Schleife, um zum Eingang des Felsenweges zu gelangen. Vom Hauptweg zweigt der Pfad links unter einem

Tor ab. Jetzt bewegen wir uns auf dem abenteuerlichen Teil der Tour. Mächtig und bizarr türmen sich die moosbewachsenen Steine an der linken Seite des schmalen, unebenen Pfades in die Höhe, hängen weit in den Weg hinein, zwingen den Pfad zu Schleifen und Umwegen. Ein Rastplatz liegt vollständig unter dem überhängenden Felsen. Schräge Platte, Sonnendach und **3 Unglücksfelsen** sind unter Auflagen zum Klettern freigegeben. Doch die Namensgebung weckt bei uns keine großen Kraxelgelüste. Auch wenn das Unglück einem Reiter hoch zu Ross passiert sein soll. Er hatte wohl nur seine Jagdbeute, einen stolzen Hirsch im Auge gehabt, als er mit dem Tier vom oberen Rand der Klippe in den Tod stürzte. Nomen est Omen.

HOLLERBURG Am Ende des Felsenweges steigen wir links einen kleinen, aber steilen Abhang hoch und stehen auf der Aussichtsplattform der **4 Hollerburg**. Hier oben auf dem Bergrücken befand sich der Vorläufer der Kirkeler Burg. Geschützt durch die Felsformationen und zusätzliche Wälle konnte sich die damalige Bevölkerung hier gut verteidigen. Herannahende Feinde konnte man kilometerweit vorher erspähen und sich vorbereiten. Auch wir genießen die gute Sicht weit über das Tal an diesem Tag. Von unserer Relaxbank aus haben wir sogar den Schaumberg bei Tholey gut im Blick. Zurück zum **E Naturfreundehaus Kirkel** sind es von hier aus nur noch ein paar Hundert Meter den Berg hinunter.

INFO

TOURENCHARAKTER
Rundwanderung durch schattige Wälder. Im Bereich des Felsenpfades sollte man auf Trittsicherheit achten.

AUSGANGS-/ENDPUNKT
Naturfreundehaus Kirkel, Limbacher Weg 8, 66459 Kirkel, 49.288289, 7.243275

INFORMATION
www.saarpfalz-touristik.de

EINKEHR
Naturfreundehaus Kirkel, Limbacher Weg 8, 66459 Kirkel, www.naturfreunde.de/haus/naturfreundehaus-kirkel

Mittel | **8 km** | **130 Hm** | **3.00 Std.**

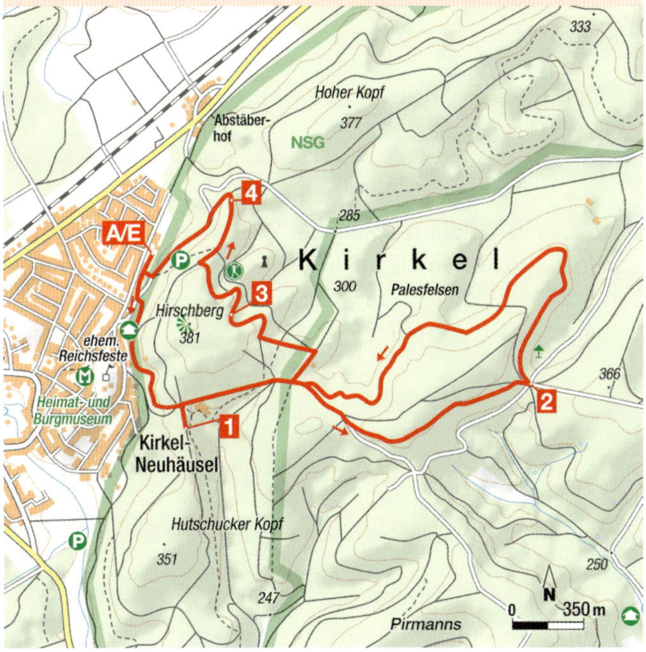

DER SCHWARZE HUND

Von Wörschweiler nach Beeden

Bevor wir zwischen den üppigen Wiesen des Biosphärenreservates das Beeder Biotop besuchen, suchen wir den verlorenen Schatz an der Klosterruine Wörschweiler. Dort hält allerdings ein großer schwarzer Hund seit Jahrhunderten Wache.

20

Ruine von Kloster Wörschweiler

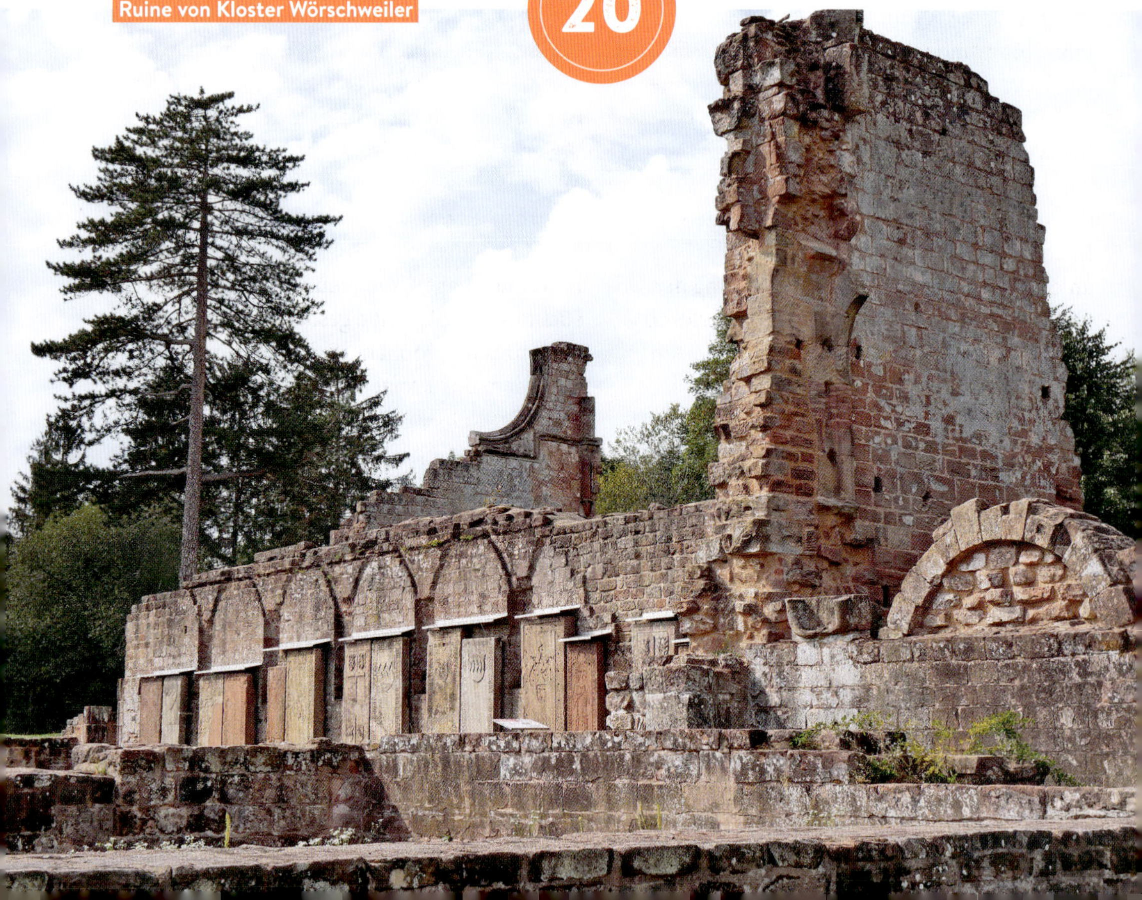

SCHLOSS GUTENBRUNNEN Der Bus hält direkt vor einer **A stattlichen Schlossmauer**. Der Zweibrücker Herzog heiratete Anfang des 18. Jahrhunderts nicht standesgemäß die Tochter seines Jägermeisters. Als Morgengabe erbaute er ihr ein Schloss und benannte es nach ihr. Schloss Luisenthal erlitt jedoch das gleiche Schicksal wie die benachbarten Adelssitze in Homburg und Blieskastel: Französische Revolutionstruppen zerstörten den schmucken Palazzo. Nur noch ein kleiner Teil der ursprünglichen Anlage ist erhalten und befindet sich heute in Privatbesitz. Selbstverständlich respektieren wir das, erhaschen nur einen kleinen Blick vom Anfang der langen Einfahrt auf das antike Gemäuer und wandern gegen den Uhrzeigersinn an der Schlossmauer entlang.

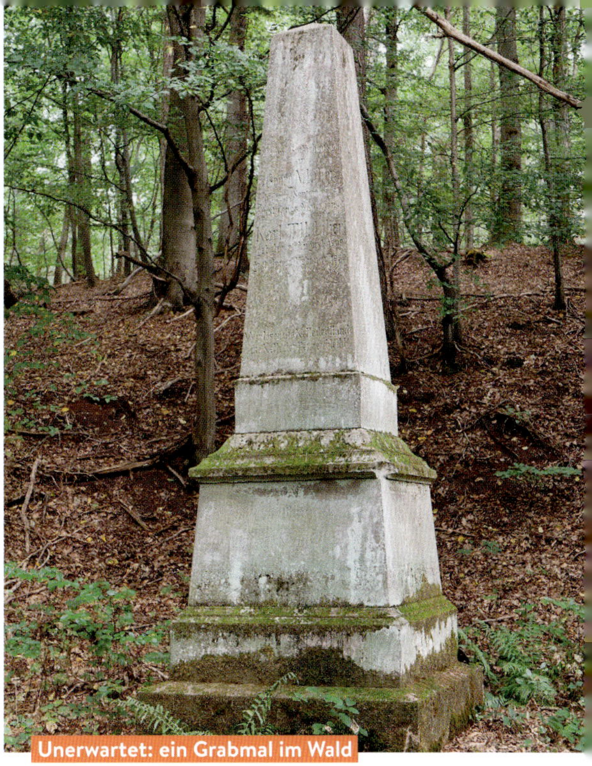
Unerwartet: ein Grabmal im Wald

DER GUTENBRUNNEN Einmal um das Schloss herum, breitet sich das grüne Gutenbrunnental in seiner ganzen Schönheit vor uns aus. Seinen Namen hat es von einer im Jahre 1642 entdeckten Heilquelle, die bald einen kleinen Kurbetrieb ermöglichte. Als die Heilwirkung des Quellwassers ärztlich bestätigt wurde, schwebte Herzog Friedrich Ludwig ein prächtiger Badebetrieb wie in Wiesbaden oder Schwalbach vor. Ein mondänes Badehaus sollte Besucher von Nah und Fern anlocken. Doch schon nach Errichtung der Grundmauern ging den privaten Investoren das Geld aus, Rettungskonzepte scheiterten und die Quelle versiegte. Daher halten wir uns nicht weiter auf, biegen rechts ab und steigen über einen kleinen Pfad den Berg hinauf.

KLOSTER WÖRSCHWEILER Dichter Wald begleitet unseren Weg zur **1 Klosterruine**, die wir auf einem freien Plateau erreichen. Unter dem blauen Himmel genießen wir den Blick hinunter über Blies- und Schwarzbachtal. Die altehrwürdigen Mauern strahlen eine majestätisch beruhigende Wirkung aus. Man möchte meinen, die Spiritualität der Mönche immer noch zwischen den Ruinen zu spüren. Ein wahrer Kraftort! Kein Wunder, dass sich die Zisterzienser Ende des 12. Jahrhunderts den Wörschweiler Klosterberg für ein Leben in Abgeschiedenheit aussuchten. Doch schon bald berichtet die Geschichtsschreibung von Streitigkeiten der Klosterbrüder untereinander und mit der Bevölkerung des Umlandes. Immer wieder sollen Angehörige des Klosters randaliert haben, die Freudenhäuser aufgesucht und für Unruhe gesorgt haben. Mehrmals mussten Mönche verhaftet werden. Nachdem das Kloster Wörschweiler 1558 im Zuge der Reformation entwidmet wurde, entbrannte ein langer Streit bezüglich der verbliebenen Wirtschaftsgüter, der 1614 in einem Brand gipfelte. Geblieben waren nur die Sagen vom verschwundenen Klosterschatz im Brunnen und einem schwarzen Hund, der ihn bewachen sollte.

BLIESWEG Wir verlassen das Plateau über einen kaum befestigten Pfad an der Spitze

Tipp

SCHLOSS GUTENBRUNNEN

Schloss Gutenbrunnen ist Privatbesitz und kann nicht besichtigt werden. Wer sich jedoch etwas näher mit dem Baudenkmal befassen möchte, kann sich die barocke Walpurgiskapelle von der Talseite aus näher anschauen. Auch wenn es von außen nicht so aussieht: Bei unserem Besuch war die Tür nicht verschlossen.

des Plateaus – bei Nässe, Glätte oder mangelnder Trittsicherheit sollte man besser den Hauptweg ins Dorf nehmen, denn die Furt schlängelt sich tatsächlich abenteuerlich den steilen Hang hinunter. Nahe der Dorfmitte betreten wir Wörschweiler, wo wir uns Richtung Blies wenden. Entlang des Flusses führt uns ein geteerter, leicht begehbarer oder mit dem Rad zu befahrender Weg Richtung Nordwest. Unterwegs, die satten Wiesen und Felder entlang, können wir mehrere Störche bewundern. Sie finden hier im Biospärenreservat ideale Bedingungen. An manchen Ecken haben wir schon mehr als 20 Exemplare auf einen Schlag gesichtet!

BEEDER BIOTOP Hinter der 2 **Fischerhütte** streifen wir kurz den Ortsrand von Beeden, halten uns im Grunde aber immer in der Nähe der Blies, die für das wunderbare 3 **Biotop** hier verantwortlich ist. Nach starken Regenfällen verwandelt sie die ganze Landschaft in einen einzigen großen See. Das ist dann herrlich anzusehen. Vor einigen Jahren hat man Flutmulden gegraben, damit das Überschwemmungswasser nicht vollständig abfließen kann. Jetzt leben hier Wasserbüffel,

Afrikafeeling im Beeder Biotop

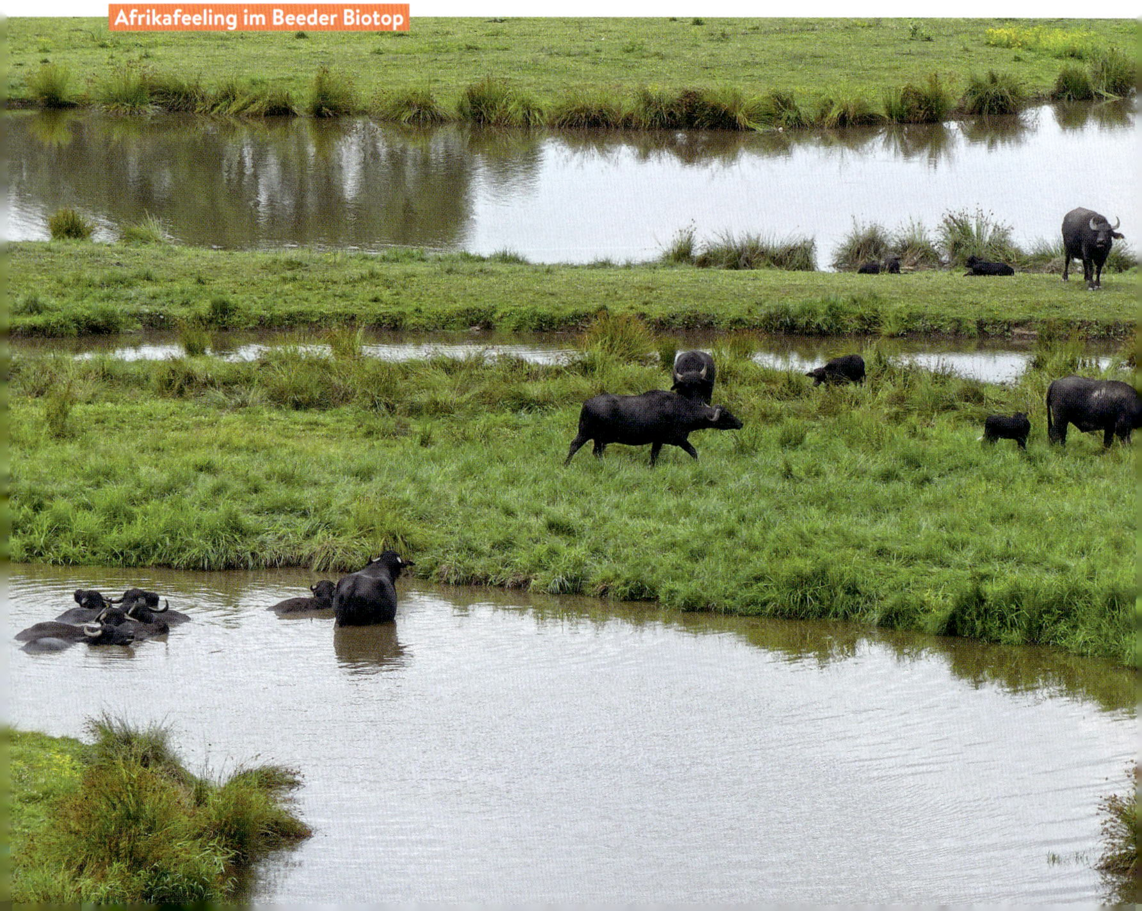

Konikpferde und Heckenrinder. Dazwischen begeistert eine reiche Vogelwelt. Wer einen der Aussichtstürme besteigt, um das tierische Treiben zu beobachten, kommt sich vor, als wäre er in einen Naturfilm aus fernen Ländern versetzt worden. Nachdem wir uns von dem saarländischen Tierparadies schweren Herzens getrennt haben, halten wir uns weiter entlang der Blies. Vor Limbach unterqueren wir die L 119, biegen links ab, um nach wenigen Schritten den **E** **Bahnhof** zu erreichen.

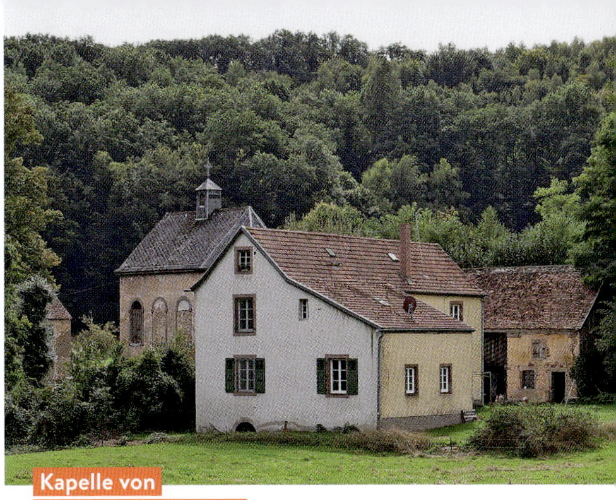

Kapelle von Schloss Gutenbrunn

INFO

TOURENCHARAKTER

Der Abstieg vom Kloster enthält einige abenteuerliche Passagen. Hier ist Vorsicht geboten. Vorsichtshalber den längeren Weg nehmen. Die Passage am Bliestalweg kann sehr sonnig sein.

AUSGANGSPUNKT

Haltestelle Wörschweiler Gutenbrunnen, 66424 Homburg, 49.277142, 7.303187

ENDPUNKT

Bahnhof Limbach, 66459 Kirkel, 49.312354, 7.279734

INFORMATION

www.saarpfalz-touristik.de

EINKEHR

Fischerhütte Beeden, In der Mastau 1, 66424 Homburg

Mittel	7,5 km	120 Hm	2.50 Std.

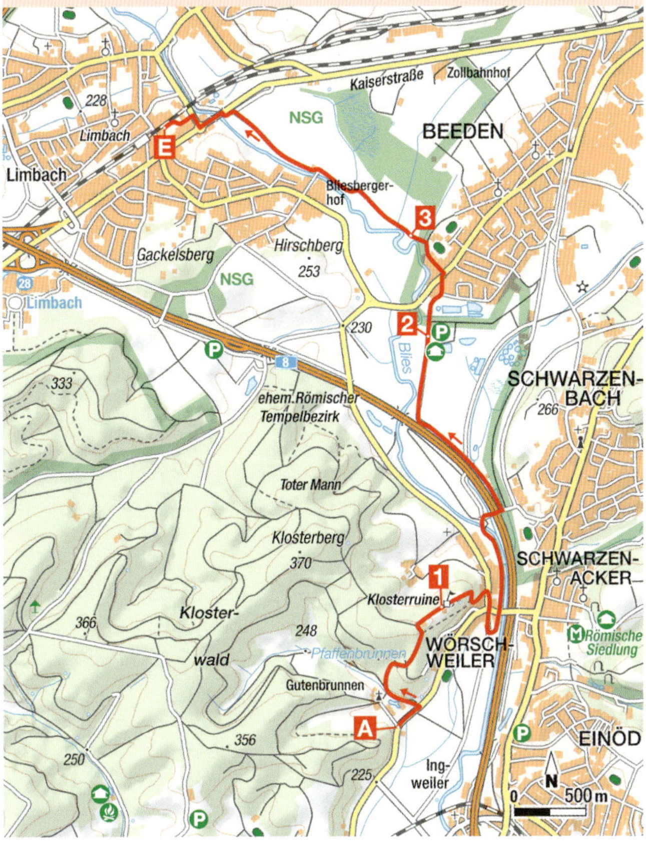

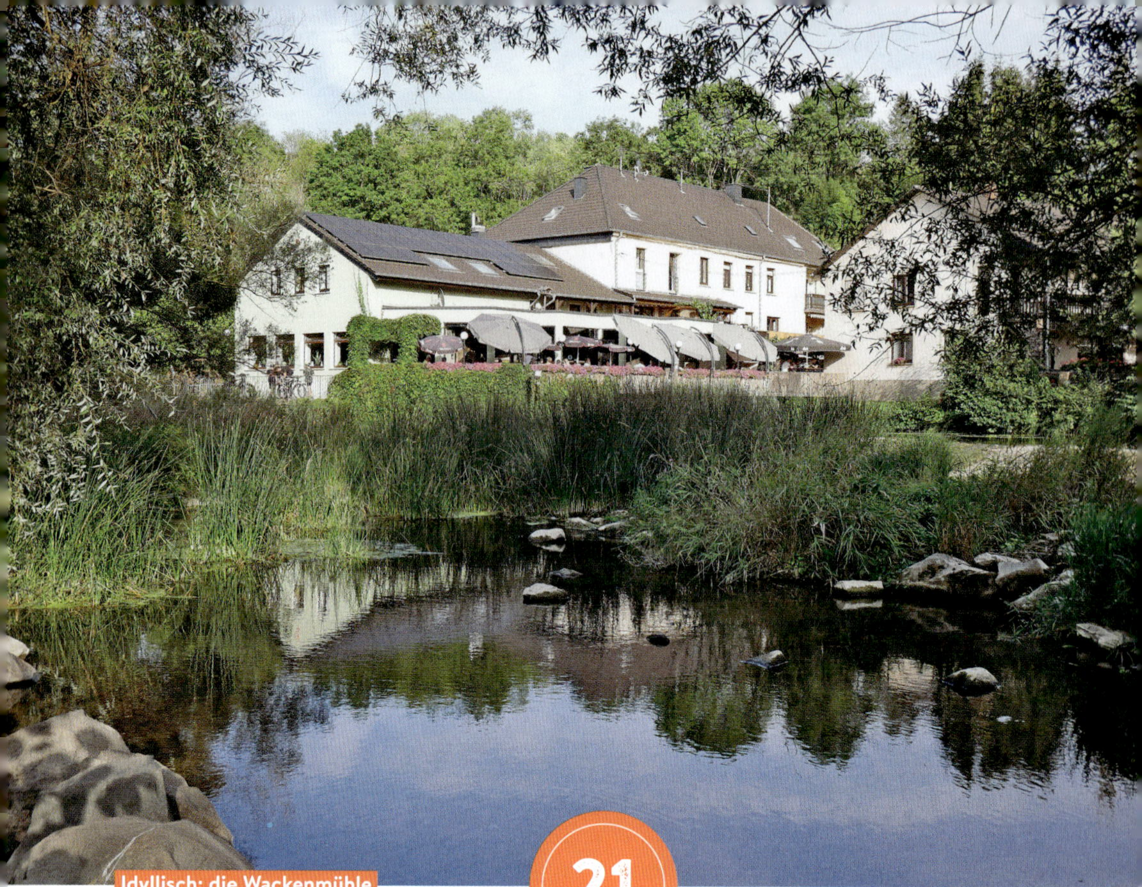

Idyllisch: die Wackenmühle hinter dem Niedwehr

21

DIE NIEDNIXE

Runde um die Niedschleife

Magische Flusslandschaften führen uns tief in ein Märchenland, in dem Nixen, Druiden, aber auch türhohe schwarze Hunde lebendig werden. Wer könnte da Böses im Sinn haben? Kein Wunder, dass kein Mensch am Galgen baumeln musste.

ALLER ANFANG IST SCHWER Vom **A Niedaltdorfer Bahnhof** wandern wir hinunter Richtung Dorf, um davor links abzubiegen und dem Schild zum Sportplatz zu folgen. Obwohl wir uns zu Fuß genauso die Steigung hinaufschleichen müssen wie die Fahrradfahrer auf dem Niedtal-Radweg – wir teilen uns diesen Part der Strecke –, werden nur diese vorgewarnt: 40 Meter Steigung auf den nächsten 300 Metern. Wir nehmen es positiv. Das ist nun wirklich keine lange Anstrengung, bis wir die Felder auf der Höhe erreicht haben und die Aussicht auf die Kirche von Hemmersdorf genießen. Schon bald führt uns der Feldweg wieder ins Tal zur Nied hinab, doch dieses Mal sanft und damit ohne Anstrengung.

WACKENMÜHLE Schon nach 1,5 Kilometern haben wir den Bergrücken überquert, der die Nied zu einer schönen Schleife gezwungen hat. Unten erwartet uns die mehr als 500 Jahre alte **1 Wackenmühle** mit ihrem beliebten Ausflugslokal. Auch heute ist die Sonnenterrasse an der Nied gut gefüllt. Dabei waren Gäste der Sage nach nicht immer so gerne gesehen wie heute – vor allem nicht, wenn es sich um türhohe, schwarze Hunde handelte. Ein solcher soll nämlich in vergangenen Zeiten regelmäßig an der Mühle vorbeigeschaut haben. Der Müller konnte sich dabei nie so richtig darüber klar werden, ob das Untier, das stets in den Abendstunden vorbekam, Gutes oder Böses wollte. Sah der Hund nur nach dem Rechten und kontrollierte, ob die Tür abends gut verschlossen war, oder war er vielleicht Kundschafter einer Diebesbande? Er fand es nie heraus: Als seine Söhne eines Abends beim Kartenspiel am Tisch saßen, hörten sie den Hund an der Tür. Da bewaffneten sie sich mit Stöcken, droschen auf das Tier ein und verjagten ihn ein für alle Mal. Zumindest wurde er danach nur noch selten gesehen.

Historische Grenzsteine erinnern an frühere Zeiten.

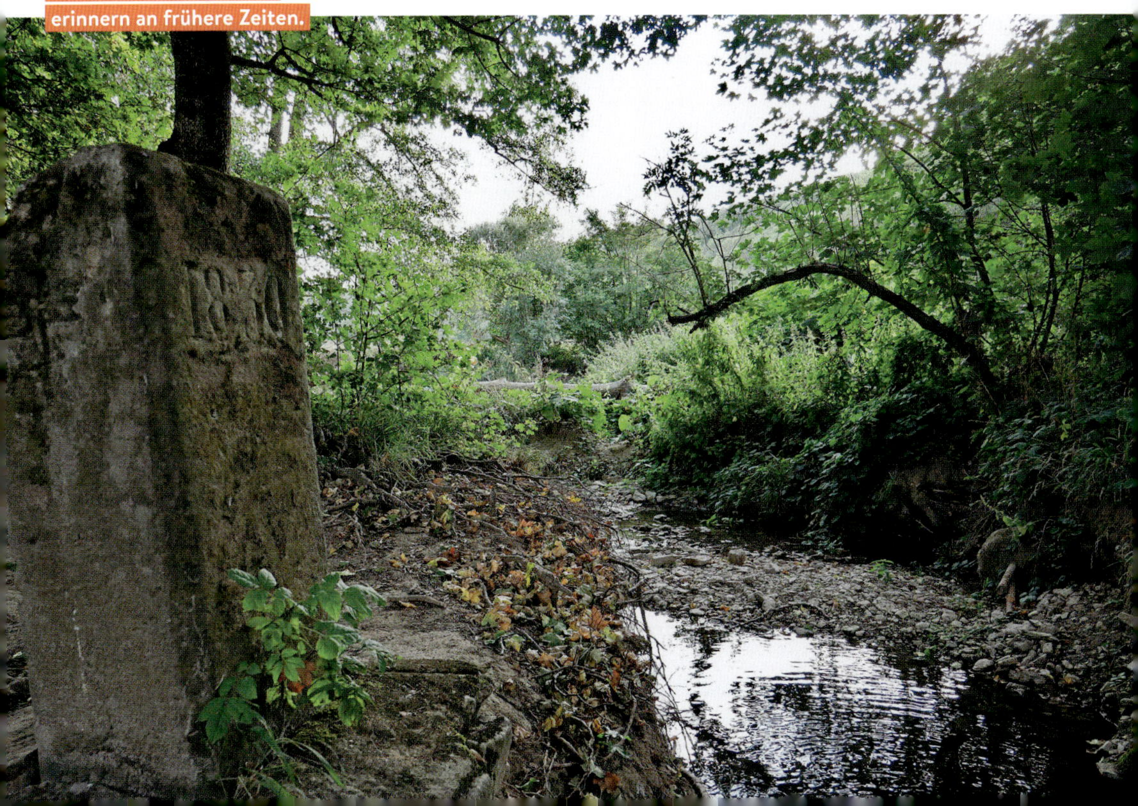

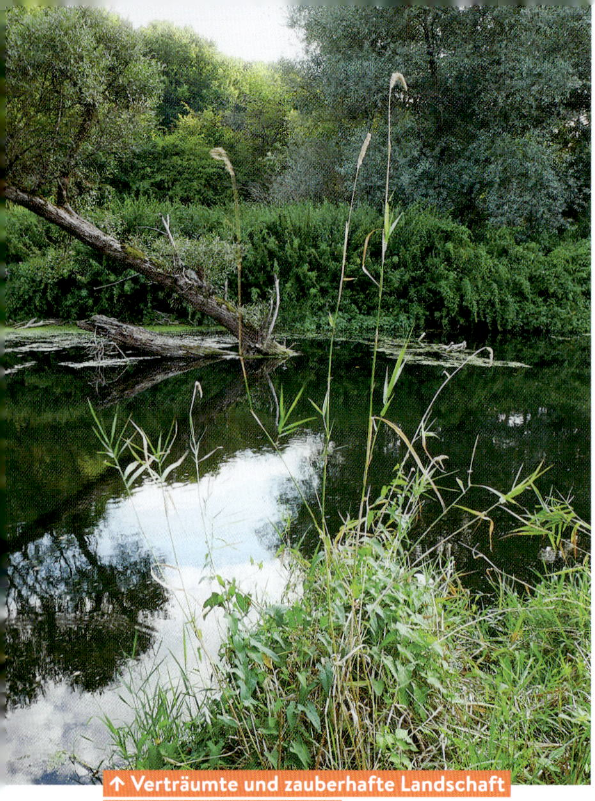 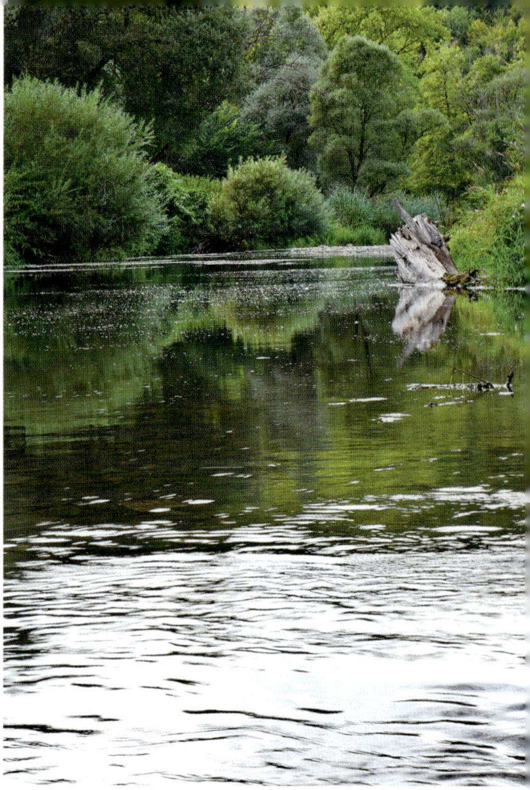

↑ Verträumte und zauberhafte Landschaft
↗ Das Flußbett der Nied

NIEDWEHR Ein wenig flussabwärts von der Mühle überqueren wir die Nied, um links weiter zu wandern. Schnell haben wir einen guten Abstand vom Bachlauf. Doch wir schlagen uns links in die Büsche, um über ein paar versteckte Pfade einen Abstecher zum **2 Niedwehr** zu unternehmen. Auf der gegenüberliegenden Seite der Mühle finden wir einen kleinen Strand direkt am flachen Wasser des Wehrs. Ein idyllischer Fleck, wenn er nicht so beliebt wäre. An heißen Tagen suchen hier nicht wenige Menschen Abkühlung und Erfrischung.

GRAFENTHAL Endlich haben wir die Nied wieder direkt neben unserem Wanderweg. Doch nur kurz: Wir haben die französische Grenze mit dem **3 Naturschutzgebiet Grafenthal** erreicht. Hier fühlen sich Eisvogel und Flussuferläufer wohl. Eine breite Wiese schützt ihren Lebensraum während der Brutzeit von April bis Ende Juli. Zum Glück ist es schon September und wir können bis zu den traumhaften Uferlandschaften ans Wasser heran. Dort erinnert die Welt an die Kulissen eines Hollywoodfilms. Fehlen nur noch ein paar Fliegenfischer.

DIE NIEDNIXE Kein Wunder, dass sich die Leute der Gegend Geschichten von einer zauberhaften Niednixe erzählen. Mit leichten Booten aus Eierschalen soll sie den Fluss hinauf- und hinuntergefahren sein, um nach dem Rechten zu sehen, und als guter Geist auf die Tier- und Pflanzenwelt aufgepasst haben. Natürlich war das Niedparadies nicht von Bestand: Ein Jäger – und das muss in Anbetracht der reichen Vogelwelt schon ein Kunststück gewesen sein – schaffte es nicht, sich einen Entenbraten zu schießen. Da erblickte er die Niednixe und gab prompt ihr die Schuld. Auch beim nächsten Versuch klappte es nicht mit dem Entenbraten. Wieder war die Niednixe in der Nähe. Wütend legte er stattdessen auf diese an. Doch sie war zu umsichtig, um sich erwischen zu lassen. Auf Menschen war sie ab dieser Zeit gar nicht mehr gut zu sprechen: In der Folge wären mehrere Personen in der Nied ertrunken. Das soll die Strafe des Wassergeistes gewesen sein.

GALGEN Wir erreichen den Wald am westlichen Niedufer. Dieses Stück der Tour teilen wir uns mit dem Druidenpfad, der an die keltische Kultur im Niedtal erinnert. Am Hangpfad hoch über dem Wasserlauf sollen diese Mystiker unserer Vorfahren gewandelt sein. Später, in der Zeit des selbstständigen Saarlandes, waren es wohl eher die Schmuggler, die diesen Pfad gerne nutzten. Wären sie erwischt worden, hätte ihnen vielleicht der Strick am **4 Galgen** gedroht. Die hölzerne Vorrichtung stand im 18. Jahrhundert auf dem Hügel am Ausgang des Druidenpfades. Der Geschichtsschreibung nach wurde er mehrmals wieder aufgebaut, weil er marode eingestürzt war. Man hatte ihn in den Jahren dazwischen einfach nicht gebraucht. Keine einzige Hinrichtung ist auf dem Galgen dokumentiert.

OBSTWIESEN Wir streifen das westliche Ende von Niedaltdorf. Ein paar Schritte durch die Straßen erreichen wir bald wieder die **5 Niedwiesen**, die uns am Ort vorbei und ganz nah an den verträumten Wasserlauf heranführen. Dann sind es nur noch ein paar Meter zum **E Niedaltdorfer Bahnhof** zurück.

INFO

TOURENCHARAKTER

Leichte Rundwanderung über sonnige Feldwege und durch schattige Wälder. Die Einstufung »Mittel« erfolgt wegen des Hangweges oberhalb der Nied, der einfach umgangen werden kann.

AUSGANGS-/ENDPUNKT

Bahnhof Niedaltdorf,
Am Burenweg,
66780 Rehlingen-Siersburg,
49.344002, 6.593647

INFORMATION

www.rehlingen-siersburg.de/kultur-freizeit/wandern

EINKEHR

Zur Wackenmühle 3,
66780 Rehlingen-Siersburg,
zur-wackenmuehle.eatbu.com

Mittel | 7,5 km | 100 Hm | 2.10 Std.

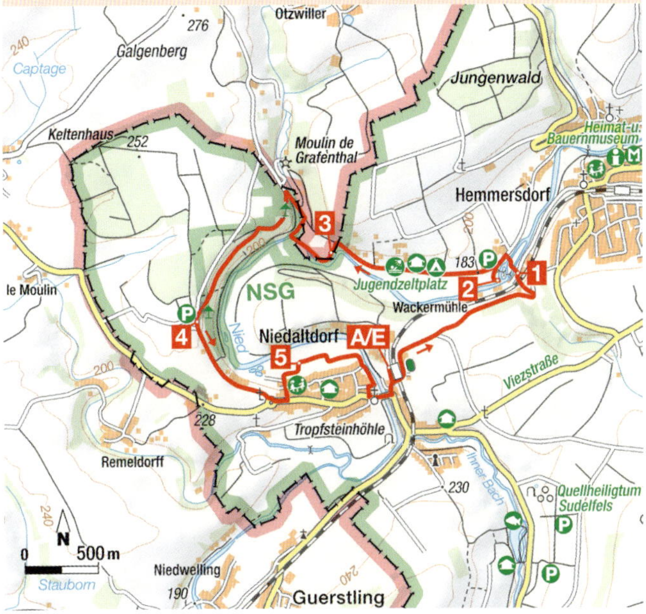

GEISTER IM NORDFELD

Runde auf dem Höcherberg

Von dichtem Wald bedeckt, erhebt sich der Höcherberg 250 Meter über das umliegende Land. Auf unserer bergigen Runde entdecken wir die Ruinen der Grube Nordfeld und das reizvolle Brandsbachtal. Doch Achtung vor fremden Gestalten: So mancher böse Geist treibt sich zwischen den alten Buchen herum!

22

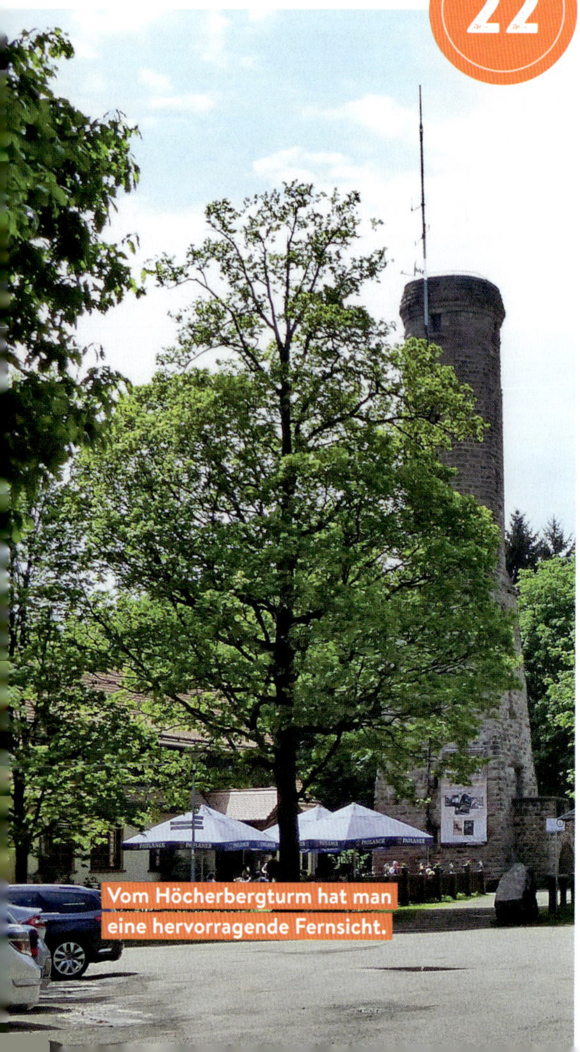

Vom Höcherbergturm hat man eine hervorragende Fernsicht.

PFALZ-NASSAU Kaum vom **A Wanderparkplatz** Richtung Nordost losgelaufen, behauptet ein Grenzstein, dass wir gerade in die Pfalz hineinwandern. Doch keine Angst: Die Markierung ist historisch. Heutzutage beginnt das Nachbarland erst zwei Kilometer weiter östlich. Zunächst passieren wir die Grundmauern des Maschinenhauses der Grube Nordfeld.

DIE GEISTER AM NORDFELD Das **1 alte Bergwerksgelände Nordfeld** zieht sich vom Maschinenhaus den Hang hinunter und ist nur teilweise begehbar. Wir wählen den Weg in einem großen Bogen außen herum und treffen südlich von der **2 Dianaquelle** auf den monumentalen **3 historischen Verladebahnhof**. Die Grube war nicht einmal 20 Jahre in Betrieb, denn schnell hatte sich herausgestellt, dass sie bei Weitem nicht so ergiebig war, wie die Geologen das vorausgesagt hatten. Vielleicht lag das aber auch an den Geistern, die sich schon vorher und noch lange nach der Kohlezeit am Höcherberg herumtrieben: Der bleierne Mann war dafür bekannt, dass er kein einziges Wort sprach, die Wanderer aber in die Irre führte. Vielleicht auch die Geologen? Ebenso kursierten Erzählungen von einem Geist im langen Mantel und einem großen, hellen Knopf auf der Brust. Von der Münchwieser Gegend her soll sich die Spukgestalt eines Mörders herumtreiben. Er hatte eine arme Frau erschlagen, die im Frühling mit Samen handelte. Er dachte wohl, in ihrem Beutel mit Setzbohnen befänden sich wertvolle Goldstücke. Bis die rohe Tat gesühnt ist, darf seine Seele den grausigen Ort des Mordes nicht verlassen. Und keiner weiß, wann das sein wird.

FORTUNA An einer Treppe steigen wir zum **4 Brandsbach** hinab, der wenig später in die noch junge Glan mündet. Doch wir nehmen die andere Richtung. Entlang des idyllischen Bachlaufes erreichen wir bald das alte Stollenmundloch, wo rotes Wasser herausläuft. Die Farbe zeugt für dessen hohen Eisengehalt. Danach schlängelt sich der Pfad den Wald hinauf – vorbei an den alten Schachtanlagen »Wilhelmine« und »Fortuna« – bis zum Maschinenhaus. Links geht es zurück zum **E Wanderparkplatz**.

Tipp

HÖCHERBERGTURM

Der 26 Meter hohe Aussichtsturm neben dem Parkplatz bietet an klaren Tagen eine fantastische Rundumsicht. Den Schlüssel zum Turm erhält man gegen eine Gebühr im Höcherberghaus.

INFO

TOURENCHARAKTER
Bergwanderung über befestigte, schattige Waldwege und unbefestigte Pfade

AUSGANGS-/ENDPUNKT
Parkplatz Höcherberg, Römerstraße, 66450 Bexbach, 49.397641, 7.266785

INFORMATION
www.hoechen.de/touristik

EINKEHR
Restaurant Höcherberg, Römerstraße 50, 66450 Bexbach, www.gasthaus-hoecherberg.de

Mittel	7,8 km	200 Hm	3.00 Std.

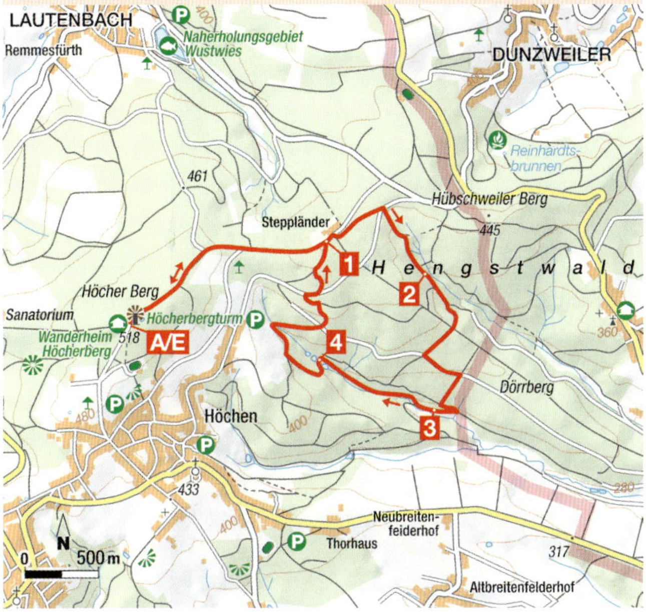

NAPOLEONS KNÖDEL

Runde von Geislautern

Zwischen Geislautern und Werbeln wandern wir auf geschichtsträchtigen Spuren. Alte Grenzsteine tragen die französische Lilie auf der einen Seite, sowie die Wolfsangel der Saarbrücker Grafen auf der anderen. Und vielleicht fand hier im Jahre 1812 das größte Picknick aller Zeiten im Saarland statt.

23

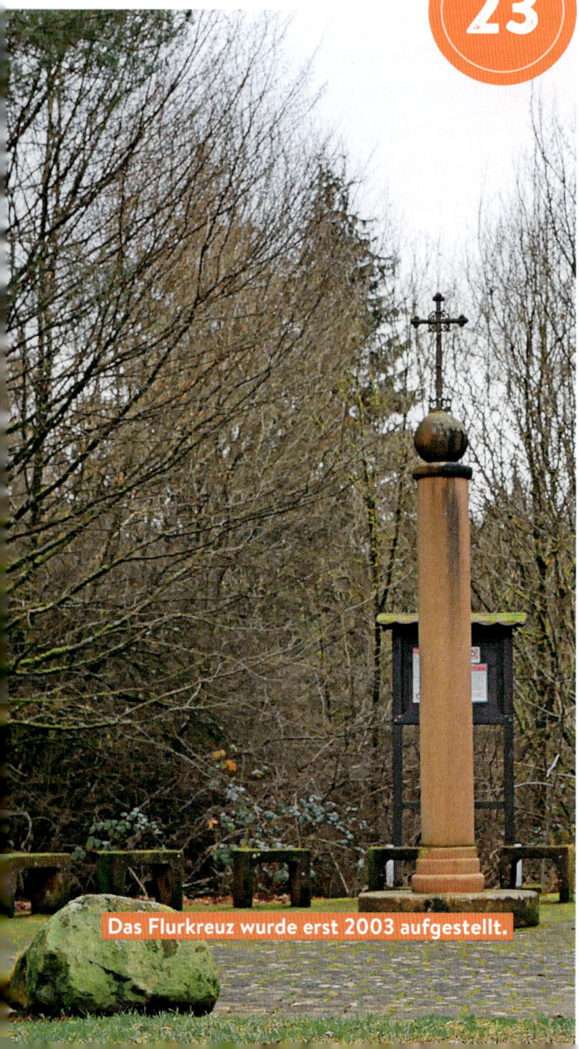
Das Flurkreuz wurde erst 2003 aufgestellt.

WILDPARK Hinter der A **Warndtstraße** beginnt der dichte Wald des Warndt. Über den Hügel sind es 40 Minuten bis zum 1 **Hermann-Röchling-Brunnen** aus dem Jahr 1955 – dem Todesjahr des umstrittenen Stahlbarons. Kurz darauf kreuzen wir das Werbelner Bachtal mit einer Schautafel des Wasserschutzgebietes und nur wenige Schritte weiter einen Rastplatz mit einem 2 **Flurkreuz** im Zentrum. Zehn Minuten später erwarten uns die Gehege des 3 **Wildparks** mit Damhirschen und Wildschweinen.

LILIE UND WOLFSANGEL Auf dem Rückweg bewundern wir die 4 **alten Grenzsteine** aus dem Jahr 1769. Die Saarbrücker Grafen waren zum Protestantismus übergetreten und wollten die Abtei Wadgassen loswerden – per Tauschvertrag mit der französischen Krone. Nur wenige Jahre später besetzten französische Revolutionstruppen das Saarland und die linksrheinischen Gebiete, wodurch die Steine ihre Bedeutung verloren. Nach einem kleinen Abstecher zum 5 **Völklinger Wasserturm** – hier oben stand wahrscheinlich im Mai 1812 Napoleon I. auf seinem Russlandfeldzug und betrachtete das Tal mit seiner Eisenhütte – erreichen wir am Reitsportverein vorbei wieder Geislautern und die **E Warndtstraße**.

NAPOLEONS KNÖDEL Napoleon ist ja in der Geschichte eine umstrittene Figur. Im Saarland hat man ihn jedoch in guter Erinnerung. Nach der langen Adelsherrschaft sorgte er für eine bürgerliche Gesetzgebung und brachte Struktur ins Land. Die Leute konnten sich Land kaufen und selbstbestimmt leben. Und der Sage nach war er in die saarländische Küche vernarrt. Als seine Truppen vor Geislautern lagerten, soll er durch die Häuser geritten sein. Da gerade Mittag war, stieg ihm ein feiner Duft in die Nase. Die Leute waren am Kochen. Auf Nachfrage, was es denn zu Essen gäbe – es waren einfache Mehlknödel –, befahl er seinen Köchen, dieses Gericht auch für sich und seine Truppen zu kochen. Damit es auch gelang und der Feldherr zufrieden war, kamen Frauen aus dem Dorf und halfen bei der Zubereitung. Als endlich serviert wurde, soll Napoleon höchst vergnügt und zufrieden gewesen sein. So gut hätte ihm schon lange nichts mehr geschmeckt.

Tipp

WERBELNER-GESCHICHTE-WEG

Wer noch mehr an Geschichte und Natur interessiert ist, sollte den Werbelner-Geschichte-Weg gehen, der über 18 Stationen rund um das Dorf führt.

INFO

TOURENCHARAKTER
Rundwanderung durch schattige Wälder. Unterwegs sind einige kurze Passagen mit Steigungen bis 12 Prozent zu bewältigen.

AUSGANGS-/ENDPUNKT
Ende der Warndtstraße, 66333 Völklingen-Geislautern, 49.234972, 6.823089

INFORMATION
www.werbeln.de

EINKEHR
Zum Wasserturm, Am Hoheberg, 66333 Völklingen, www.zumwasserturm-voelklingen.rgio.de

Mittel	6,6 km	160 Hm	2.30 Std.

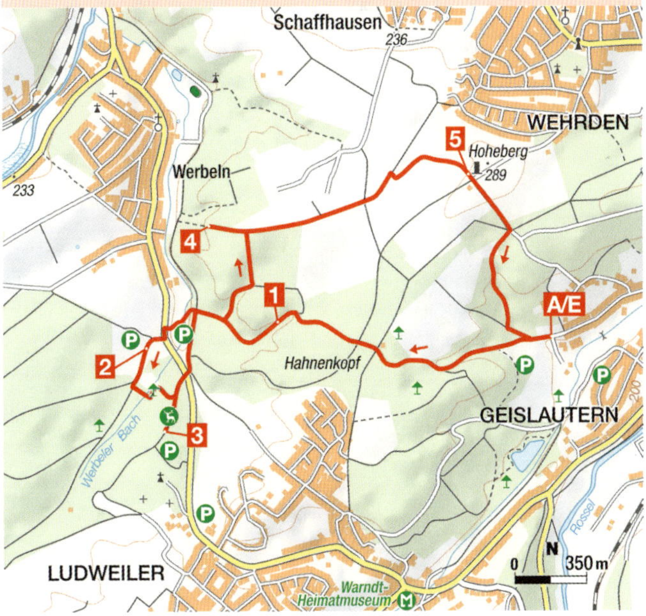

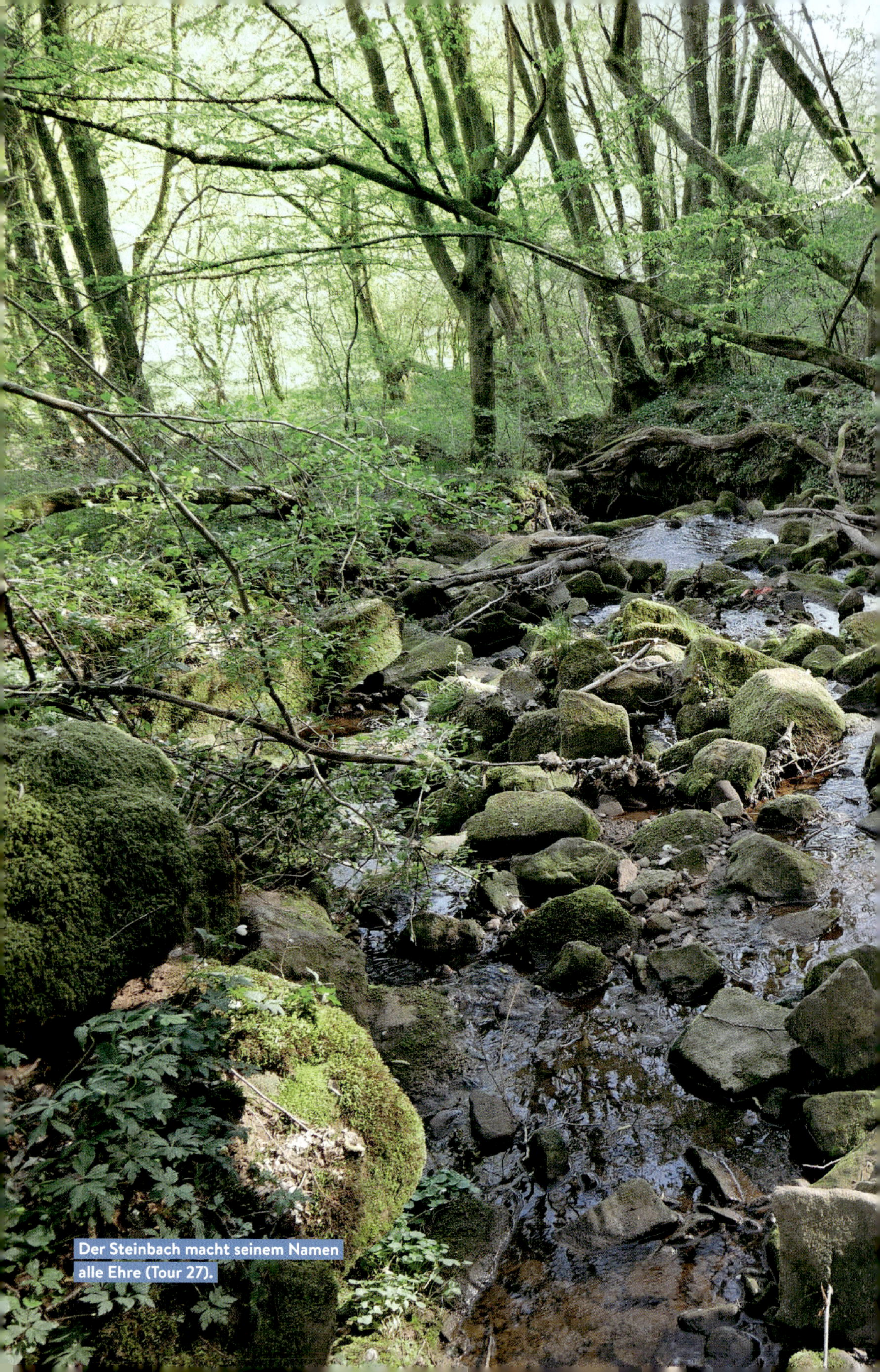

Der Steinbach macht seinem Namen alle Ehre (Tour 27).

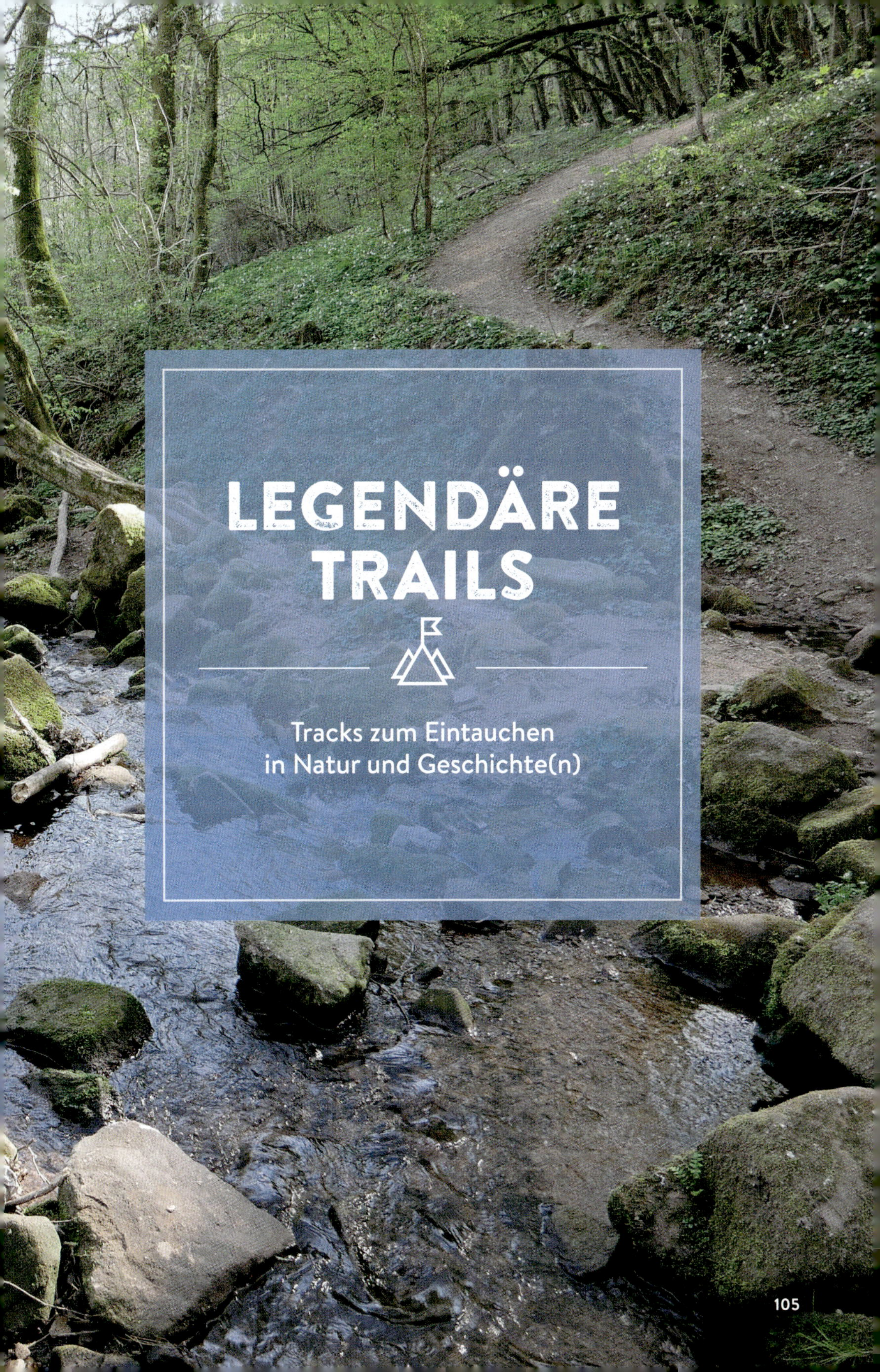

LEGENDÄRE TRAILS

Tracks zum Eintauchen in Natur und Geschichte(n)

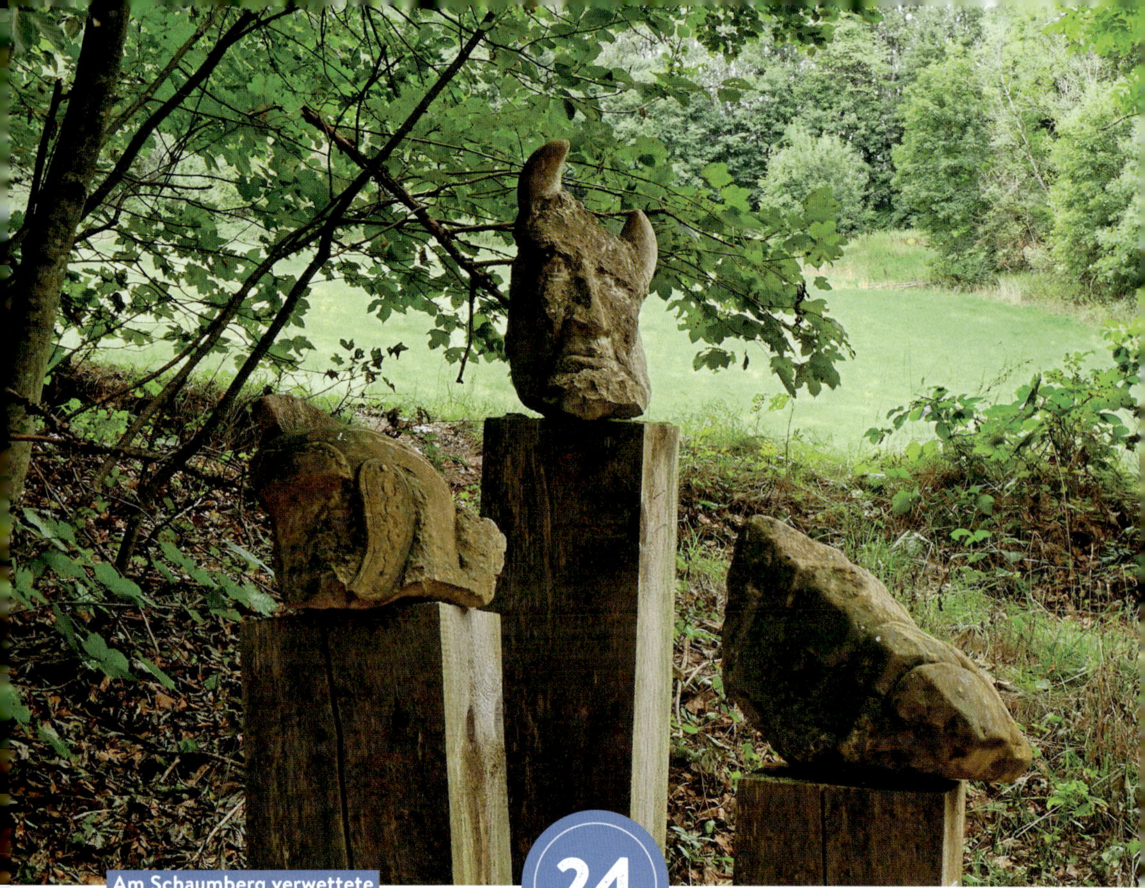

Am Schaumberg verwettete Rixius seine Seele.

24

DIE TEUFELSWETTE

Mauritiusrunde am Schaumberg

Zwischen Schaumberg und Ohlenkopf beeindrucken uns die weiten Aussichten über das nördliche Saarland. Meist am Waldrand zwischen alten Bäumen und hügeligen Feldern wandernd, finden wir eine von Kultur geprägte, herrliche Natur. Unterwegs hüten wir uns vor Rixius Varus, dem wir in der Sagenwelt gleich mehrfach begegnet sind.

RIXIUS VARUS Vom **A** **Parkplatz am Herzweg** starten wir nicht nach oben zum Schaumbergplateau, sondern halten uns links an der Bergflanke, wo wir der Höhenlinie unterhalb des Gipfelplateaus folgen. Der dichte Wald um uns herum war früher das Jagdgebiet von Rixius Varus. Der soll Ende des 3. Jahrhunderts als Statthalter in Trier residiert haben und als religiöser Fanatiker bekannt gewesen sein. Indem er die gesamte thebanische Legion – deren Soldaten waren allesamt Christen – hinrichten ließ, erwarb sich Rixius einen fürchterlichen Ruf. Um sich von derart anstrengenden Regierungsgeschäften zu erholen, soll er sich oft in der Gegend des Schaumberges aufgehalten haben. Doch auch während er sich bei der Jagd entspannte, vergaß er seine Pflichten nicht und marterte jeden zu Tode, der nicht zu seinen Göttern beten wollte.

DIE WARME STUBE Bald befinden wir uns oberhalb des Ortsausganges von Tholey. Dort unten liegt eine **1** **geschützte Stelle**, in der das Wild im Winter Zuflucht vor der Kälte fand und die deshalb die warme Stube genannt wurde. Doch Vorsicht, mehrfach wurden dort zwei Geister gesichtet, die ahnungslose Wanderer begleiteten oder sie gar mit Schlägen bedachten. Im gehörigen Abstand halten wir uns oberhalb des Spukortes und erreichen bald eine **2** **Schutzhütte** am Wegesrand. Hier biegen wir auf einen schmalen Pfad rechts ab. Der führt uns im Wald munter durch Gräben und über Baumwurzeln.

KREUZWEG Bald taucht das erste Wegekreuz auf. Wir befinden uns nun auf dem alten Kreuzweg der Tholeyer Abtei St. Mauritius, der heute als Mauritius-Rundweg ausgewiesen ist. Vom Bergrücken aus entzückt uns immer wieder der weite Blick über das Land, mal auf die grünen Felder und Hügel rechter Hand, mal nach links auf die Dächer von Sotzweiler unten im Tal.

BLASIUSKAPELLE Vor dem kleinen Weiler auf dem Blasiusberg müssten wir eigentlich nach rechts abbiegen. Doch wir statten der schon in Sichtweite gelegenen **3** **Kapelle** einen Besuch ab. Das mehr als 800 Jahre alte Gotteshaus entstand an einer Einsiedelei und war früher am 3. Februar, dem Blasiustag, ein beliebtes Wallfahrtsziel. An der Tischgruppe vor dem Eingangsportal packen wir unser Picknick aus. Danach besichtigen wir den im Bauernbarock ausgestatteten Innenraum des liebevoll gepflegten Gotteshauses. Das Entzünden eines Kerzleins dafür, dass wir dem Teufel nicht begegnen oder uns anderes Ungemach droht, kann ja nichts schaden. Außerdem leisten wir damit einen Beitrag zum Erhalt des Kapellchens.

Unterwegs auf alten Wandelpfaden der Tholeyer Mönche

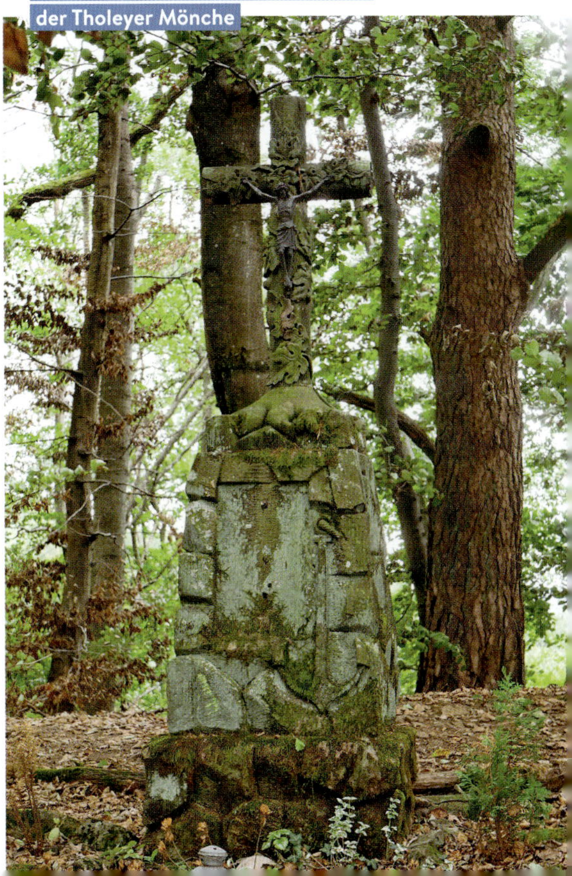

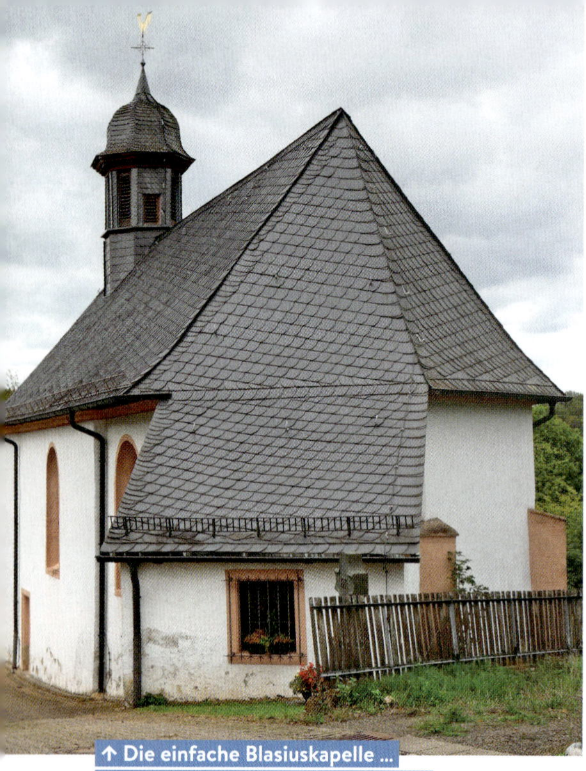

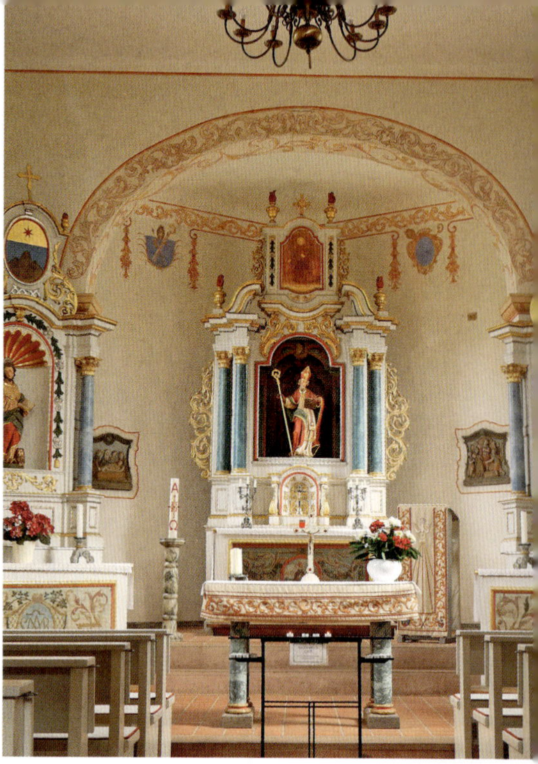

↑ Die einfache Blasiuskapelle ...
↗ ... mit barocker Innenausstattung

THEELTAL Von der Kapelle und dem Weiler laufen wir ein Stück über die Blasiusbergstraße. Da sie nur den Weiler mit seinen wenigen Einwohnern an das Verkehrsnetz anbindet, gleicht sie mehr einem gut ausgebauten Feldweg als einer Landstraße und ist gefahrlos und sicher zu begehen. In einer Linkskurve biegen wir links in den Wald ein, wo wir unten im Tal die **4 Theel** erreichen. Hinter einer malerischen Fußgängerbrücke können wir einen Blick auf die Lachmühle werfen, halten uns aber rechts, um entlang von Hosten- und Baselbach wieder Richtung Schaumberg zu wandern. Die Landschaft um uns gestaltet sich dabei sehr wechselhaft, mal waldig, mal über Felder, mal durch enge Täler. Dann steigen wir wieder einen Hang mit grandiosen Weitsichten hinauf.

DIE TEUFELSWETTE Vom Weg, den Schaumberg hinauf, wissen wir wieder eine spannende Geschichte. Rixius Varus soll mit dem Teufel die Wette abgeschlossen haben, dass er mit seinem Sechsspänner schneller den Berg hinauffahren, als dass Beelzebub den Weg pflastern könne. Doch so sehr Rixius seine Pferde auch anspornte, der Teufel war fixer, riss hinter ihm die Steine ab und verlegte sie im Handumdrehen wieder vor dem Wagen. Rixius konnte in voller Fahrt den Berg hinaufrasen und verlor die Wette. Der jetzt dem Teufel verfallene Statthalter soll es noch mit der Flucht versucht haben, doch der Teufel bannte ihn an diesen Ort. Als wilder Jäger muss er nun am Schaumberg und am Wareswald auf ewig sein Unwesen treiben und findet keine Ruhe.

SCHAUMBERGPLATEAU Der **5 Gipfel** des Berges hat sich in den letzten Jahren wieder zu einem beliebten Touristenmagneten entwickelt. Genial ist aber auch die Sicht nach

Süden bis nach Frankreich – besonders vom 37,5 Meter hohen Aussichtsturm. Kein Wunder, dass man hier oben Spuren von Römern und Kelten gefunden hat und sich Reste einer mittelalterlichen Burg in Gipfelnähe finden. Irgendwann soll hier auch mal ein König Einaug geherrscht haben. Der hieß so, weil er mal einer Katze ein Auge ausgeschlagen hatte. Und als ihn einmal eine Biene in die Nase gestochen hatte, schwoll sie ganz dick an. Natürlich hatte der Hofzauberer Schuld an dem Malheur, hätte er das Insekt doch vorsorglich mit einem Bann belegen müssen. Aber diese Geschichte passt hier nun wirklich nicht mehr hin. Entlang des Fußweges kehren wir – nach dem Besuch des Biergartens – zum **E Parkplatz am Herzweg** zurück.

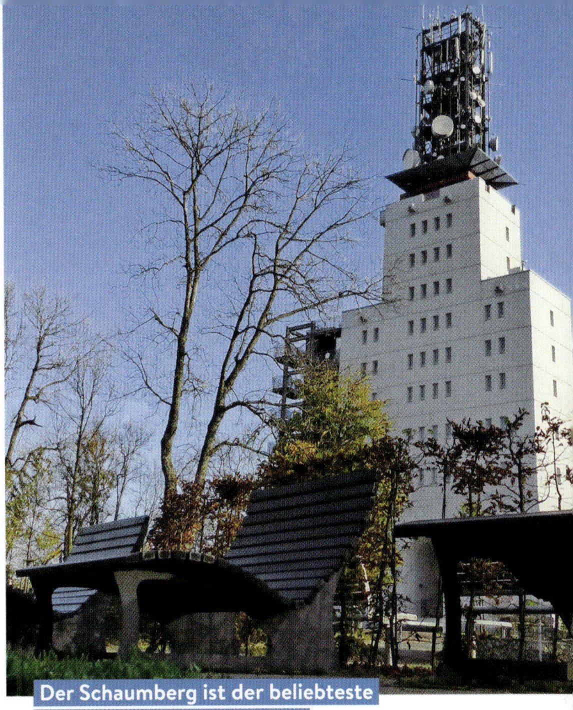

Der Schaumberg ist der beliebteste Freizeitberg des Saarlandes.

INFO

TOURENCHARAKTER

Bergwanderung über sonnige Feldwege und durch schattige Wälder

AUSGANGS-/ENDPUNKT

Parkplatz am Herzweg, Zum Schaumbergturm, 66636 Tholey, 49.489535, 7.031279

INFORMATION

www.tholey.de/sehenswertes/schaumberg

EINKEHR

Schaumberg-Alm, Zum Schaumbergturm 2, 66636 Tholey, www.schaumberg-alm.de

Mittel | 9,4 km | 250 Hm | 2.50 Std.

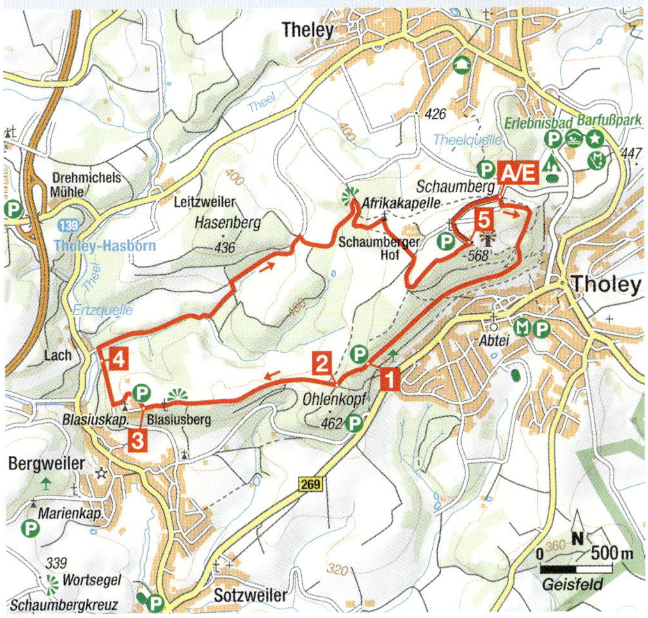

REITERGRAB UND KELTENKULT

Vom Marienbild zum stumpfen Gipfel

Hinter Homburg finden wir kurz vor der Landesgrenze herrliche Wälder mit lauschigen Plätzchen am Wasser und rätselhaften Spuren der Vergangenheit. Die Sagen berichten von reumütigen Kriegsverbrechern, versunkenen Reitern und keltischen Opferstätten.

Ehemalige Richtstätte und Burg: der Malafels

25

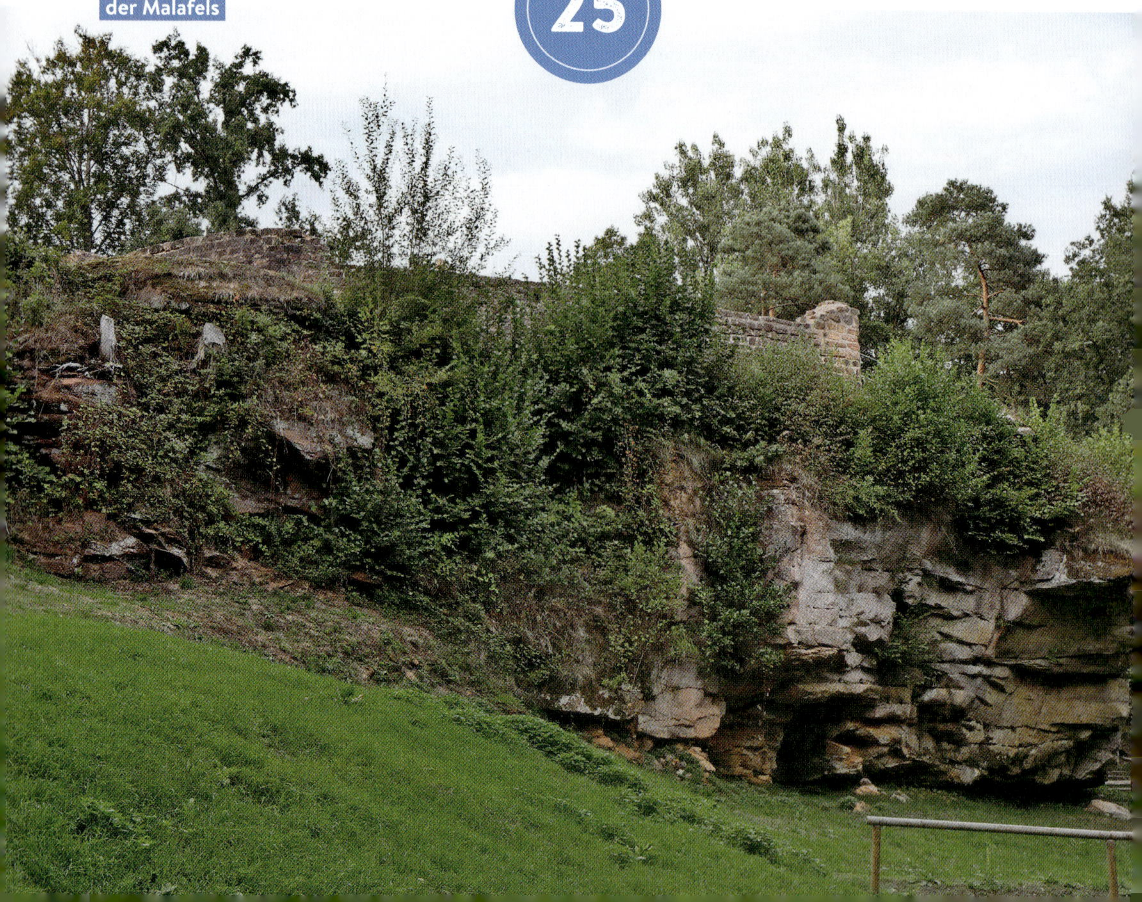

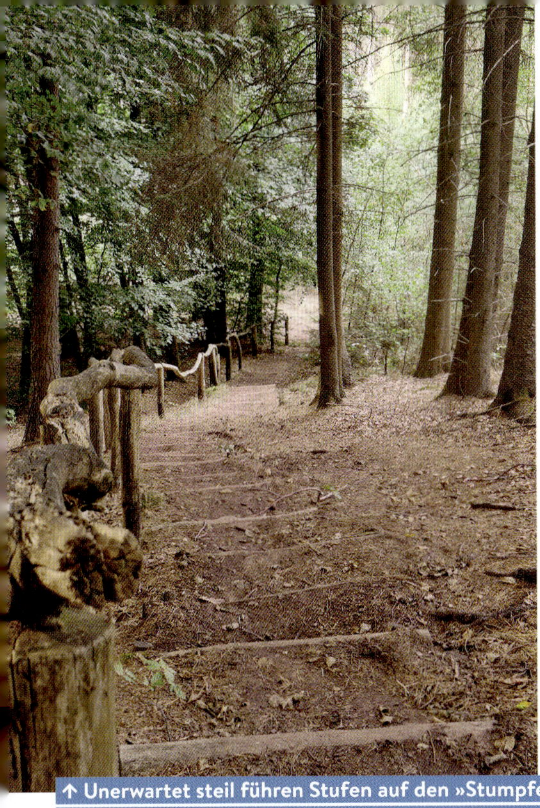

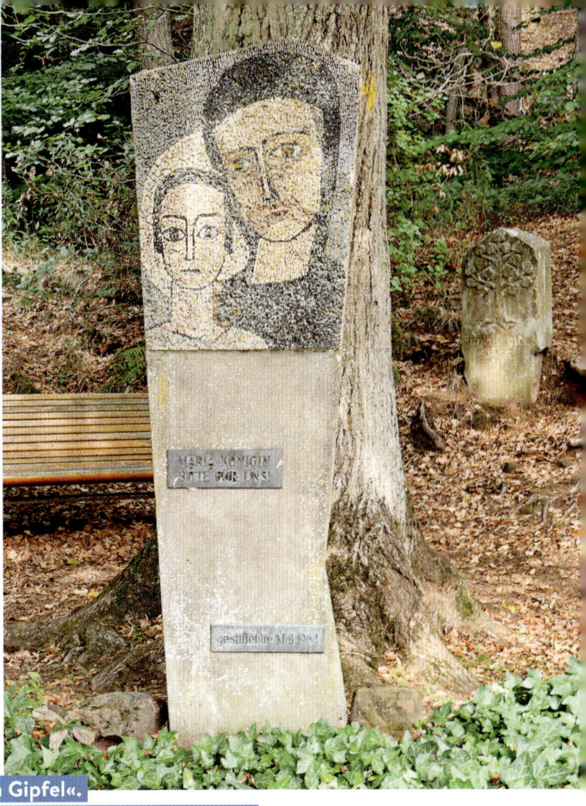

↑ Unerwartet steil führen Stufen auf den »Stumpfen Gipfel«.
↗ Das Marienbild wurde aufgrund der Initiative von Pfarrer Gebhardt errichtet.

MARIENBILD Den **A Platz am Ende der Collingstraße** nennen die alten Kirrberger im Allgemeinen nur das Marienbild. Dabei ist die Darstellung der Gottesmutter auf dem Stein gar nicht so alt: Gestiftet wurde das Mosaik erst im Mai 1964. Am Stil unverkennbar hat der langjährige Dorfpfarrer Gebhardt auf die Gestaltung Einfluss genommen. Gerade erst hatte er die Pfarrei Kirrberg übernommen, schon hatte er Gelder zur Errichtung dieses gemütlichen Plätzchens der Marienverehrung aufgetrieben. Wie er das geschafft hatte, verriet er all die Jahre nicht. Doch die Gerüchteküche will wissen, dass ein unerkannter Kriegsverbrecher Buße tun, sich aber der weltlichen Justiz nicht offenbaren wollte. So finanzierte er das lauschige Plätzchen unter dem ausladenden Baum.
Vor dem Mosaik starten wir nach rechts den Wald hinauf zum Zimmermannsberg.

ZIMMERMANNSBERG Vor noch nicht einmal 40 Jahren hatte man vom Hangweg freie Sicht auf die Wallfahrtskirche Maria Himmelfahrt im Ort. Jetzt wundern wir uns über die hohen Nadelbäume links und rechts. Als ob sie schon seit dem Anfang der Zeit hier stehen, werfen sie ihre kühlen Schatten auf uns. Rechts von uns hat der kleine Collingbach eine **1 scharfe Klamm** in den Boden geschnitten. Wie von Riesenhand umgeworfen, türmen sich umgestürzte Stämme, die Opfer des letzten Sturmes, über dem kleinen Rinnsal. Wild ist es hier geworden. Doch wer wollte die Stämme unter großen Mühen und Lebensgefahr aus der engen Schlucht bergen?

LAMBSBACHTAL Nach unserer Schleife über den Berg erreichen wir – zurück im Tal – den Lambsbach, der neben seinem Hauptbett zahlreiche Nebenarme gebildet hat und scheinbar die ganze Talsohle bewässert. Das sumpfige Gelände mit seinen mannshohen Gräsern und bunten Blumen begeistert uns immer wieder. Kurz die Landstraße L 120 überquert, wo wir uns rechts halten, um dann gleich den Weg links in den Wald zu nehmen. Hier hat der Lambsbach ein anderes Erscheinungsbild: In einem flachen, sandigen Bett unter Bäumen können wir ungehindert von Frau Flora an das kühle Nass heran und die Finger hineinstrecken. Lauschig! Kurz vor dem **2 alten Wasserhaus** begeistert uns ein Feld mit einer hoch wachsenden Pflanze. Unzählige Hummeln und Bienen summen und surren zwischen den rosa Blüten hin und her, krabbeln tief in die Blütenkelche hinein. Ein reich gedeckter Tisch für die bedrohten Insekten und die auf den ersten Blick intakte Natur. Doch das Drüsige Springkraut ist ein invasiver Aggressor aus Asien, bildet leicht Samen, wodurch es rasch große Flächen bedeckt. Die heimischen Pflanzen finden dann keinen Platz mehr. Schade eigentlich.

ABSTECHER ZUR KARLSLUST Wir wechseln die Talseite, wo wir uns links Richtung Landstraße halten. Bald tauchen rechts die Wegweiser zu Orangerie, Schwanenweiher und Bärenzwinger auf. Den Abstecher zur Weiheranlage schafft man in nur ein paar Minuten. Wer sich auch den Rest der alten Gemäuer – sie gehörten zur Karlslust, den Parkanlagen des verschwundenen Homburger Schlosses – anschauen möchte, muss deutlich mehr Zeit einplanen.

REITERBRUNNEN Heute bleiben wir auf unserer Route und erreichen kurz vor dem Wanderparkplatz den **3 Reiterbrunnen**: Der verwitterte Gedenkstein versteckt sich – oft

↓ In der Collingklamm sieht es wild aus.

↘ Etwas versteckt am Wegesrand: der Reiterbrunnen

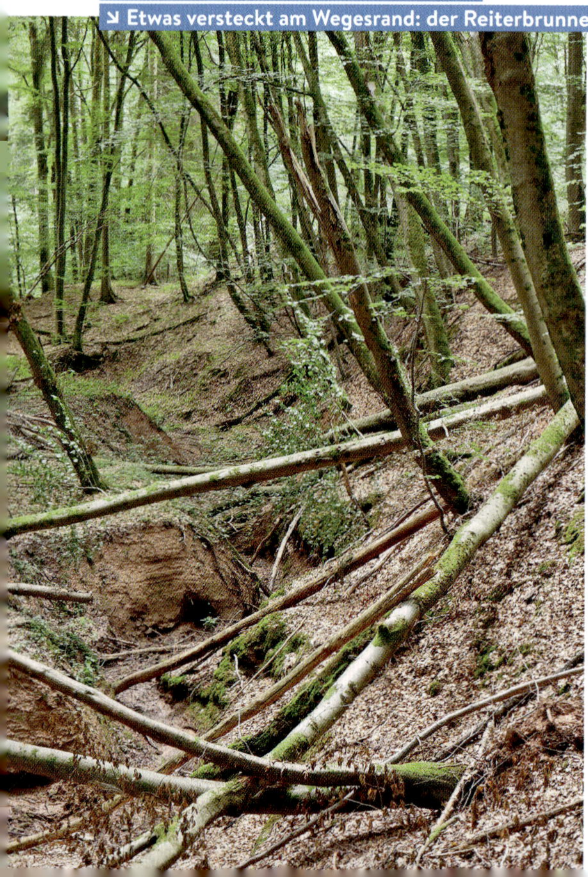

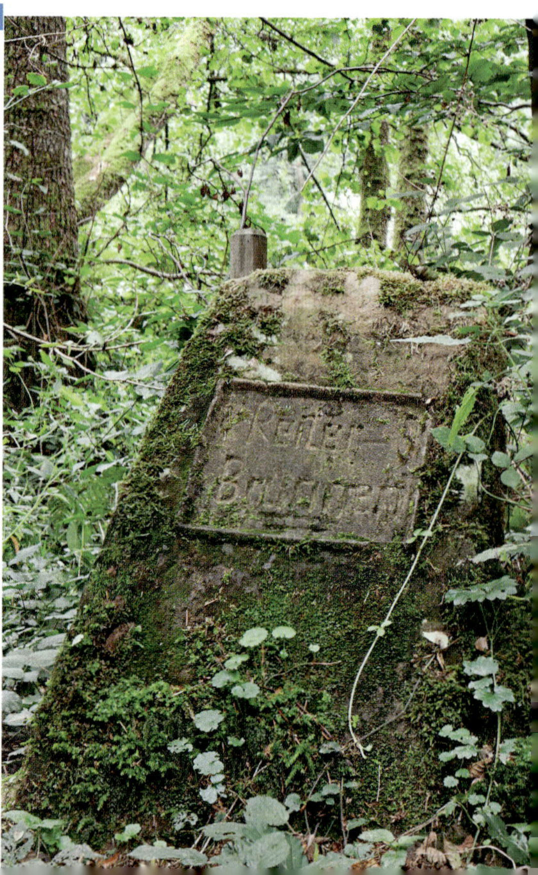

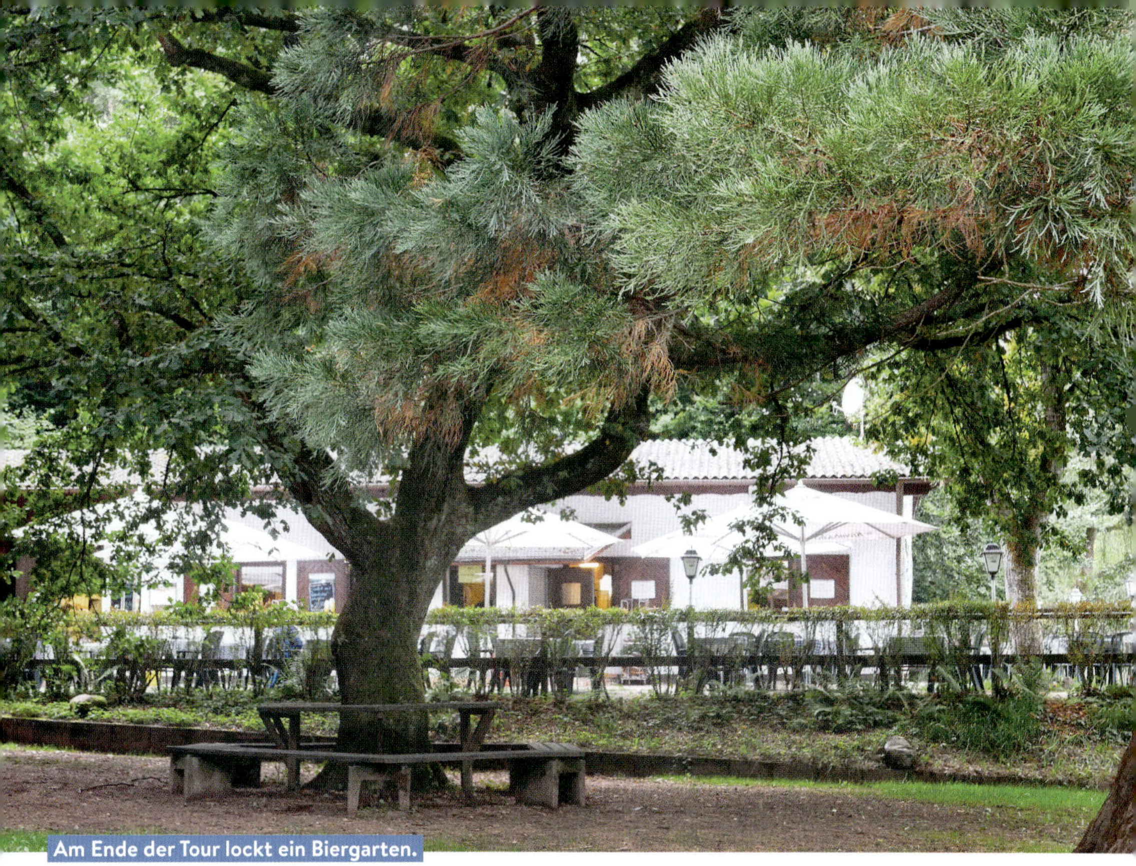

Am Ende der Tour lockt ein Biergarten.

hinter Nesseln – am linken Wegesrand. Und obwohl das Unglück vor langer Zeit im Dreißigjährigen Krieg passiert sein soll, erzählt man sich bis heute davon: Ein Melder von Graf Gallas Truppen war auf der Flucht vor den Weimarer Truppen ins Lambsbachtal getrieben worden. Beim Versuch, die Senke zu durchqueren, versank er zusammen mit seiner wichtigen Botschaft und dem treuen Pferd im grausigen Sumpf.

GRABFELDER Die neuerliche Überquerung der L 120 steht an. Dieses Mal halten wir uns rechts, um dann links in den Wald zu kommen. Nach etwa 100 Metern erreichen wir ein leicht zu übersehendes **4 keltisches Gräberfeld** mit mehreren Hügelgräbern. Dort haben unsere Vorfahren einen enormen Totenkult betrieben: Erst bauten sie eine hölzerne Grabkammer, darauf schichteten sie einige Tonnen Kalkstein und bedeckten das Grab mit mehreren Hundert Kubikmetern Erde. Den Fuß des so entstandenen runden Grabhügels schmückten sie mit einem Steinkranz und krönten die Spitze mit einem wuchtigen Totenstein. Bei so einer Arbeit wurden nur die Edelsten der Edlen auf diese aufwendige Art bestattet. Heute können wir kaum nachvollziehen, wie lange es dauerte, die ganzen Erd- und Steinmassen heranzuschaffen. Ein weiteres Mysterium verbirgt sich in den Gräbern: Neben den Gebeinen des eigentlichen Toten fand man Urnen mit Totenasche. Ein Indiz für die Totenfolge: Wenn Fürst oder Fürstin verstarben, mussten Ehepartner, Diener und Sklaven auf dem Scheiterhaufen brennen, um nach dem Tod wieder eine Gemeinschaft zu bilden.

DER STUMPFE GIPFEL Keltisch geht es weiter auf unserer Wanderung: Der Sage nach war das **5 abgeflachte Gipfelplateau**, das

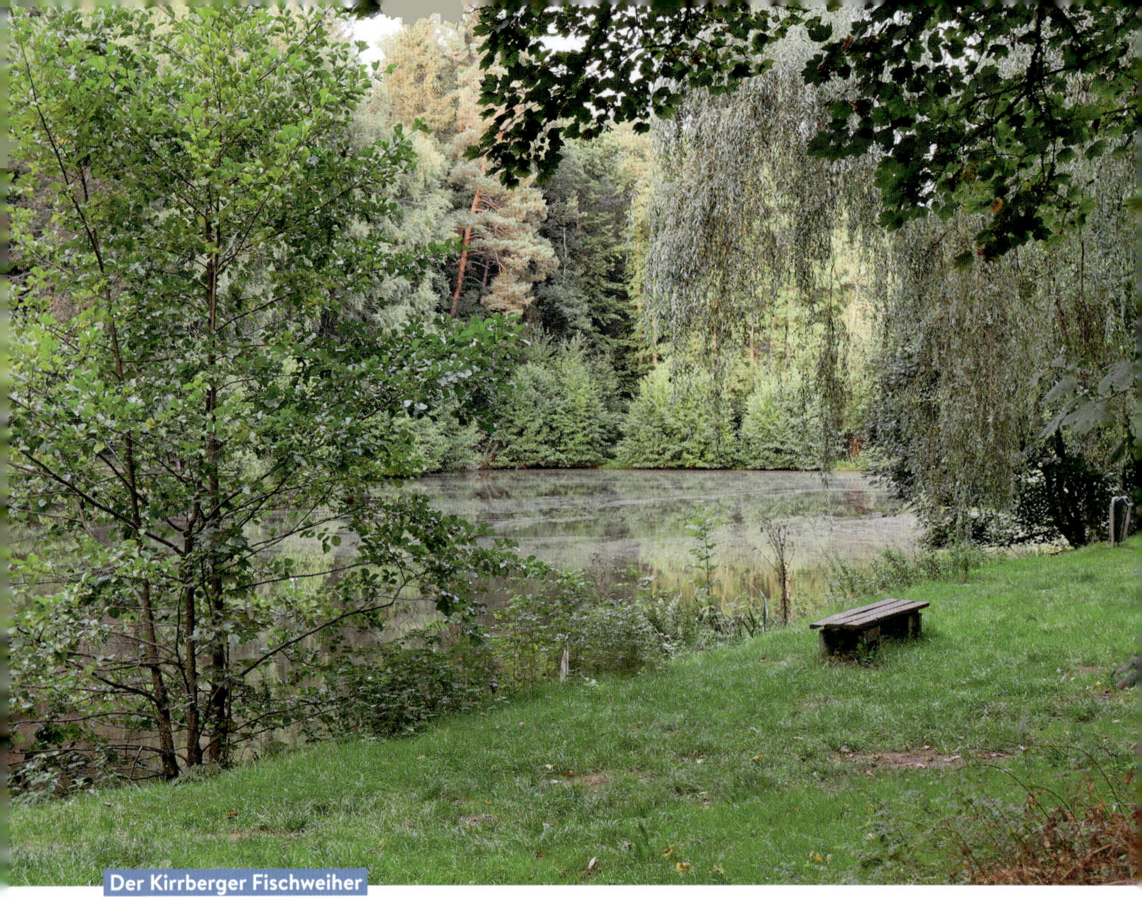

Der Kirrberger Fischweiher

dem vierten Homburger Hausberg seinen Namen gab, eine ihrer Kultstätten. Lange war man der Meinung, dass die abgeflachte Bergspitze nur durch Menschenhand entstanden sein konnte, doch haben die Geologen mittlerweile bewiesen, dass eine natürliche Entstehung schon möglich ist. Was die Natur aber nicht schafft, ist die Umfriedung des Gipfels mit einer Mauer. Sie stützt den Wahrheitsgehalt der Sagen um Druiden, Menschenopfer und Totenriten, die hier oben stattgefunden hätten. Der große Steinblock, der jetzt noch oben liegt, soll dabei als Opferstein gedient haben. Wer weiß, vielleicht sind einige dieser Menschenopfer in den Gräbern am Fuß des Berges in den Grabkammern beigesetzt worden?

TRIMM DICH In krassem Gegensatz zu den düsteren Geschichten rund um die keltischen Orte erreichen wir den Homburger Wald mit seinem beliebten Naherholungsgebiet. Die ersten Jogger tauchen am ausgewiesenen **6 Fitnessweg** auf.

Von unten aus dem Tal tönt die Ansage des Stadionsprechers herauf in den Forst. Er begrüßt gerade die Spieler im Homburger Waldstadion. Selten ist man allein in diesem Stück Natur. Und bis zum Erreichen des idyllisch gelegenen Kirrberger Fischweihers mit seiner Hütte und dem einladenden Biergarten treffen wir noch so einige Spaziergänger und Radfahrer.

MALAFELS In direkter Nachbarschaft zur Gartenwirtschaft steht die Ruine der kleinsten Burg des Saarlandes, der Merburg. Sie wurde an der Stelle einer ehemaligen Richtstätte, einer Malstatt, erbaut. Auch wenn Burg und Richtstätte schon lange Ge-

schichte sind, zeugt die Namensgebung der Steinformation, **7 Malafels**, bis heute von der schaurigen Vergangenheit. Die Grafen von Merburg verlegten ihren bescheidenen Stammsitz im Lambsbachtal schon im 12. Jahrhundert nach Homburg auf die Hohenburg und änderten ihren Namen in das viel besser klingende »von Hohenburg«. Ob das etwas damit zu tun hatte, dass Kaiser Barbarossa die Route der bis dahin durch das Lambsbachtal verlaufenden Salzstraße änderte und die als Raubritter verschrienen Merburger ihr »Begleitrecht« nicht mehr ausüben konnten und damit ihre Einnahmequellen versiegt waren?
Zum **E Endpunkt** hinter der Lambsbachbrücke sind es jetzt nur noch wenige Meter.

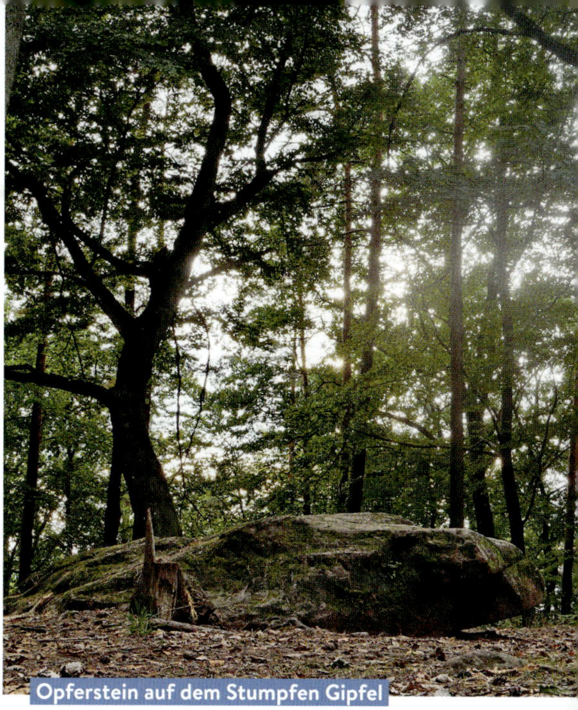

Opferstein auf dem Stumpfen Gipfel

INFO

TOURENCHARAKTER

Rundwanderung über schattige Waldwege und -pfade

AUSGANGS-/ENDPUNKT

Wanderparkplatz am Ende der Collingstraße, 66424 Homburg, 49.311357, 7.377159

INFORMATION

www.homburg.de

EINKEHR

Fischerhütte Kirrberg, Am Fischweiher, 66424 Homburg, www.fischerhuette-kirrberg.de

Mittel	10,5 km	180 Hm	3.40 Std.

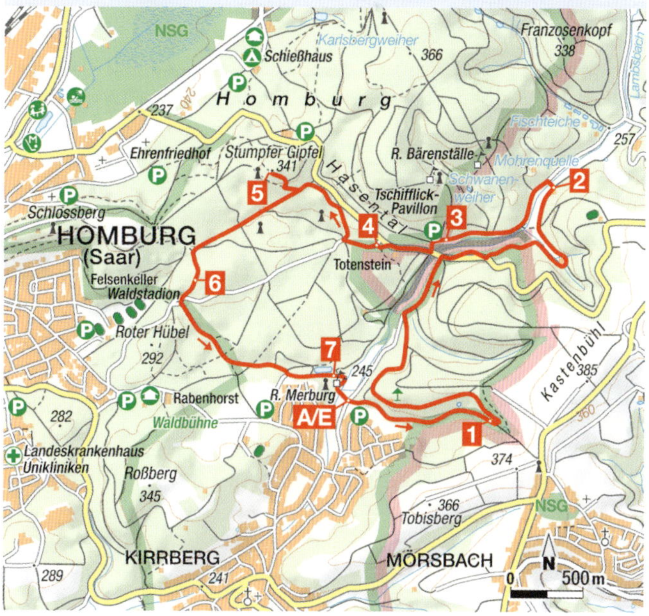

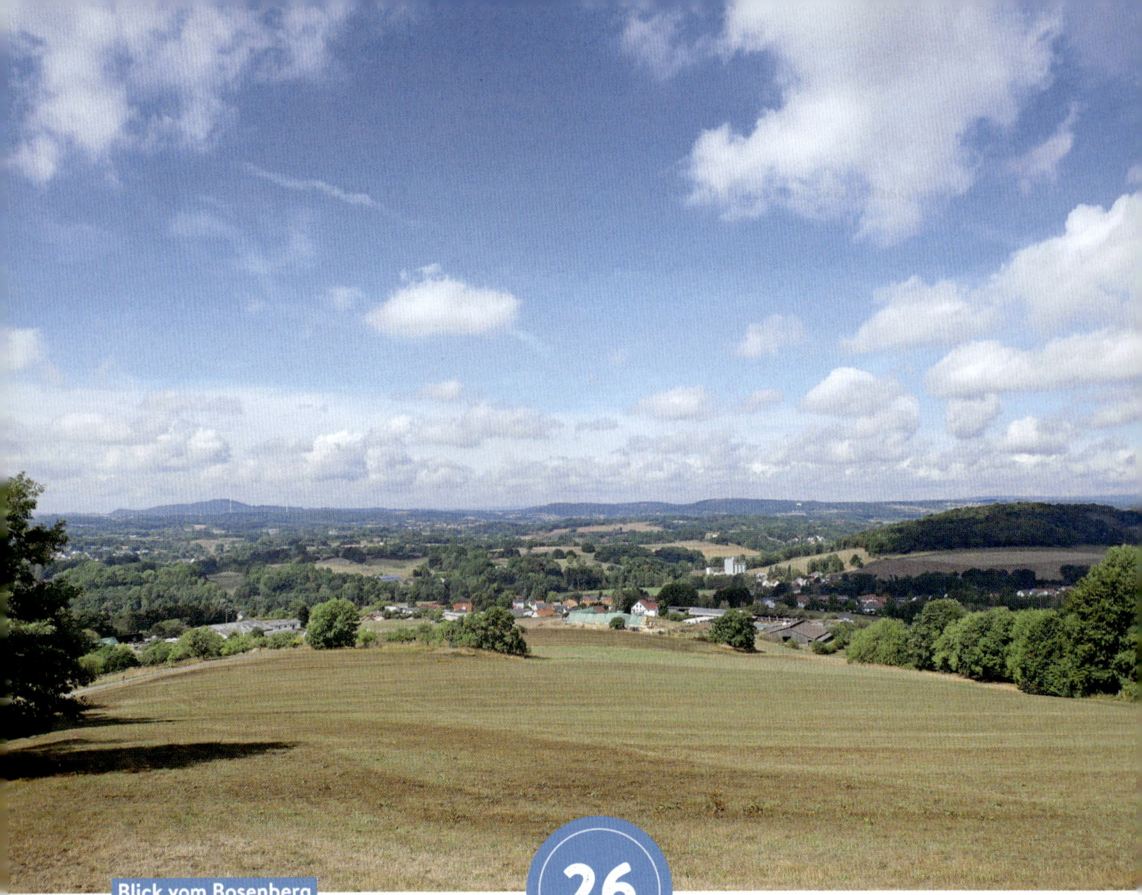

Blick vom Bosenberg auf das nördliche Saarland

26

DURCH DIE TODTBACHSCHLUCHT ZUM KOPFLOSEN REITER

Wanderung am Bosenberg

Abenteuerliche Rundwanderung durch enge Klammen und alte Steinbrüche. Unterwegs treffen wir auf steile Aufstiege mit sich windenden, verwunschenen Pfaden und steilen Treppen. Belohnt werden wir mit grandiosen Fernsichten über das nördliche Saarland.

ST. WENDELINUS Startpunkt unserer Tour ist der **A** **Wanderparkplatz** gegenüber dem Wendelinushof. Wendelinus, dessen Name im nordöstlichen Saarland allgegenwärtig ist, war ein irischer Königssohn, der hier im 6. Jahrhundert missionierend tätig war. Wie damals üblich, war er nach einer akademischen Ausbildung in seiner Heimat zu einer Studienreise nach Rom unterwegs. Auf der Rückreise durch den Trierer Raum, bat er bei einem Gutsherren um dessen Gastfreundschaft. Doch statt ihn – wie damals üblich – mit Wasser und Brot zu versorgen, schimpfte ihn der Gutsbesitzer einen Taugenichts und forderte ihn auf, seine Schweine zu hüten. Wendelinus kam der Aufforderung nach und verdingte sich als Hirte. Eine Entscheidung, die das nördliche Saarland bis heute prägt. Es begann mit kleinen Wundern: So wird Wendelinus in seiner Zeit als Schäfer nachgesagt, dass er einmal mit seiner Herde bei St. Wendel (welches zu dieser Zeit noch nicht existierte) unterwegs war. Als Wendelinus kein Wasser für die Tiere fand, stieß er mit seinem Hirtenstab in die Erde und schon sprudelte eine Quelle hervor. Viele weitere Wunder folgten über die Jahre. Der von der Demut und Frömmigkeit des Hirten beeindruckte Gutsherr zeigte sich mit der Zeit beschämt und dankbar, schenkte ihm eine Eremitenzelle in der Nähe der heutigen Stadt St. Wendel. Dort wurde er oft von den Menschen der Region besucht und um Rat gefragt. Sein Wirken zog die Leute in ihren Bann. Schließlich wählten sie Wendelinus zum Abt der benachbarten Abtei in Tholey. Dieses Amt begleitete er bis zu seinem Ableben.

MIT WEITBLICK ZUM TODTBACH Über eine Kuppe erreichen wir nach etwa 900 Metern die Bosenbergklinik, die wir auf der Rückseite passieren. Wir folgen dem Wanderweg entlang der Höhenlinie und entdecken die ersten **1** **Weitblicke**: Hinter den Häusern der Stadt erheben sich die sanften Hügel des Umlandes. Unter dem blauen Himmel werfen die weißen Schönwetterwolken ihre Schatten auf die Felder. Wir befinden uns auf dem Tiefenbachpfad, dem wir

Tipp

ST. WENDELINUS

Auch nach seinem Tod vollbrachte Wendelinus noch Wunder: Seine Glaubensbrüder bauten ihm ein prachtvolles Grabmal. Doch jeden Morgen lag sein Körper neben dem Grab. Daraufhin legte man seine Leiche auf einen Ochsenkarren und ließ die Ochsen den Weg wählen. Sie brachten ihn zu der Stelle, wo er am liebsten betete. Dort liegt er bis heute begraben: mitten in der St. Wendeler Altstadt mit ihren Cafés und Geschäften. Die Basilika St. Wendelin schmückt seine letzte Ruhe.

Abenteuerliche Pfade in den alten Hartsteinbrüchen

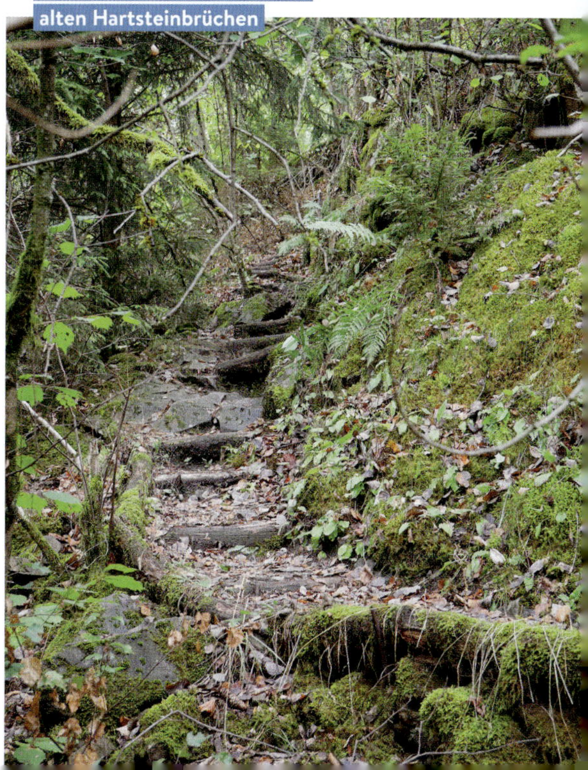

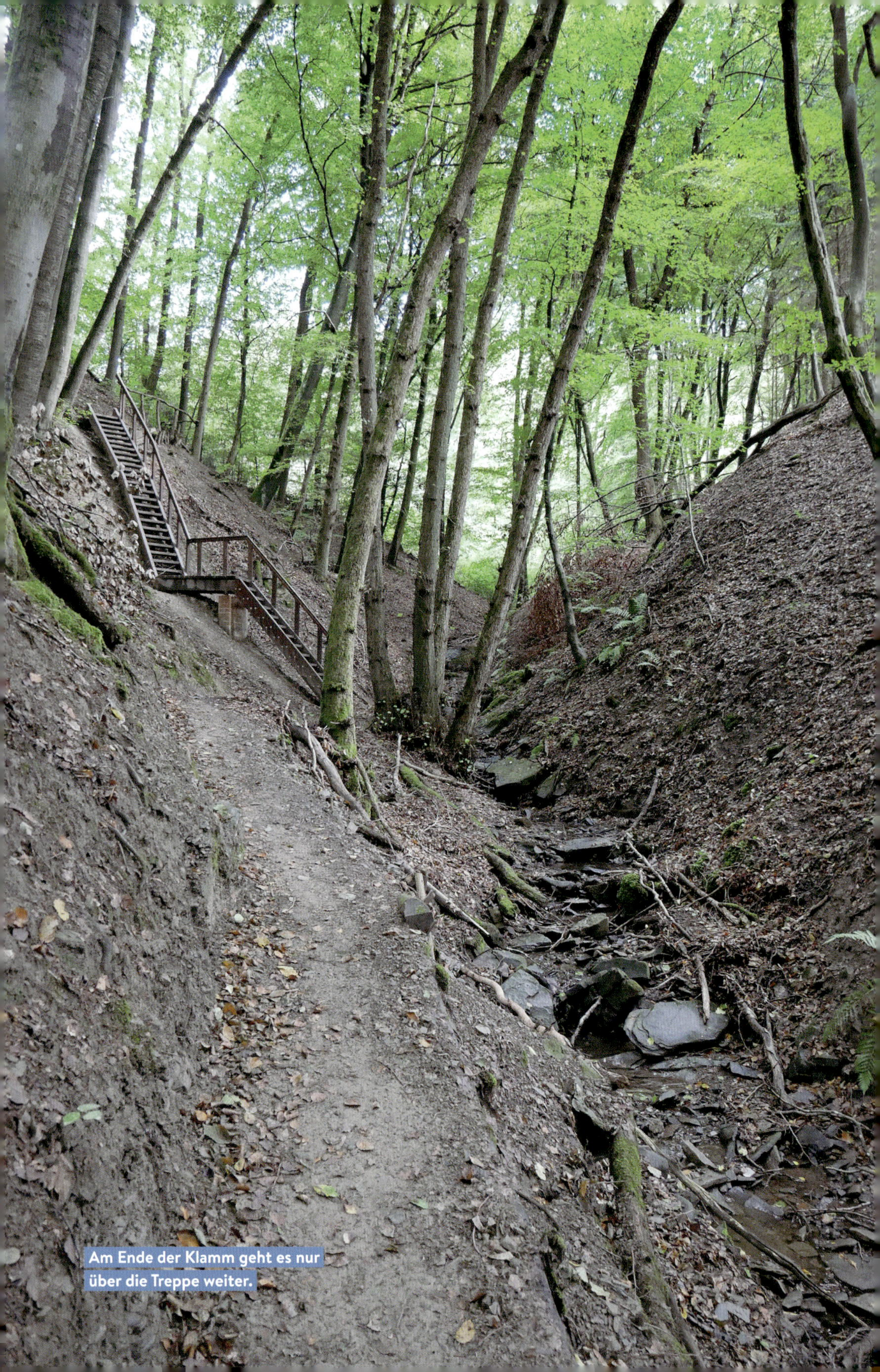

Am Ende der Klamm geht es nur über die Treppe weiter.

auf einer abgekürzten Version die meiste Zeit über folgen. Verzückt von der großartigen Aussicht hier oben am Waldrand überrascht uns schon nach knapp 20 Minuten die erste kleine Klamm: Der Reidelsfeldgraben gibt uns jedoch nur einen kleinen Vorgeschmack auf die wilden Klammen, die wir im weiteren Tourenverlauf passieren. Schon bald genießen wir wieder die Aussicht vom Waldrand. Eine Hinweistafel weist auf die Spuren der Römer hin: Hier oben unterhielten die Lateiner ein schickes Landgut mit allem Luxus der damaligen Zeit. Natürlich beheizt: Das Hypokaustum wurde Anfang des 19. Jahrhunderts ausgegraben. Nachdem es verlassen war, fanden die Steine und Ziegel beim Hausbau der Urweiler Bürger Verwendung. Weiter geht es zur Todtbachschlucht, die in Wahrheit die **2 Rumbachschlucht** ist. Zwar verdient die dunkle Schlucht mit den steilen Wänden einen abenteuerlichen Namen, der mit Grusel und Furcht zu tun hat, jedoch sind wir hier wohl bei der Planung der Tour einer falschen Markierung des Online-Wanderführers aufgesessen. Immerhin mündet der Rumbach über den Steinigtenbach in den Todtbach. Dieser soll seinen Namen übrigens von den Abwässern der Gerber erhalten haben, welche das Wasser zum Kippen brachten und so ein Fischsterben verursachten.

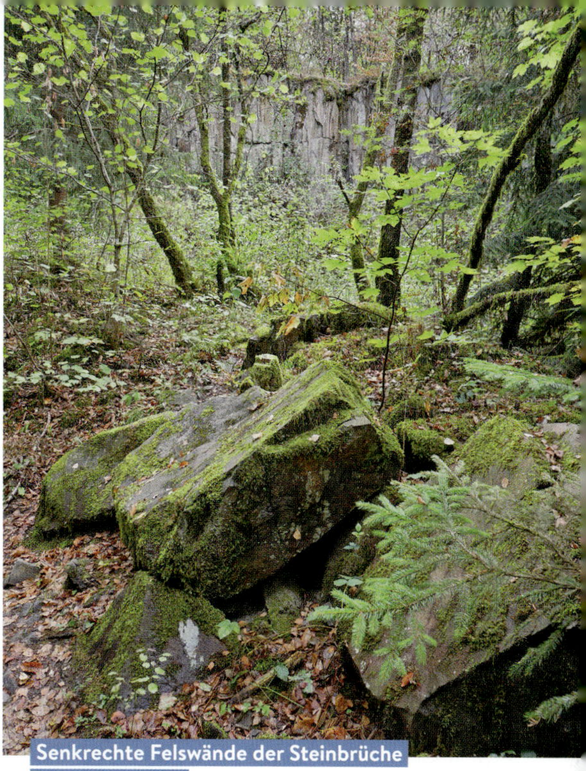
Senkrechte Felswände der Steinbrüche im Hintergrund

URWEILER STEINBRUCH Eine Holztreppe hilft uns, die steilen Wände der Klamm zu erklimmen, wo wir nach wenigen Metern auf die Rumbachquelle stoßen. An einem schattigen Plätzchen sickert das kühle Nass zwischen moosbewachsenen Steinen an die Oberfläche. Daneben wartet eine gemütliche Bank auf den Wanderer. Ein wahrhaft einladender Ort. Leider treibt uns eine Horde Stechmücken weiter. Auch sie haben ein Recht hier zu sein. Bergaufwärts nähern wir uns einer Wiese mit Jagdhaus auf der einen und Arbeitshaus auf der anderen Seite. Vermutlich gehörte letzteres zu den **3 Hartsteinbrüchen** hier am Bosenberg, die bis ins Jahr 1975 betrieben wurden. Ein enger Pfad führt von dort in die verwunschene Welt der frühen Industrie den Hang hinauf – entlang an schroffen Felsklippen, die von den Steinhauern mittels Schwarzpulver, Spatel und Hammer geformt wurden. Manche behaupten, dass die Urweiler Steine die Champs-Élysées in Frankreichs Hauptstadt Paris pflasterten. Auf den engen Kurven geraten wir bergaufwärts ganz schön ins Schwitzen. Ein Zeichen, dass wir zu schnell unterwegs sind und uns nicht genug Zeit nehmen, die urwüchsige Natur, die sich hier wieder ausgebreitet hat, ausgiebig zu würdigen. Am Aussichtspunkt oberhalb der Steinbrüche holen wir das nach. Auf der Bank genießen wir die Stullen aus dem Rucksack und erfrischen uns bei mitgebrachtem klarem Wasser.

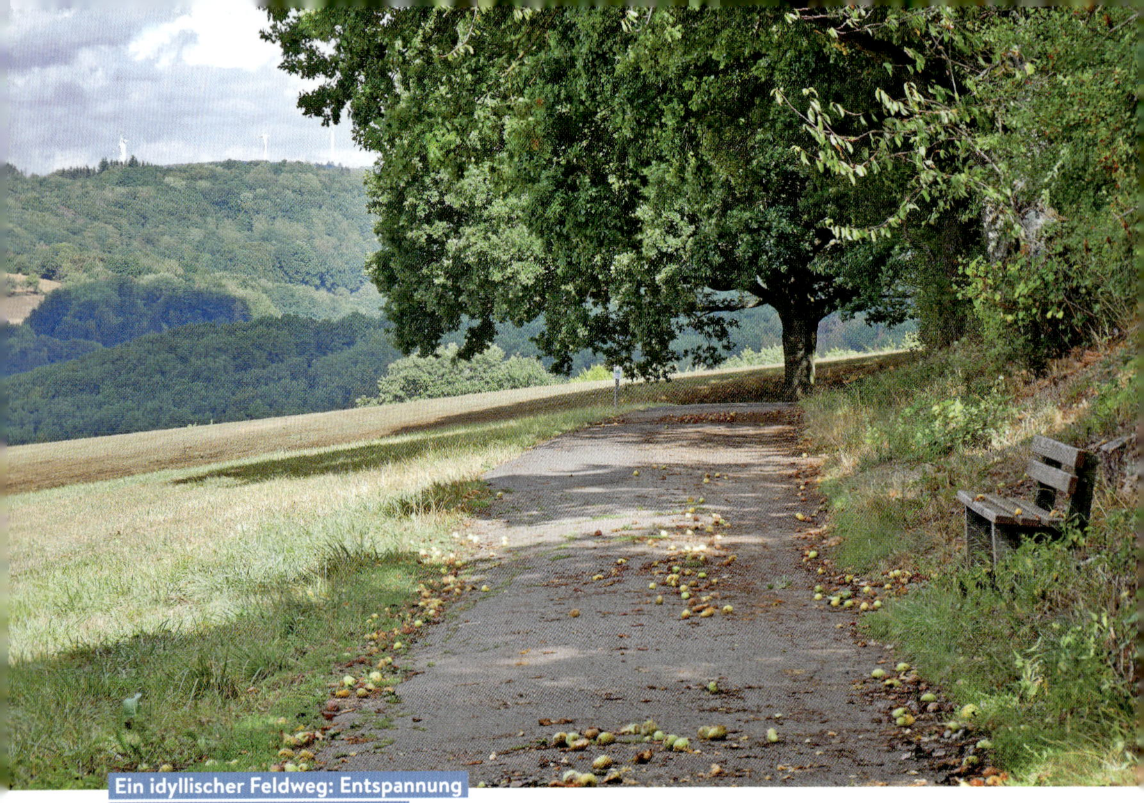

Ein idyllischer Feldweg: Entspannung zwischen Pfaden und Klammen

DAS FÜRSTENGRAB Wir tauchen aus den Steinbrüchen auf und erreichen die freie Flur. Ein breiter Weg führt Richtung Norden. Sonnenbeschienen wandern wir über den **4 Bergrücken des Bosenbergs**. Irgendwo hier oben soll sich bei einer dicken Eiche ein kuppelartiger, von der Natur überwucherter Hügel befinden. Dort sei, so die Sage, ein edler Fürst begraben. Als Grabbeigaben seien goldener Kriegsschmuck, wertvolle Schätze, Weinkrüge, der Wagen mitsamt Pferden und Waffen unter der Erde verschwunden. Die Klagelieder der nächtlichen Beisetzung habe man im ganzen Umland hören können. Seither steigt nachts der Geist des Fürsten aus seinem Grab und wandert umher. Ohne Möglichkeit, ihn an diesem warmen Spätsommertag zu treffen, verlassen wir den Tiefenbachpfad, biegen rechts ab. Die Abkürzung führt über einen breiten Weg den Berg hinunter.

ÜBER DEN TIEFENBACH ZUM BERGMANNSBRUNNEN An einem abgeholzten Hang zweigt ein kleiner Pfad rechts ab, schlängelt sich zwischen den Baumstümpfen hinunter zum Tiefenbach und folgt mit etwas Abstand dessen Lauf. Wir befinden uns wieder auf dem Wanderpfad. Baumwurzeln verhindert das unbeschwerte Wandern. Bei jedem Tritt müssen wir darauf achten, wo wir die Füße hinsetzen, und manchmal sogar ein wenig klettern. Ganz lustig, wenn man das Ganze als Abenteuerparcours betrachtet. So gelangen wir zum **5 Bergmannsbrunnen**. Außer dem Namen des Quells erinnert nichts mehr an die Zeit im 19. Jahrhundert, als hier am Tiefenbach Kohle gefördert wurde. Dennoch existierten einst vier Gruben. Sie schlossen 1860, als man im Süden an der Saar weitaus ergiebigere Kohleflöze erschlossen hatte.

DER KOPFLOSE REITER Entgegen der weiteren Routenführung des Tiefenbachpfades verlassen wir vor der L 307 den Wanderweg und laufen bergauf Richtung Ausgangspunkt. Unterwegs treffen wir auf die Hinweistafel zum **6 Kopflosen Reiter**: Zwei Männer seien am Dreikönigstag 1717 auf dem Heimweg von St. Wendel nach Bubach im Ostertal gewesen. Unterwegs verloren sie sich aus den Augen. Nur einer der beiden kam zu Hause an. Nach mehrtägiger Suche fand man den Kopf des Vermissten auf dem Misthaufen des Niederkircher Zensoren Adam Cullmann. Alles Fleisch fehlte an dem Schädel, nur das Haar war noch vorhanden. Den Körper ohne Kopf fand man oberhalb des Tiefenbachtals. Das musste ihm der Teufel angetan haben. Schließlich sei der Tote ein Flucher und Säufer gewesen. Kurz darauf erreichen wir den **E Wanderparkplatz**.

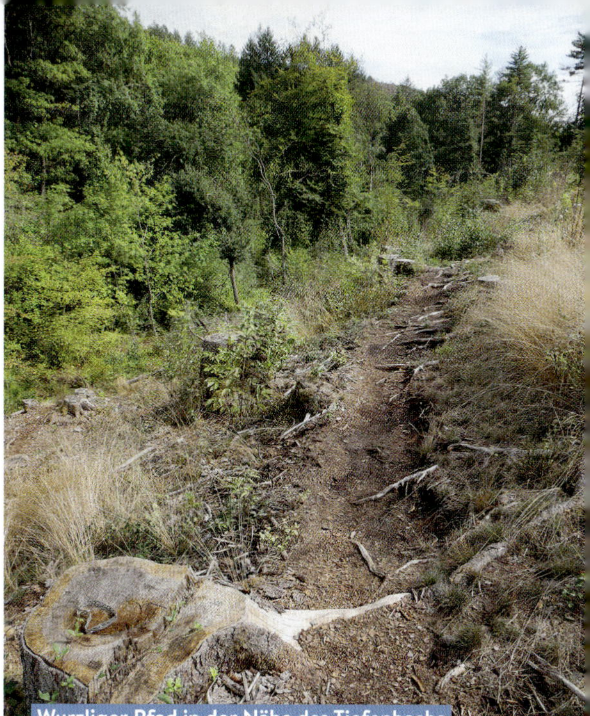

Wurzliger Pfad in der Nähe des Tiefenbachs

INFO

TOURENCHARAKTER

Abwechslungsreiche Rundwanderung, meist über schattige Waldwege und -pfade. Im Bereich von Tiefenbach und Rumbachklamm auf Trittsicherheit achten

AUSGANGS-/ENDPUNKT

Parkplatz Tiefenbachpfad, 66606 St. Wendel, gegenüber der Einfahrt des Wendelinushofes, 49.470103, 7.205257

INFORMATION

tourismus.sankt-wendel.de

EINKEHR

Restaurant »Hofküche« im Wendelinushof, Wendelinushof, 66605 St. Wendel, www.wendelinushof.de

Schwer	7,3 km	190 Hm	3.15 Std.

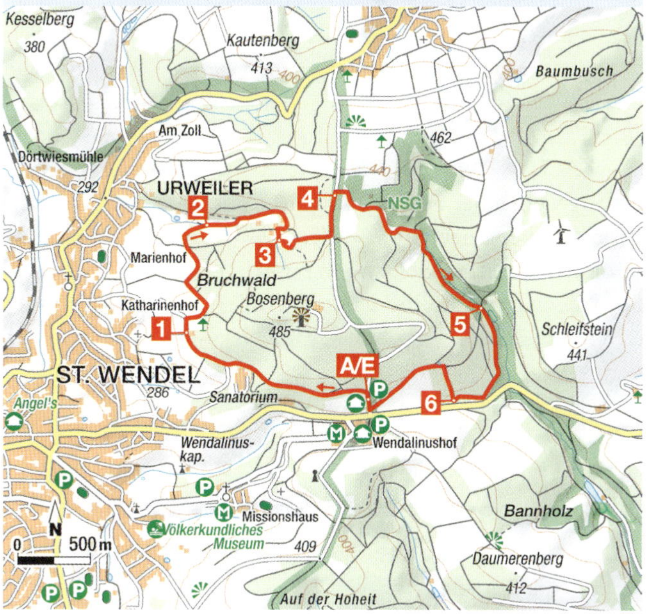

MIT DEM RUCKERT ZUM TEUFELSGRABEN

Runde im Schönbach- und Ostertal

Diese Wanderung bezaubert vor allem im Frühjahr, wenn die Obstbäume blühen und die Auenwälder an Schönbach und Oster im ersten, zarten Grün erblühen. Sie bilden die perfekte Kulisse für die fröhlich dahingluckernden Bäche. Im Licht der Frühlingssonne laufen wir dabei keine Gefahr, dem Rohngeist zu begegnen.

27

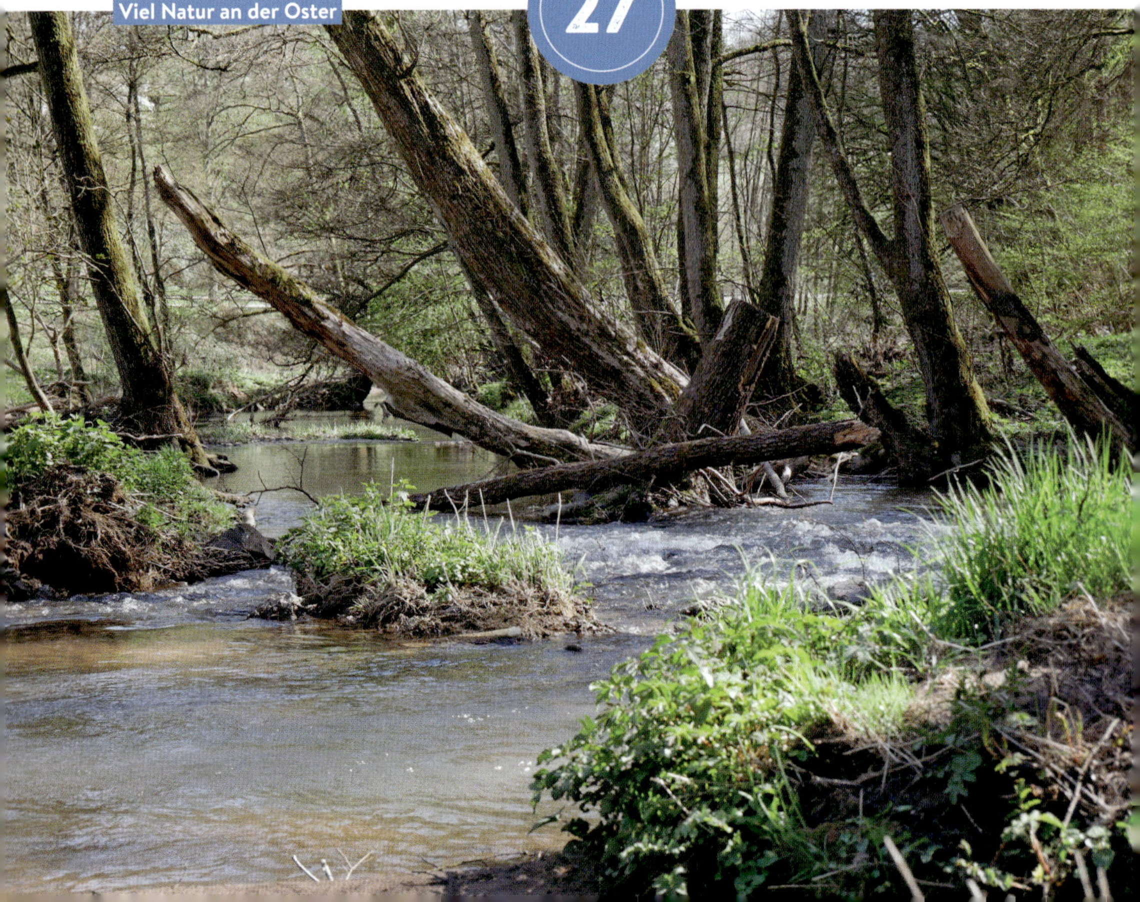

Viel Natur an der Oster

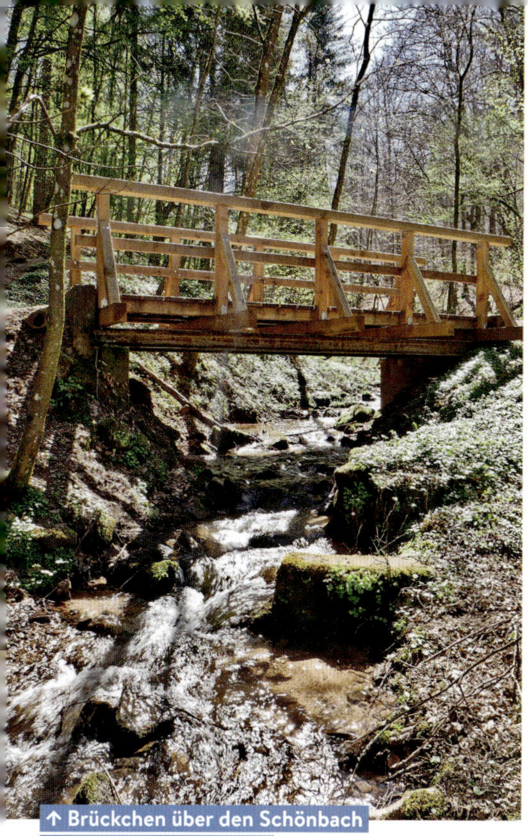

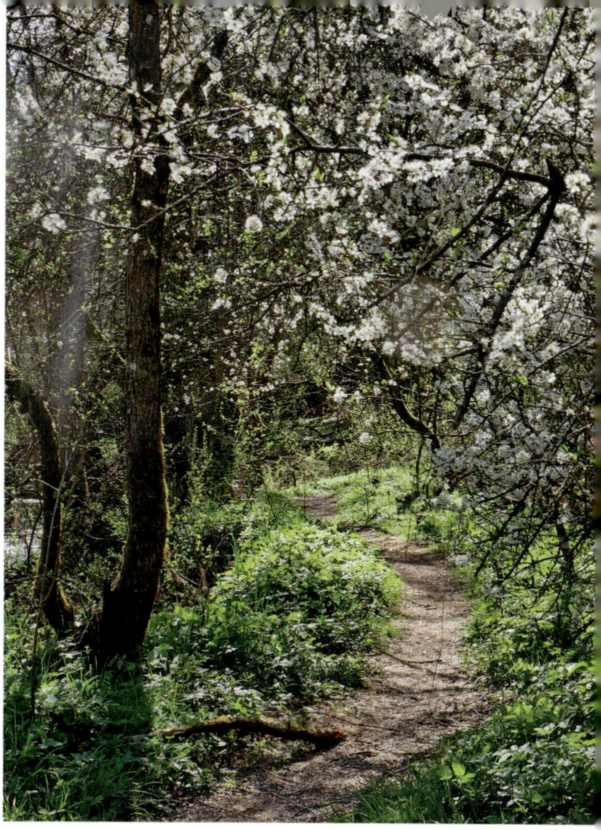

↑ Brückchen über den Schönbach
↗ Blütenpracht im April

ROHNGEIST UND RUCKERT Von der A **Hanauer Mühle** starten wir entlang der Oster Richtung Süden. Rechts in unserem Blickfeld haben wir einen früher wenig genutzten Höhenzug: die Rohn. Auf ihr und in ihren Seitentälern – also auch auf unserem Wanderweg – soll sich früher ein verwunschener Geist herumgetrieben haben, der in Gestalt eines hellen, starken Lichtes Wanderer in Bedrängnis brachte. Wie das genau vonstattenging, ist nicht überliefert. Seltsamerweise wird aber im selben Gebiet von einem Grenzsteinverrücker berichtet, dem Ruckert, der ebenfalls als helles Licht des Nachts Grenzsteine versetzte. Einmal soll ein junger Mann den Ruckert gereizt haben, indem er ihn beherzt zur Kirmes in Münchwies einlud. Da soll das helle Licht in rasendem Tempo herangesaust sein und den Mann verfolgt haben. Der konnte sich mit letzter Kraft gerade noch nach Hause retten und dem Verfolger die Haustür vor der Nase zuschlagen. Wenn man bedenkt, dass früher fremde Burschen oft Prügel von der örtlichen Dorfjugend bezogen haben, wenn sie in den Gaststuben auftauchten, war die Offerte wohl nicht gerade nett gemeint und die Reaktion vom Ruckert verständlich.

SCHÖNBACH Hinter der Schönbachmündung geht es auf zweierlei Arten links: entweder unten direkt am Wasser über einen schmalen Pfad oder in gebührender Entfernung auf dem oberen Weg. Letztere Variante ist naturgemäß einfacher und erfordert weniger Trittsicherheit. Wir halten uns am 1 **Wasser**, wo wir ein ums andere Mal umgestürzte Baumstämme überwinden müssen, aber auch mal unsere Hände ins erfrischende, kühle Nass halten können. Zum Hosenbeinehochkrempeln ist es uns noch zu früh im Jahr.

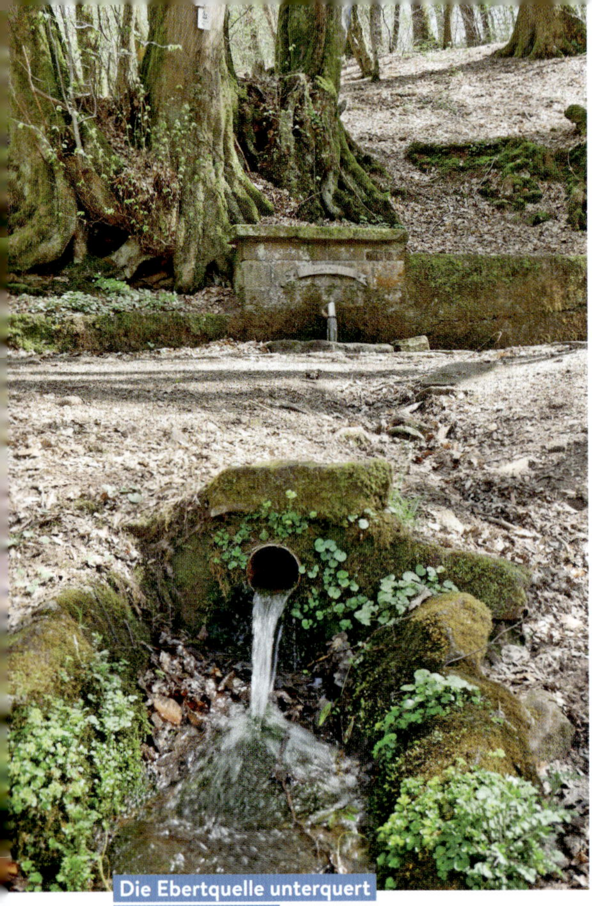

Die Ebertquelle unterquert den Wanderweg.

TEUFELSGRABEN Kurz vor der **2 Ebertquelle**, wo uns die Schutzhütte mit ihren Sitzgelegenheiten zu einer ersten Pause einlädt, treffen wir auf den Saubach. Er fließt von Münchwies kommend den Teufelsgraben herunter. Der Name ist nicht zufällig gewählt. Der Beelzebub hat hier tatsächlich gewohnt. Standesgemäß verschreckte er die Bewohner und peinigte Mensch und Tier. Doch die Münchwieser, auch nicht faul oder feige, taten sich zusammen und besuchten den Schrecklichen zu Hause. Dort hauten sie mit Stöcken auf den Boden, bis die Erde blank wie ein Tennenboden war. Kein Pflänzchen stand mehr. Den Teufel sollen sie so vertrieben haben – nur der Name blieb. Vorsichtshalber lassen wir den Saubach rechts liegen und folgen weiter dem Schönbach.

KERBTAL Der Schönbach trägt auf seinem kurzen Lauf tatsächlich drei verschiedene Namen. An seiner Quelle, wo er klein und schmal sein müsste, gibt er dem Ort Breitenbach seinen Namen. Lautenbach heißt er im Nachbardorf, das dann auch so heißt. Ein erstes Indiz, dass der Lautenbach etwas Besonderes ist. Denn Lauter kommt vom althochdeutschen *luttar* und bedeutet »klar« oder »hell«. Weiter unten hinter der Ebertquelle konnten wir die Klarheit des Wassers und der Umgebung des Bachlaufes voll und ganz bejahen, doch hier oben hat sich der Lautenbach ein wildes Tal mit teilweise sehr steilen Abhängen in den Boden gegraben. Wir folgen der **3 Klamm** in gebührendem Abstand.

EICHELTHALER MÜHLE Kurz vor der Eichelthaler Mühle überqueren wir die Landstraße, folgen der Beschilderung des Spitzbubenweges Münchwies. Von hier oben haben wir eine reizende **4 Sicht auf die Eichelthaler Mühle**. Früher kamen die Bauern aus der ganzen Umgebung, um ihr Getreide mahlen zu lassen. Die Mühle lieferte das erzeugte Mehl an die Dorfbäckereien, wo die Bauern nur den Backlohn zahlen mussten. Aber natürlich nur für ihr eigenes Getreide. Wir biegen links zum Künzelsberg und weiter auf die »Platt« ab. Doch von einem platten Berggipfel ohne Bäume ist nichts zu sehen. Links und rechts steht herrlicher Wald. Nur der Boden läuft sich seltsam. Die dicken Steine zu unseren Füßen sind vom Pflaster einer 450 Jahre alten Straße. Über sie brachte der Müller Hofmann die für seine Lohmühle benötigten Eichenstämme von Zweibrücken herbei.

ÖLMÜHLE Je näher wir Fürth kommen, desto mehr lichtet sich der Wald und der Blick auf das blühende Ostertal wird frei. Wunderbar, wenn alles links und rechts blüht und zwischendrin der Kirchturm herausragt. Wir folgen dem Mühlenpfad hinunter an den Ortsrand, wo wir hinter Wern's Landhaus die Oster überqueren. Jedoch nicht, ohne vorher einen Blick auf das historische Gebäude geworfen zu haben.

OSTERTAL Die **5** **Oster** präsentiert sich uns als wild-idyllischer Bach mit sanften Schwingungen, mal eng und wild mit Stromschnellen, mal flach und ruhig mit unendlich vielen Sonnensternen auf der Wasseroberfläche. Verzaubert folgen wir jeder Biegung, neugierig auf das nächste Fotomotiv. Unser Fortkommen wird dadurch arg verlangsamt, doch wen stört das? Hauptsache wir haben Spaß. Und dann, gänzlich unerwartet, treffen wir noch auf den **6** **Wasserfall im Steinbachtal**. Das wilde Highlight zum Ende der Tour – kurz bevor wir wieder die **E** **Hanauer Mühle** erreichen.

Tipp

MÜHLENMUSEUM

Die Ölmühle aus dem Jahr 1841 war für die Saarländer lebenswichtig: Als größter Ölerzeuger im Land versorgte sie nach dem zweiten Weltkrieg mehr als die Hälfte der Bevölkerung. Als nach der Rückgliederung des Saarlandes bundesdeutsche, industriell erzeugte Speiseöle auf den heimischen Markt kamen, musste Wern's Mühle schließen. Heute beherbergt das Gebäude ein Museum und Gastronomie.

INFO

TOURENCHARAKTER
Rundwanderung über unebene Pfade und schattige Waldwege

AUSGANGS-/ENDPUNKT
Parkplatz an der Hanauer Mühle, 66564 Ottweiler-Fürth, 49.396712, 7.216399

INFORMATION
www.naturpark.org/natur-und-kultur/natur/gewaesser-talsperren/ostertal

EINKEHR
Wern's Mühle, Brückenstr. 37, 66564 Ottweiler-Fürth, unsere.werns-muehle.de

Schwer	8,5 km	140 Hm	3.00 Std.

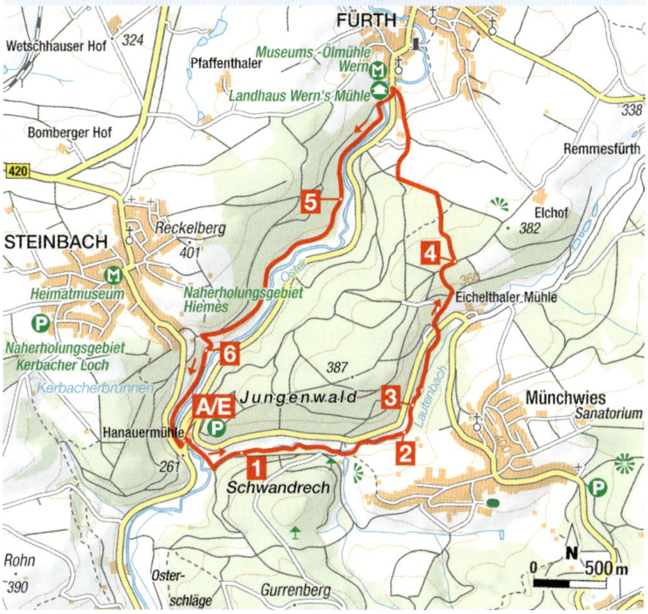

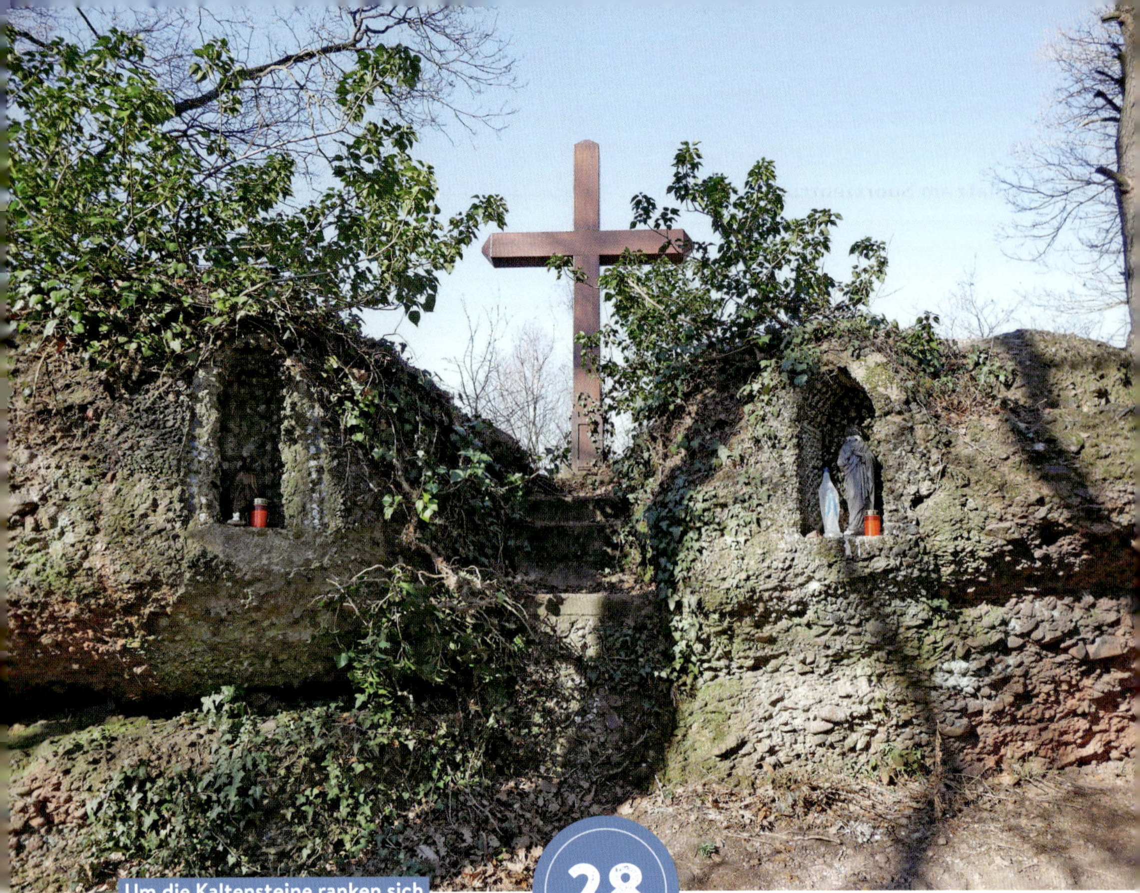

Um die Kaltensteine ranken sich mancherlei Sagen.

28

WOTANS PFERD BEI KALTENSTEINS ZWERGEN

Hoxberg-Runde von Lebach (Kaltensteinpfad)

Der Hoxberg verblüfft mit traumhaften Aussichten und märchenhaften, moosbewachsenen Wäldern. Und dort – im Märchen – gibt es bekanntlich ohne Fleiß kein' Preis. Nur wer die steilen Auf- und Abstiege meistert, kann an den Kaltensteinen nach dem sagenhaften Schatz suchen und nach Göttervater Wotans achtbeinigem Pferd Ausschau halten.

BLOSS NICHT FALSCH HERUM Vom **A Parkplatz am Sportzentrum** in Lebach aus erreichen wir schnell den Wald am Ortsrand. Schon nach 200 Metern treffen wir auf einen quer zu unserem Pfad verlaufenden breiten Weg. Da es sich um einen Rundweg handelt, könnten wir theoretisch sowohl in die eine als auch in die andere Richtung wandern. Wir entschließen uns, an diesem wunderbar warmen Sonntagnachmittag der empfohlenen Wanderrichtung des Kaltensteinpfades gegen den Uhrzeigersinn zu folgen. Zum Glück, denn wir sind nicht die einzigen, die hier heute unterwegs sind. Schließlich befinden wir uns auf einer Traumschleife mit sagenhaftem Charakter.

DIE HISTORISCHE PFERDETRÄNKE Halbhoch am Hang wandern wir der Höhenlinie entlang Richtung Westen, wo wir nach nicht einmal zwei Kilometern die **1 Pferdetränke** erreichen. Obwohl das Gemäuer historisch anmutet, ist es nicht einmal 100 Jahre alt. Es wurde in den 1940er-Jahren errichtet, um die Pferde zu versorgen, die beim Bau der Lebacher Kaserne halfen.

MÄRCHENWALD Nach einem befestigten Anstieg erreichen wir den märchenhaften Wald um das Knorscheider Floß. Dichtes grünes Moos zieht den Baumstämmen und Felsen ein samtweiches Kleid an. Hoch wachsende Farne begleiten unseren Weg, der sich bald zum Schutz des Feuchtgebietes in einen Knüppeldamm verwandelt. Staunend und mit leuchtenden Augen folgen wir dem **2 Steg**. Erschiene hinter dem nächsten Baum ein Wolf, der sich nach unserem Weg erkundigt, würde uns das kein bisschen verwundern.

WOTANS PFERD Steil geht es jetzt den Hoxberg hinauf. Oben in Gipfelnähe soll es einen **3 alten Stollen** geben, wo sich jetzt die

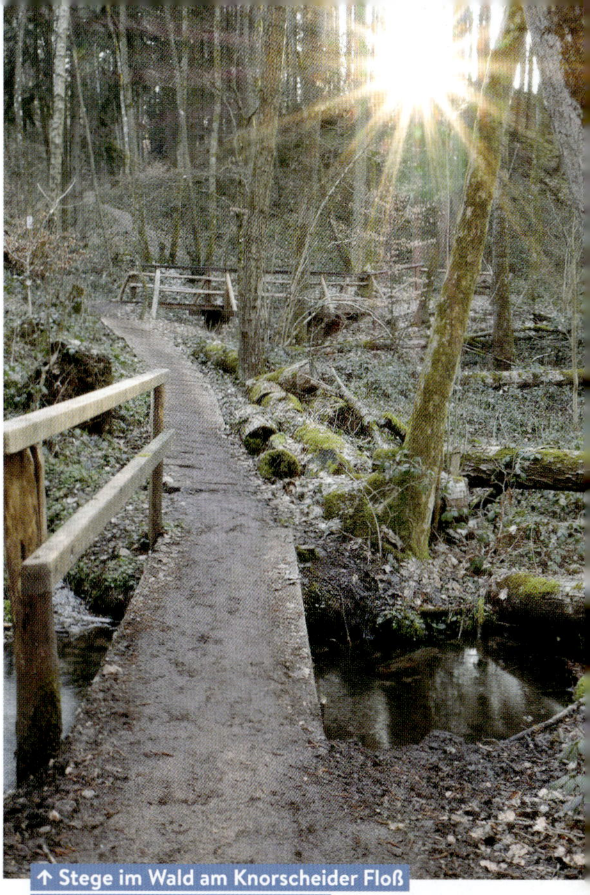

↑ Stege im Wald am Knorscheider Floß
↓ Auf dem Hoxberg existieren noch alte Bunkereingänge.

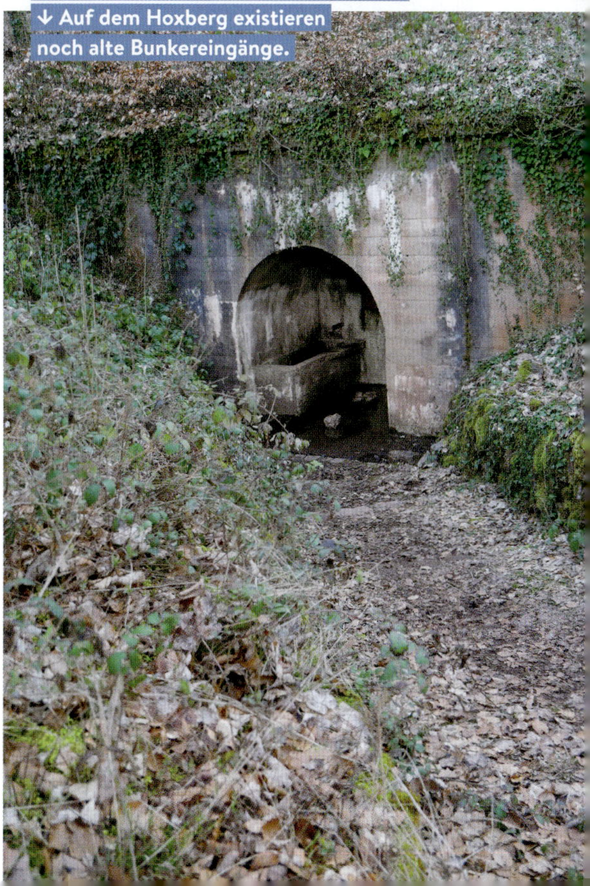

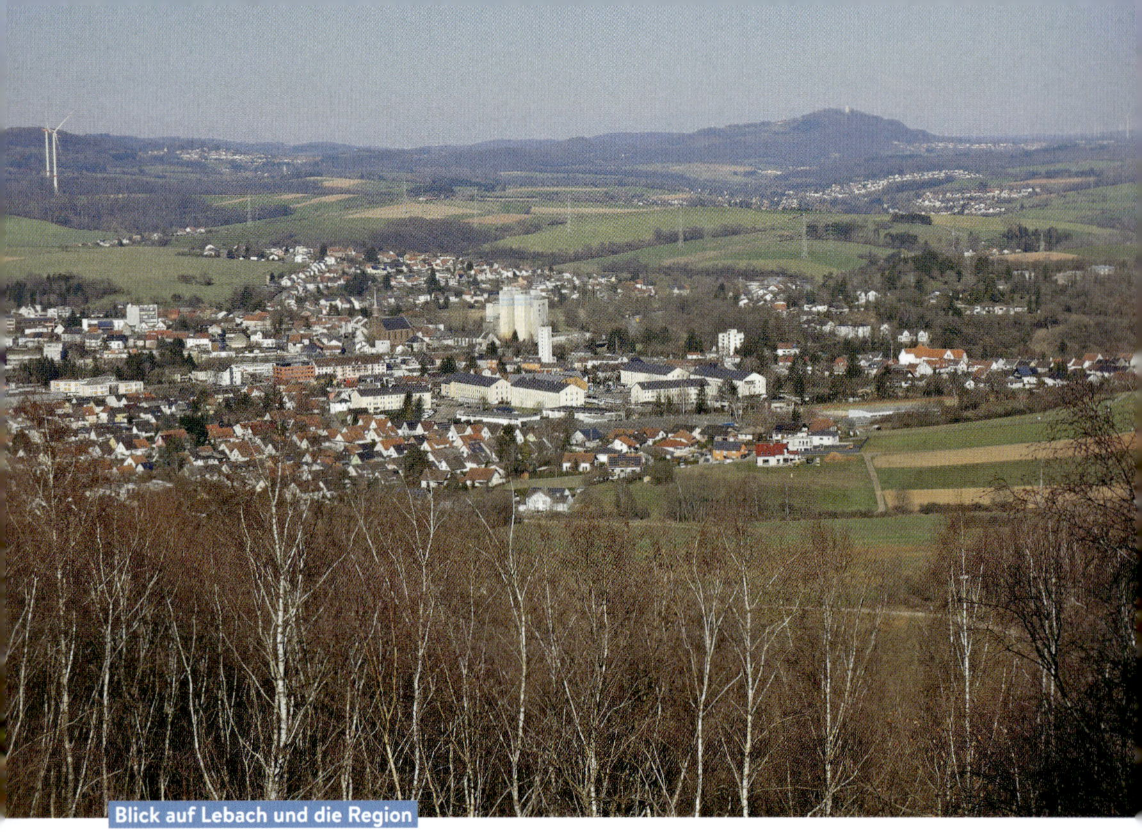

Blick auf Lebach und die Region

Fledermäuse eingenistet haben. Doch es gibt nicht mehr zu sehen, als ein vergittertes Loch im Berg. Die Luftakrobaten schlafen tief in der dunklen Höhle. Die ersten Häuser werden sichtbar: Zollstock. Hier gab es ein altes Reservistenlager des Reichsarbeitsdienstes. Jetzt nutzen die örtlichen Vereine das Gelände als Festplatz. Die Volksfeste wären eine gute Gelegenheit, das graue Pferd zu sichten, das sich zwischen dem Hoxberg und Zollstock herumtreiben soll. Keinen Geringeren als Wotan, den germanischen Sturm- und Windgott soll es durch die Lüfte getragen haben. Ein Kunststück, das ihm seine acht Beine ermöglichten. Gewiss brauchte so ein herrliches Tier auch eine Menge Futter, weshalb die Bauern früher immer einen Teil der Ernte auf dem Feld stehen ließen. Nachdem die letzte Fuhre auf dem Hof war, gingen sie nochmals auf den Stoppelacker und riefen: »Wotan, Wotan, komm und hol deinem Pferd sein Futter.«

DIE KALTENSTEINE Nur wenige Meter sind es zum **4 Naturdenkmal Kaltensteine**. Ihr Aussehen erinnert an die fest gewordenen Reste eines umgekippten Betonmischers. Eine alte Bausünde? Nein, die Mischung aus Sand- und Kieselsteinen hat tatsächlich Mutter Erde vor etwa 270 Millionen Jahren hervorgebracht. Die Leute der Umgebung haben sie bloß verziert: Mit einem Gipfelkreuz und Nischen für Heiligenfiguren. Davon mag man halten, was man will. Zur Entschuldigung kann hier angebracht werden, dass man vielleicht ein Zeichen setzen wollte, weil sich im Zusammenhang mit den Steinen einige heidnische Sagen hartnäckig halten: Als sich das Christentum im Saarland durchsetzte und die letzten Druiden weichen mussten, brachten diese ihre Schätze in einer riesigen Höhle unter den Kaltensteinen in Sicherheit. Dort werden sie von Zwergen bewacht und gepflegt: Jedes Jahr in der ersten Mainacht bringen sie die Reichtümer an die

Erdoberfläche und feiern ein Fest der Freude. Danach verschwindet alles wieder im Berg.

ABWÄRTS Nachdem wir das Gipfelkreuz und die Heiligenfiguren ausführlich begutachtet haben, betrachten wir den obersten, schweren Stein der Kaltensteine. Sollte es gelingen, ihn dreimal um die eigene Achse zu drehen, müsste der Schatz an die Oberfläche kommen und fortan den Menschen dienen – so erzählt die Sage. Da wir keine Chance sehen, das Wunder zu vollbringen, verlassen wir die Kaltensteine über einen sich verengenden Pfad Richtung Osten. Nach einer 5 **grandiosen Aussicht** hinüber zum Schaumberg führt er uns hinunter nach Lebach zu unserem E **Parkplatz am Sportzentrum**. Schnell kommen wir nicht voran: Viel zu oft müssen wir anhalten und entgegenkommende Wanderer vorbeilassen. Haben die nicht gesehen, dass man den Kaltensteinpfad im entgegengesetzten Uhrzeigersinn zu begehen hat?

Tipp

AUF DIE RICHTUNG KOMMT ES AN

Der aufmerksame Leser hat es sicher geahnt: Wir waren es, die den Kaltensteinpfad entgegen der empfohlenen Wanderrichtung begangen haben. Eine Entscheidung, die viele entgegenkommende Wanderer und vor allem uns selbst geärgert hat.

INFO

TOURENCHARAKTER
Bergwanderung über meist schattige Waldwege

AUSGANGS-/ENDPUNKT
Wanderparkplatz, Dillinger Str. 77, 66822 Lebach, 49.404375, 6.888519

INFORMATION
www.saar-hunsrueck-steig.de

EINKEHR
Keine auf der Tour; Camping-Klause auf dem Theel-Tal-Campingplatz, Dillinger Str. 81, 66822 Lebach, werktags ab 16 Uhr, www.camping-theel-tal.de

Mittel	7,3 km	260 Hm	3.00 Std.

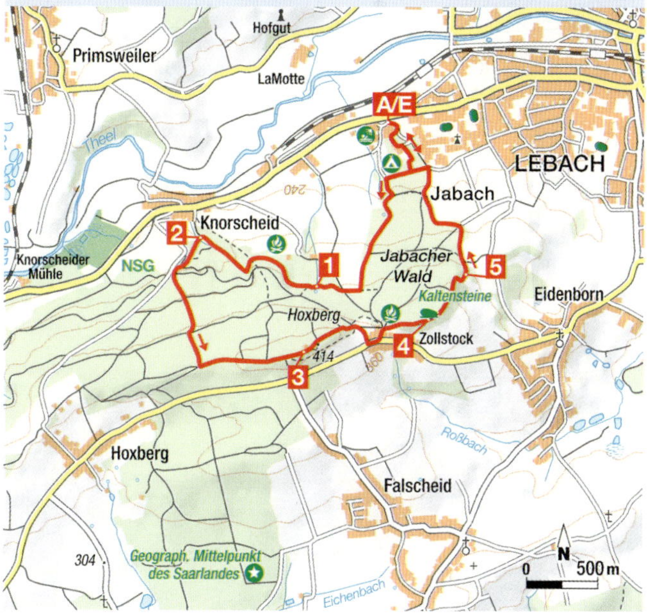

DIE VERSCHWUNDENE KUTSCHE

Dollbergrunde bei Otzenhausen

Die geschichtsträchtige Wanderung führt vom Keltendorf aus hinauf zum imposanten Ringwall von Otzenhausen. Dort versteckten sich nicht nur die Hochwald-Bewohner vor Attilas wütenden Kriegerhorden. Nach einem überwältigenden Ausblick auf die Talsperre von Nonnweiler wandern wir in der Stille des Hochwälder Märchenwaldes zur höchsten Erhebung des Saarlandes.

29

In der Nähe des Dollberggipfels

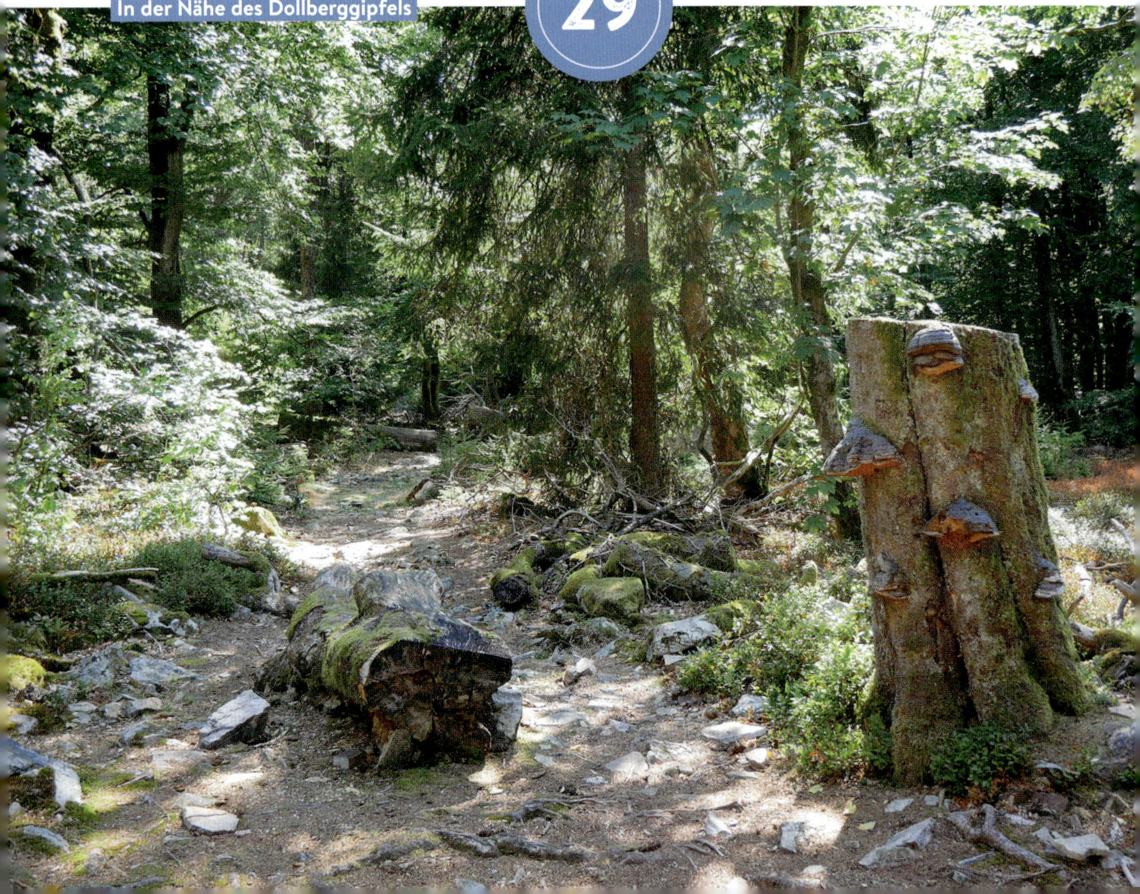

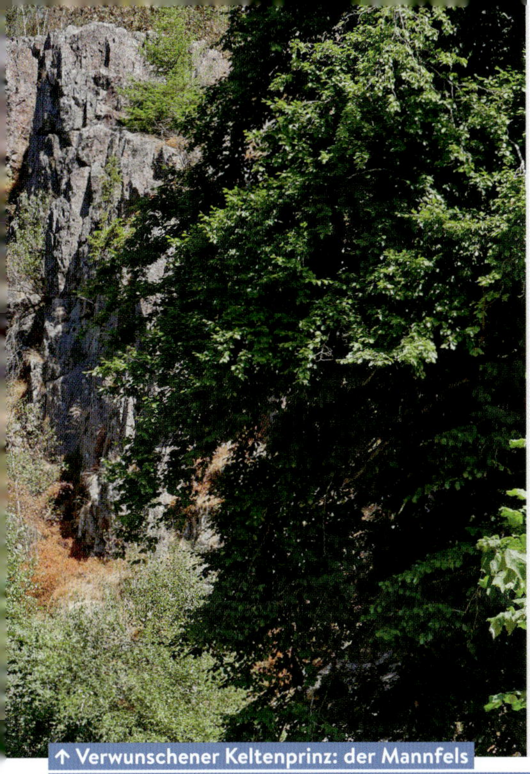

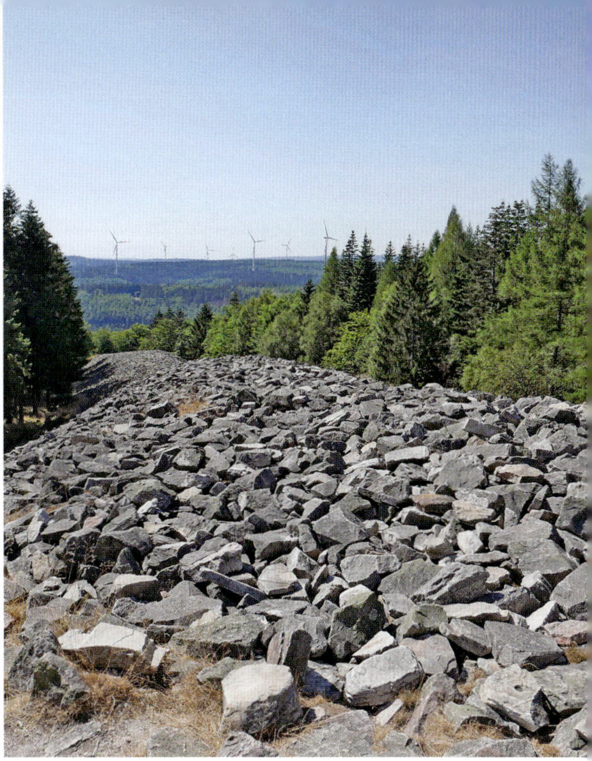

↑ Verwunschener Keltenprinz: der Mannfels
↗ Rätselhafte Baukunst aus ganz alter Zeit: der Ringwall

DER MANNFELS UND DIE STEINERNE TOCHTER Vom **A Parkplatz am Keltendorf** aus erreichen wir schon nach 100 Metern in nordöstlicher Richtung den **1 Mannfels.** Sein Gegenstück auf der anderen Talseite ist durch den Wald verdeckt. Die Sage dazu folgt dem berühmten Stoff der verliebten Kinder aus verfeindeten Familien und spielt in der Zeit der Kelten. Um die Heirat der Nachkommen zu verhindern, verzauberte ein Druide die Liebenden in zwei mächtige Felsen. So blieben sie über alle Zeiten in Sichtkontakt, hatten aber keine Möglichkeit zueinanderzukommen.

DER RINGWALL VON OTZENHAUSEN Vom Felsen bis zum Ringwall von Otzenhausen sind es nur 700 Meter durch die schattigen Wälder des Hochwaldes – aber auch knapp 70 Höhenmeter sind zu überwinden. Das entspricht einer Steigung von rund zehn Prozent. Am **2 Südtor** des steinernen Walls steigen wir erst einmal auf den äußeren Ring der Wallanlange, begutachten den Steinhaufen und gewinnen einen ersten Eindruck. Selbstredend ist die Befestigung hier am steilen Südhang nicht so mächtig wie im flachen Gelände auf der Nordseite.

DIE VERSCHWUNDENE KUTSCHE Der Sage nach soll eine goldene Kutsche hinter dem Wall vergraben sein. Zwei Männer suchten danach, gruben ein tiefes Loch und fanden das sagenhafte Fuhrwerk. An der Deichsel zogen sie es mühsam und Stückchen für Stückchen nach oben. Sie hatten schon ein gutes Stück geschafft, steckten aber noch tief unten im Loch. Da schaute einer der beiden nach oben und sah den Teufel mit einem wuchtigen Mühlstein über ihnen stehen. Wollte er sie in der Grube einsperren? Vor Schreck ließen sie die Kutsche los, die dann noch tiefer in den Berg hineinrollte und nie wieder gesehen wurde. Soweit die

Überlieferung. Doch warum sollte eine Kutsche auf dem Dollberg vergraben sein? Wer kommt denn auf so eine Idee? Die Antwort liefert eine andere Sage:

HUNNENRING Im Volksmund hält sich bis heute hartnäckig die Bezeichnung Hunnenring – ohne dass die Historiker eine Beziehung zum Reitervolk aus dem Osten herstellen konnten. Der Ringwall wurde von den Treverern, einem keltischen Stamm, in den Jahrhunderten kurz vor Christi Geburt errichtet. Attila, von dem die Geschichtsschreibung nicht übermäßig viele Fakten belegen kann, kam erst viele Hundert Jahre später. Im 5. Jahrhundert überquerte er mit seinen wilden Hunnen den Rhein und zog über Trier nach Gallien. Unterwegs verbreiteten seine Reiter Angst und Schrecken. Attila erwarb sich den Ruf als »Geisel Gottes« auf Erden. Erst in der Nähe von Chalôns-en-Champagne wurde ihm in der Schlacht auf den katalaunischen Feldern Einhalt geboten und er flüchtete auf dem Weg zurück, den er gekommen war. Die Sage weiß aber viel mehr und das ganz genau: Attila fuhr in einer prunkvollen, goldenen Kutsche an der Spitze seines Heeres durch den Hunsrück. Die Bewohner der Gegend versteckten sich auf dem Dollberg hinter dem Hunnenring vor seinem blutrünstigen Heer. Zur Wasserversorgung gruben sie einen tiefen Brunnen. Als er dann nach verlorener Schlacht auf dem Rückweg wieder am Dollberg vorbeikam – die Gallier auf den Fersen –, machte ihn das Gefährt zu langsam. Damit es nicht in Feindeshand geriet, versenkte Attila seine goldene Kutsche im tiefen Brunnen.

BELLAVISTA Hinter dem Steinwall erinnert der Pfad an eine alpine Landschaft in Norditalien: Der enge Pfad schlängelt sich über

↓ Relaxen mit grandioser Aussicht
↘ Innerhalb des Walls geht es noch höher.

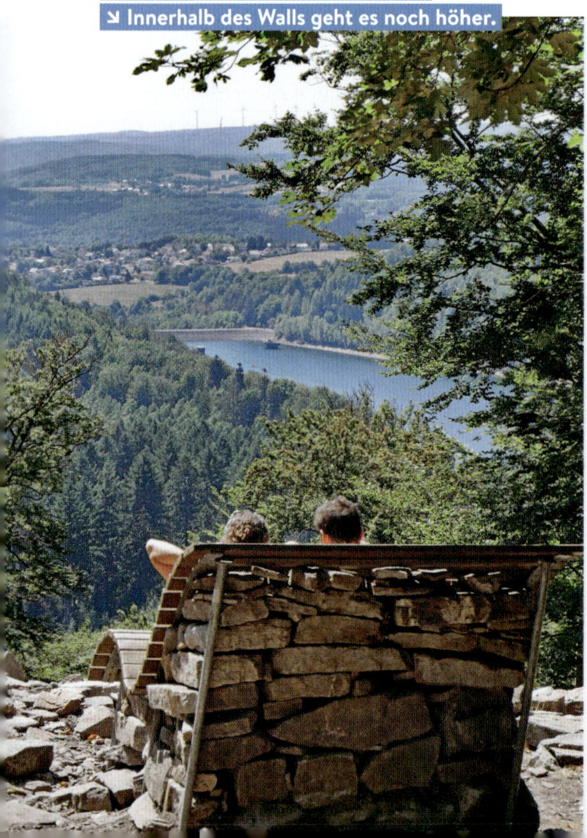

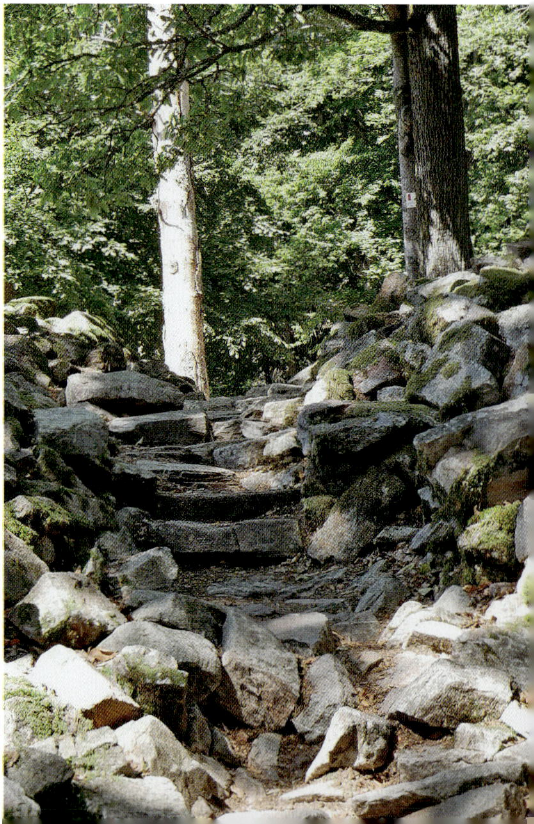

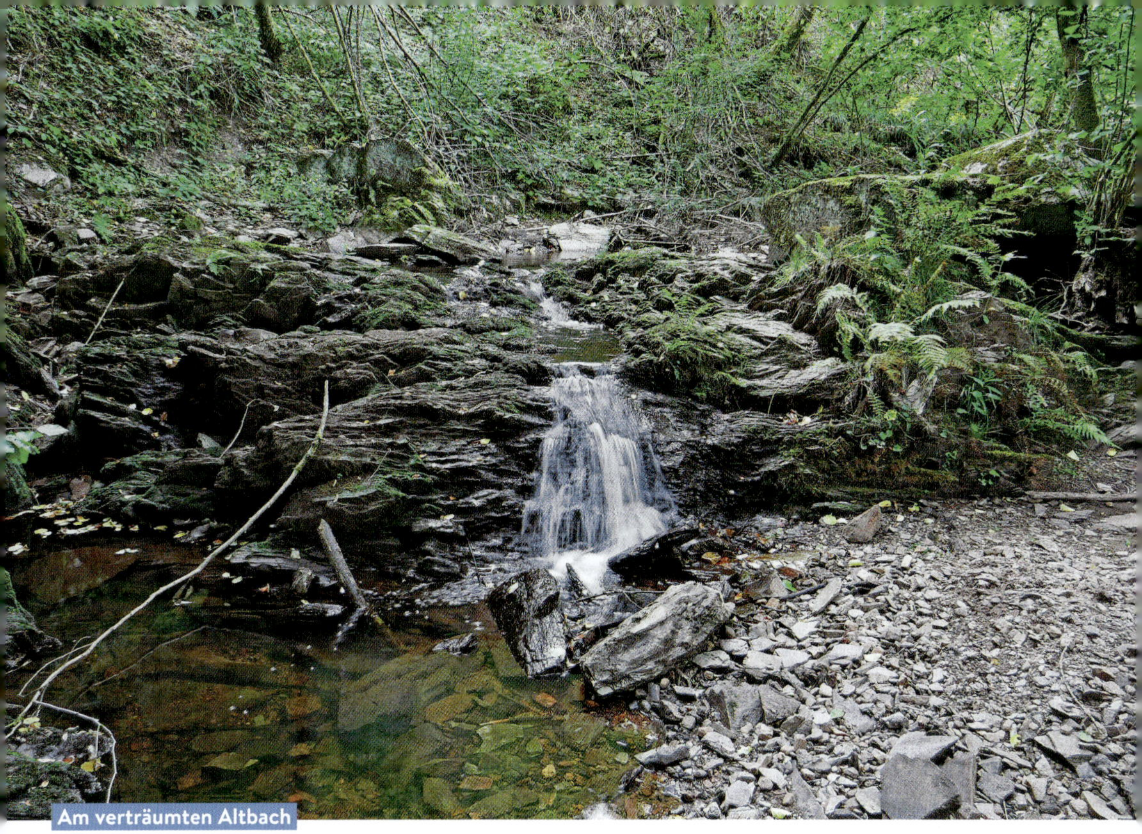

Am verträumten Altbach

Geröllhalden und Felsen in die Höhe – links und rechts Buschwerk und verkrüppelte Bäume. Schnaufend oben angekommen, besetzen wir direkt die **3 Relaxbank mit Blick auf den Stausee** unten im Tal. Nach der Trinkpause halten wir uns an der Westseite des Ringwalls, wo wir bald das ehemalige **4 Torhaus** erreichen. Erstaunt stellen wir fest, dass die Befestigung nicht nur aus dem großen Steinhaufen bestand, sondern mit Holzgerüst und Wehrgang wesentlich fortschrittlicher gebaut war, als von uns vermutet. Gegen Norden hin wächst der Steinwall auf volle zehn Meter Höhe und 40 Meter Basisbreite an.

So konnte das flache Gelände Richtung Dollberg, unserem nächsten Ziel, besser verteidigt werden. Doch wie die Kelten ohne Lkw und Frontlader die vielen Steine auf den Berg geschafft haben, bleibt uns ein Mysterium. Eine **5 Treppe** führt und auf die andere Seite.

DOLLBERG Langsam, aber stetig steigt der Weg zum **6 Dollberggipfel** auf 695 Meter an. Links und rechts hüllt uns der hohe, dichte Laubwald in märchenhafte Stille und verhindert die Aussicht auf die Region um uns herum. Nur eine lauschige Lichtung mit Sitzbank und ein Schild mit der Höhenangabe zeigen uns an, dass wir den Gipfel erreicht haben. Ansonsten wären wir einfach am höchsten Punkt des Saarlandes vorbeigelaufen.

Noch etwa einen Kilometer wandern wir über den Höhenrücken des Dollbergs, bis wir links nach Neuhütten abbiegen.

DOLLBERGQUELLE Im Wald südwestlich von Neuhütten wird uns einmal mehr bewusst, dass wir im Saarland viel zu wenig Wander- und Einkehrhütten haben. Eine kleine Pause beim kühlen Getränk würde jetzt guttun. Und wie gerufen erreichen wir die **7 Dollbergquelle**: eine Minibar mitten

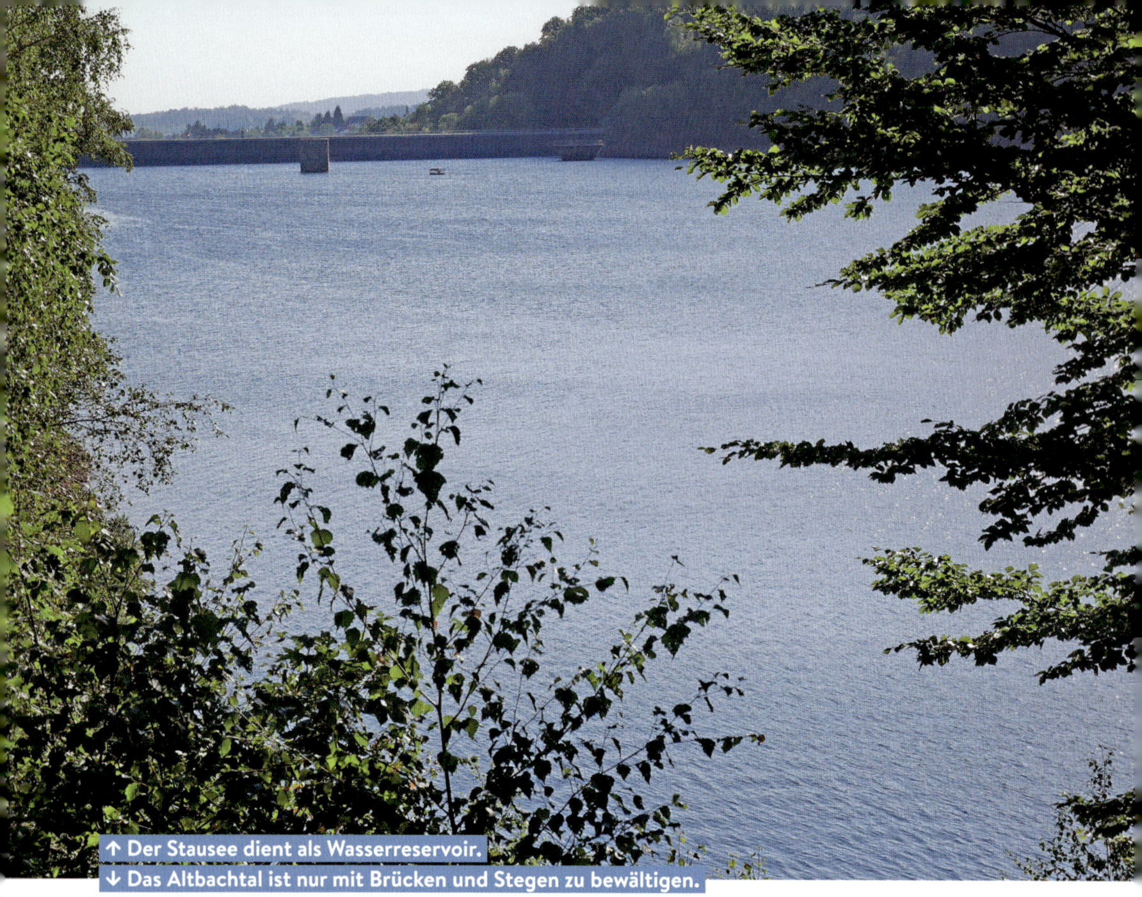

↑ Der Stausee dient als Wasserreservoir.
↓ Das Altbachtal ist nur mit Brücken und Stegen zu bewältigen.

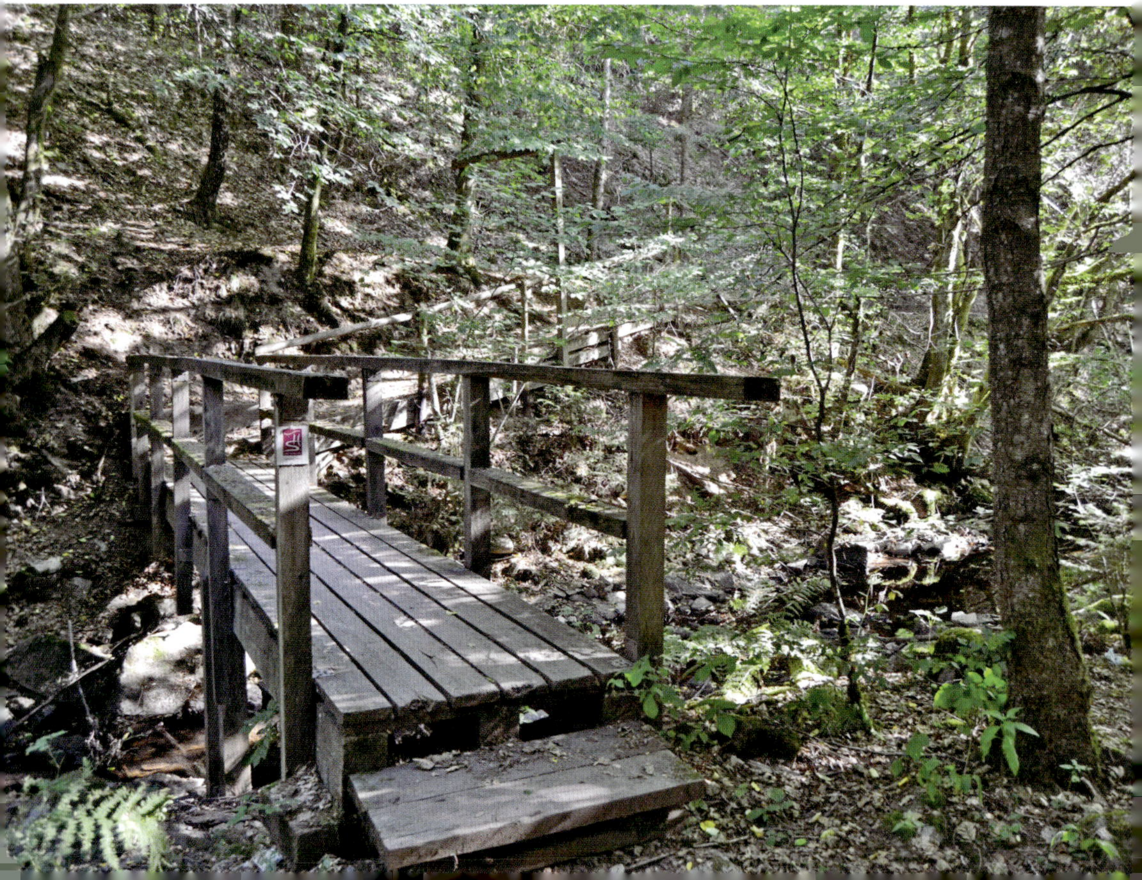

im Wald, gut gefüllt mit Wein, Sprudel und Limonade. Wir bedienen uns und legen den Obolus in das bereitgestellte Kässchen.

ZÜSCHER HAMMER Erfrischt und mit neuer Kraft erreichen wir das **8 Altbachtal**, wo wir auf eine ganze Reihe hölzerner Brücken und Stege treffen. Sie führen uns über und entlang des idyllischen Altbaches das Tal hinunter zum Züscher Hammer. Der Nachbau erinnert an das größte Eisenwerk des Hunsrücks im 17. Jahrhundert. Besichtigt werden kann es leider nur am ersten Sonntag eines jeden Monats oder nach Terminvereinbarung.

ZURÜCK ÜBER DIE PRIMSTALSPERRE Kurz später erreichen wir die Primstalsperre. das größte Wasserreservoir des Saarlandes – Schwimmen, Bootfahren und sommerliches Strandvergnügen sind hier leider nicht möglich. Und ganz nah an die umzäunte Wasseroberfläche kommt man auch nicht ran. Auf halber Höhe des Weges an die Staumauer biegen wir links ab und erreichen nach kurzer Zeit unseren **E Parkplatz**.

INFO

TOURENCHARAKTER
Bergwanderung über schattige Waldwege und -pfade

AUSGANGS-/ENDPUNKT
Parkplatz der Ringwallstraße, 66620 Nonnweiler, 49.616429, 6.996161

INFORMATION
www.hunsruecktouristik.de/reisethemen/natur/naturpark-saar-hunsrueck

EINKEHR
Köhlerhütte, Brunnenstraße, 54422 Neuhütten, Mi, Fr, Sa 15–24, So 10–24 Uhr, www.heimatverein-neuhuetten.de/service

Schwer | 11,3 km | 280 Hm | 4.30 Std.

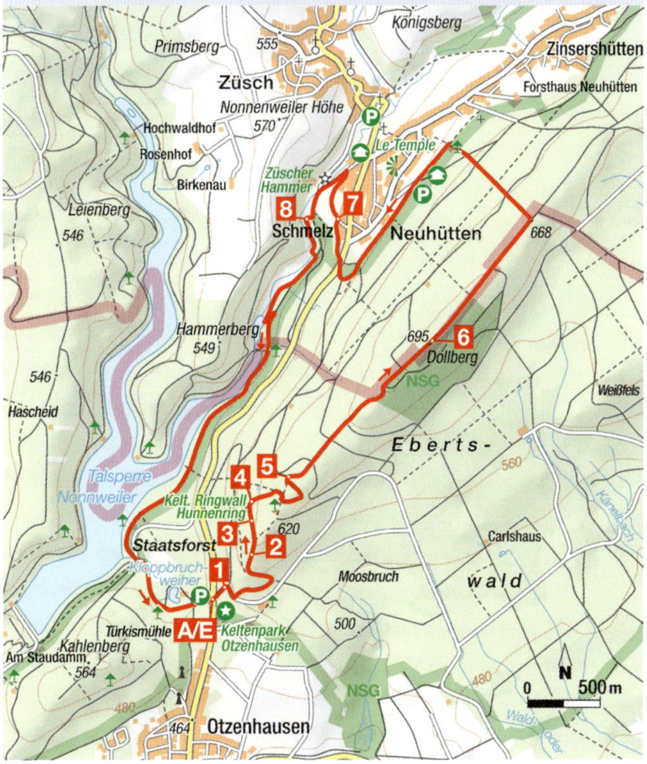

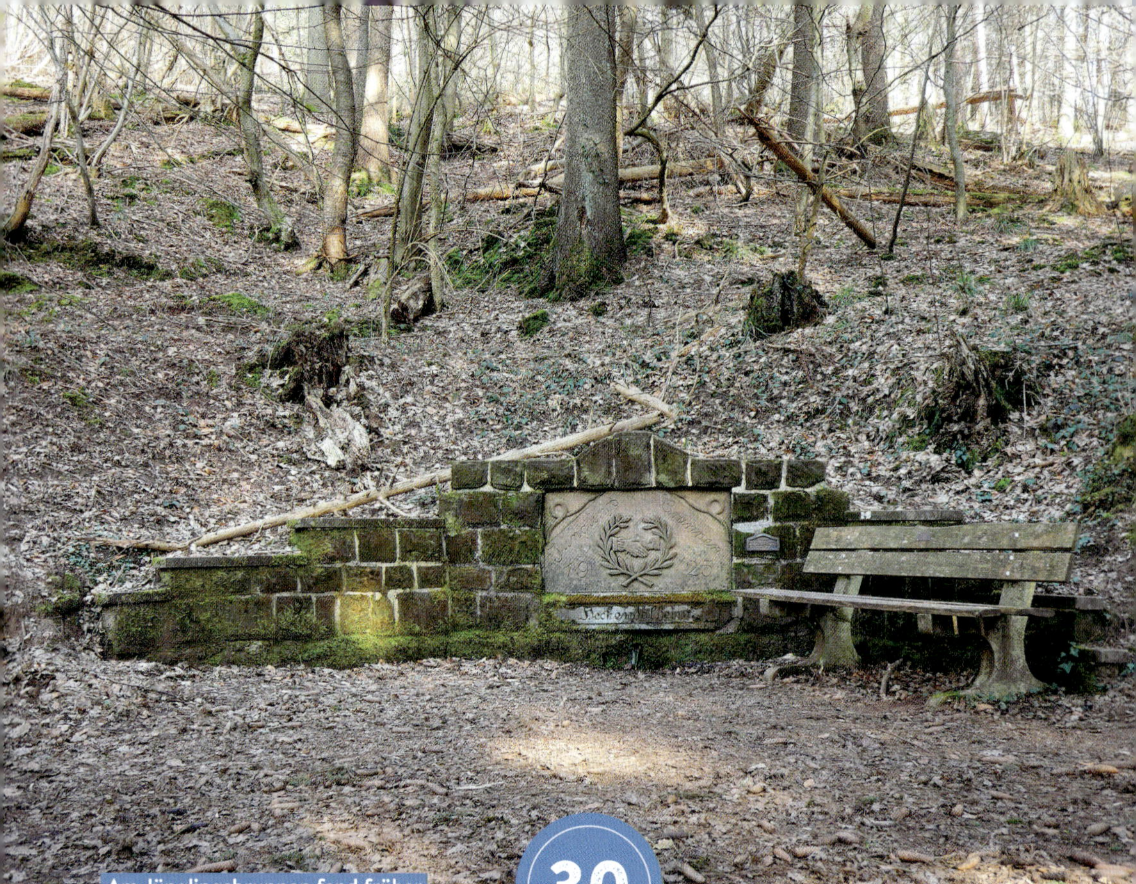

Am Jünglingsbrunnen fand früher ein Heiratsmarkt statt.

30

MIT GRAUMÄNNCHEN UND SCHLAPPE ZUM RABLOCH

Wanderung rund um Heckendalheim

Grandiose Fernsichten auf den Feldwegen zwischen sonnenbeschienenen Feldern und der alten Römerstraße wechseln mit Staunen und Beklemmung, wenn die Tour unversehens in wilde Löcher und tiefe Klammen abtaucht.

BANNGRENZE Ab dem Startpunkt **A An der Ruheck** wärmt die Frühjahrssonne wohlig die weiten Felder vor Heckendalheim und lockt die ersten Halme aus der dunklen Erde hervor. Ein laues Lüftchen weht von den Spicherer Höhen herüber –, streicht sanft um unsere Nasenspitzen. Frankreich sieht so nah aus, dass man fast meinen könnte, mit ein paar gewagten Sätzen hinüberspringen zu können. Ein Umstand, dem wir es verdanken, dass unsere grandiose Fernsicht immer wieder von Buschwerk unterbrochen wird: Es verbirgt die Relikte der nicht allzu fernen Vergangenheit: gesprengte Bunker und MG-Stände des Westwalls, der damals mitten durch den Ort verlief.

DAS GRAUMÄNNCHEN Wir überqueren die **1 Zufahrtsstraße** zum Dorf: Dort informiert uns eine Infotafel über die historische Banngrenze: Ihr genauer Verlauf war über die Jahrhunderte hinweg immer wieder Anlass für Zank und Streit, der nicht nur in den alten Gerichtsakten dokumentiert wurde, sondern auch den regionalen Sagenschatz bereicherte. Das Graumännchen, ein kaum kniehoher Wichtel mit prallem Sack auf dem Rücken, knorrigem Stock in der Hand und Zipfelmütze auf dem Kopf, soll den armen Köhler Lorenz aus dem Eschers Tal an die Banngrenze geführt haben, um ihm als Dank für dessen Gastfreundlichkeit große unterirdische Schätze mit Edelmetall und Edelsteinen zu zeigen. Ein »Glück auf« zum Abschied war es verschwunden und Lorenz wurde zum reichen Mann. Der plötzliche Wohlstand zog einflussreiche Neider an: Der Abt von Wallerfangen war ein mächtiger Mann. Zu seinen Ländereien gehörte tatsächlich einmal die Pfarrei Ensheim hinter der Heckendalheimer Banngrenze. Der Sage nach erstritt der Gottesmann die Rechte an der Mine. Doch als er mit dem Abbau der wertvollen Mineralien beginnen konnte, waren die Schätze auf Nimmerwiedersehen verschwunden.

HAHNERKLAMM Durch ein kleines Wäldchen geht es leicht bergab. Rechter Hand sickert ein wenig Wasser aus dem Boden: Es handelt sich um die Quelle des Kirkelbaches, der weiter unten eine zunehmend wilder werdende Klamm in die Felder geschnitten hat. Ihren Höhepunkt findet sie nach ein paar Hundert Metern an der Stelle, wo sich der Bach mit einem zweiten, kleinen – wahrscheinlich namenlosen – Rinnsal vereinigt: Sprachlos starren wir auf die Felsen

Ob wir hier das Graumännchen treffen?

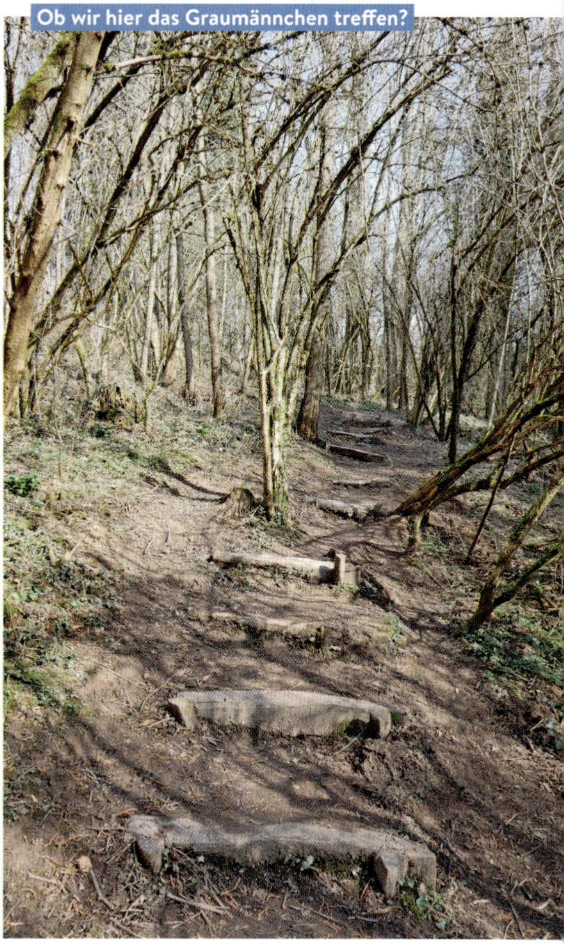

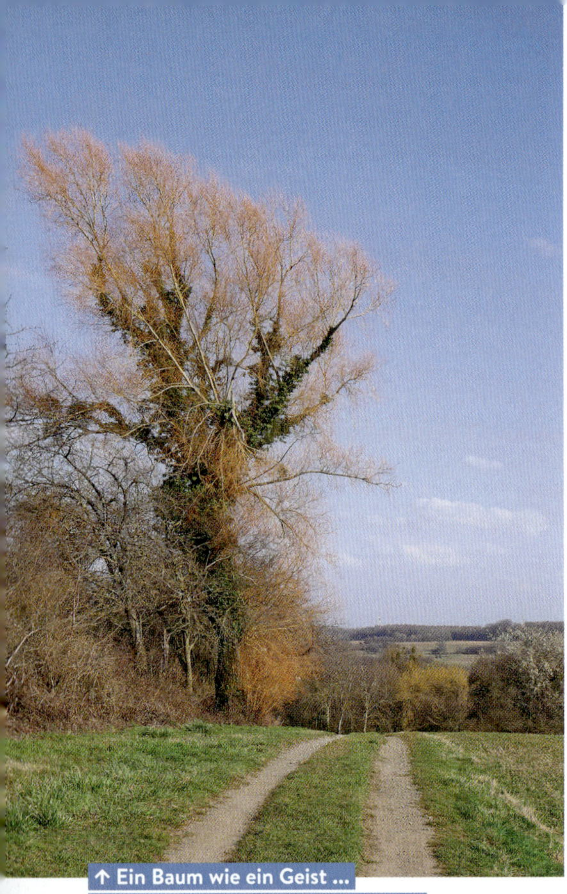

↑ Ein Baum wie ein Geist …

↓ … gleich hinter der engen Klamm

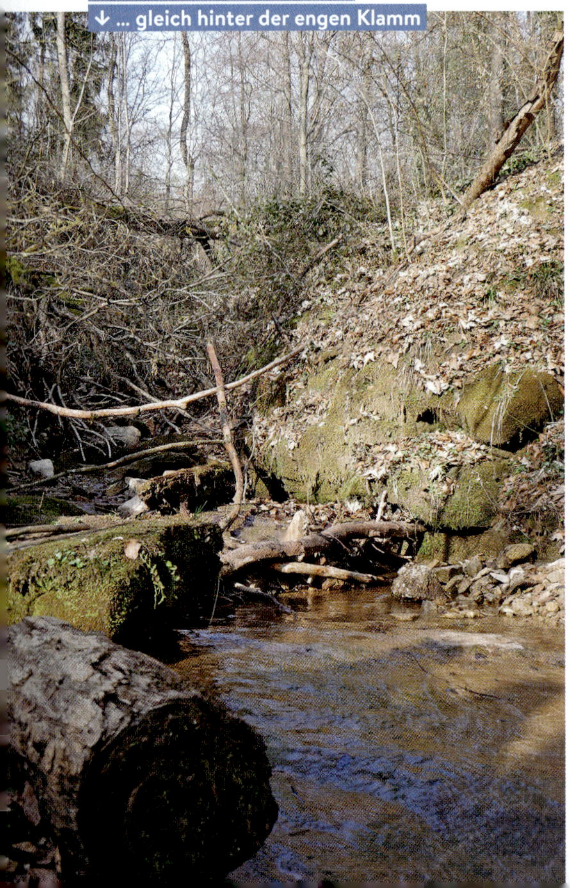

mit dem unerwarteten **2 Wasserfall**, der zu anderen Jahreszeiten wahrscheinlich imponierend anwächst oder im Winter zu einer Symphonie aus Eis gefriert. Kein Wunder, dass auch dieser Ort seine Geschichte hat: An dieser wilden, dunklen Stelle soll sich über Tag der Furcht einflößende Schlappe aufgehalten haben: Seinen Namen erhielt der große, schwarz gekleidete Mann mit dem weiten Mantel wegen eines großen Schlapphutes, der ihm das Gesicht verdeckte. Seine Lieblingsbeschäftigung war es, Leuten, die in der Dämmerung schwere Lasten nach Hause trugen, auf den Rücken zu springen, um ihnen mit seinem zusätzlichen Gewicht den Weg noch schwerer zu machen. Mehrere Berichte rund um Heckendalheim und Ensheim handeln von dem dunklen Gesellen. Seltsamerweise ist der Schlappe dann jedes Mal kurz vor dem jeweiligen Ziel abgesprungen und verschwunden, sodass sich keine weiteren Zeugen fanden, als die Versicherungen der Betroffenen. Falls Sie einen Rucksack dabeihaben, der zusehends schwerer wird, sollten Sie vielleicht einmal vorsichtig auf Ihren Rücken schielen.

JÜNGLINGSBRUNNEN Entlang der Klamm wandern wir hinunter ins Tal. Die eng stehenden, jungen Bäume links und rechts des Pfades verleihen der Tour eine zauberhafte Atmosphäre wie im Märchenwald. Ähnliches müssen sich wohl die Männer und Frauen gedacht haben, die diesen Weg hinunter zur Senke genommen haben: Dort fand früher ein Heiratsmarkt statt. Der Brunnen neben dem kleinen Weiher trägt deshalb noch heute den Namen **3 Jünglingsbrunnen**. Bei einer kleinen Rast an der Bank neben dem Quell stellen wir uns das bunte und zauberhafte Treiben von damals vor, versinken in der romantischen Vorstellung mit heraus geputzten, schönen jungen Menschen, die wie in Shakespeares

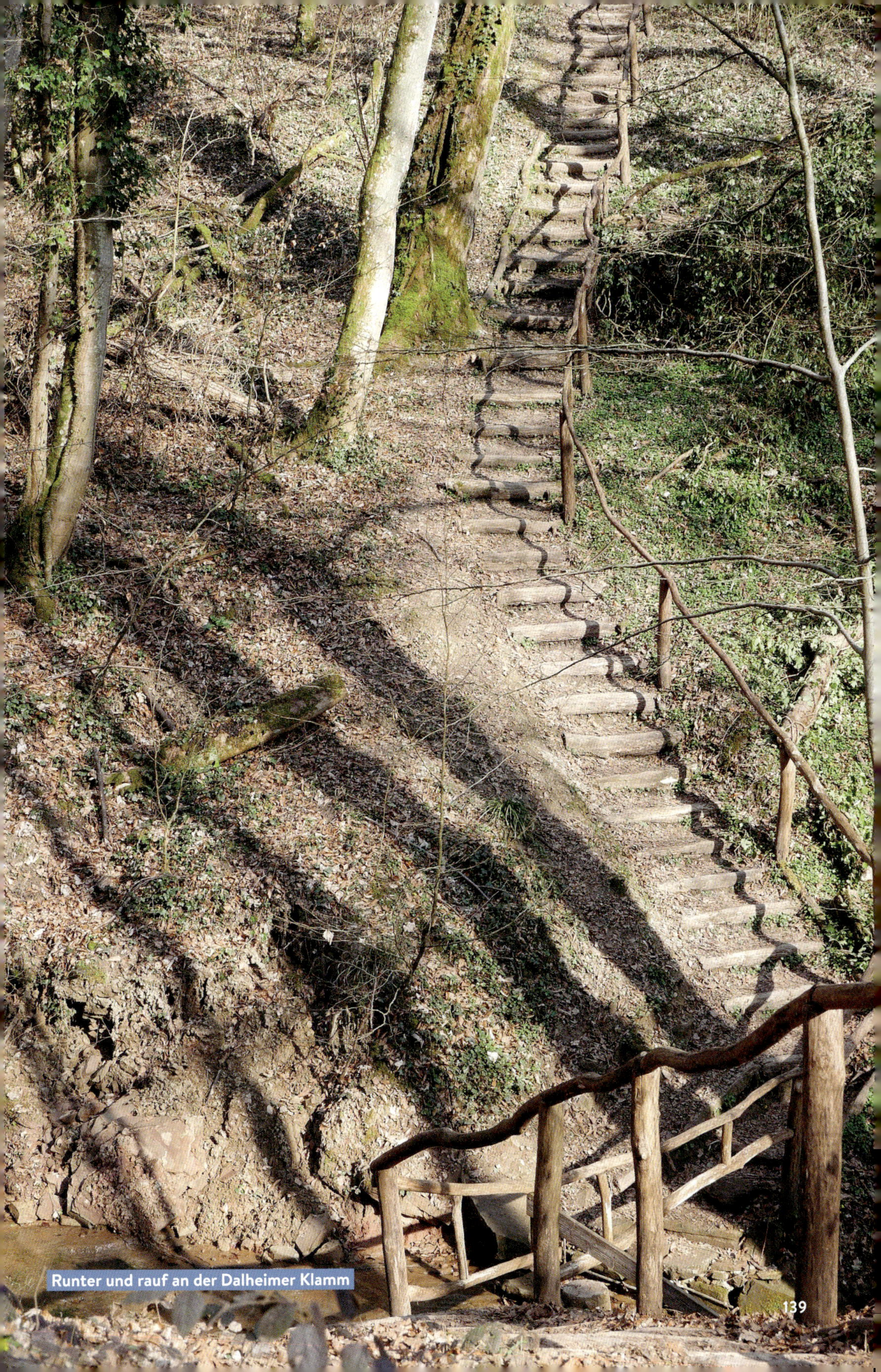

Runter und rauf an der Dalheimer Klamm

Sommernachtstraum in hellen Gewändern zueinander finden. Wahrscheinlicher ist, dass sie hier nervös herumstanden, während die Väter irgendwo am Rand der Wiese um die Mitgift schacherten.

DALHEIMER KLAMM Vom Jünglingsbrunnen aus erreichen wir schon nach wenigen Minuten die **4 Dalheimer Klamm**, ein weiterer tiefer Einschnitt in die Landschaft, der unten in rechtem Winkel auf den Kirkelbach trifft. Wir rasten und genießen den Anblick: Eine Treppe führt mit vielen Stufen hinunter zum Steg über den Bachlauf und auf der anderen Seite mit noch mehr Tritten wieder hinauf. Für den Fall, dass Sie an dieser Stelle ein Ächzen und Stöhnen oder vielleicht sogar die Klage hören: »Wohin soll ich ihn tragen?« Das ist nur der Grenzsteinversetzer, ein Geist, der hier im Allmendwald umherirrt und sich nicht mehr daran erinnert, wohin er den von ihm ausgegrabenen Grenzstein bringen soll. Antworten Sie ihm einfach so wie alle anderen: »Da, wo du ihn hergenommen hast.« Hurtig durchqueren wir die Klamm.

RABLOCH Über die Felder umgehen wir den Nußweiler Hof, tauchen ins **5 Wiesental** hinab, wo wir entlang des Dalheimer Bachs Richtung Quelle wandern. Kurz streifen wir das Unterdorf Heckendalheims, folgen dann weiter rechts dem Wegweiser zur Lauterbachsklamm. Hier befinden wir uns beim Rabloch, einem Hohlweg, der früher Heckendalheim mit Ormesheim verband. Hier in

↓ Über die Wiesen …
↘ … zum Bienenlehrstand

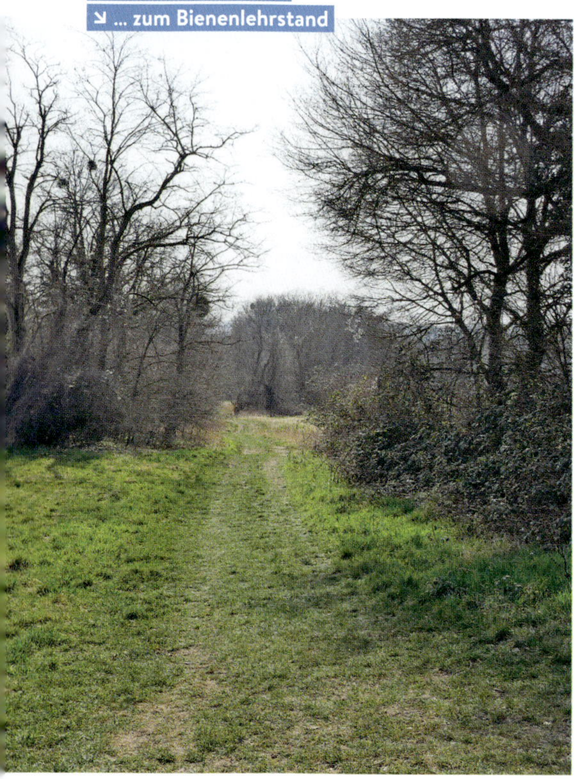

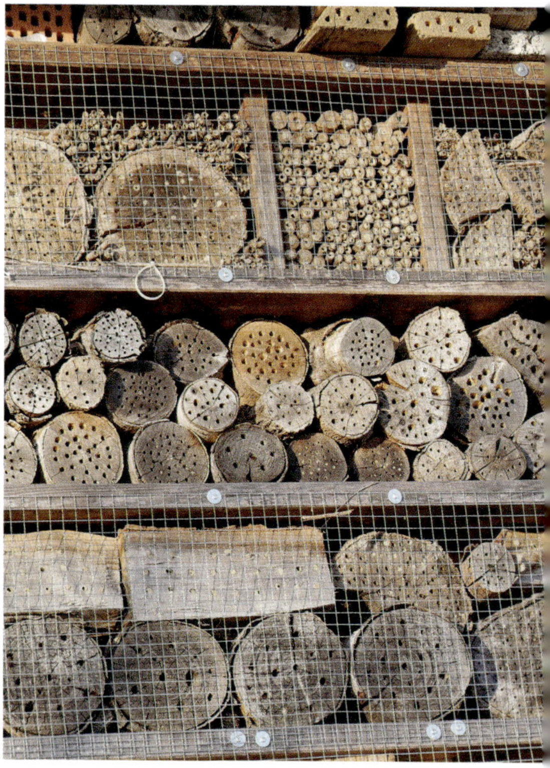

Höhe der **6 Steinbrüche** treibt ein ungewöhnlich großer, schwarzer Hund sein Unwesen. Am Knecht Aarem stellte er sich sogar senkrecht empor, legte ihm die Pfoten auf die Schulter und schaute ihn mit feurigen Augen an. Aarem schlotterte vor Angst, als der Hund, ohne weiteres Unheil anzurichten, in die Büsche verschwand. Beim Anblick der engen Klamm können wir, auch ohne dem Hund zu begegnen, Aarems Furcht begreifen. Schließlich musste er ohne Licht bei Dunkelheit hier durch. Auch wir haben genug Klammen für diesen Tag gesehen, atmen tief durch, als wir aus der Klamm heraus wieder die Höhe erreichen. Nach einer kurzen Rast am **7 Bienenlehrstand** wandern wir über die **8 Römerstraße** – dem Sonnenuntergang entgegen – befreit zurück zum **E Parkplatz**.

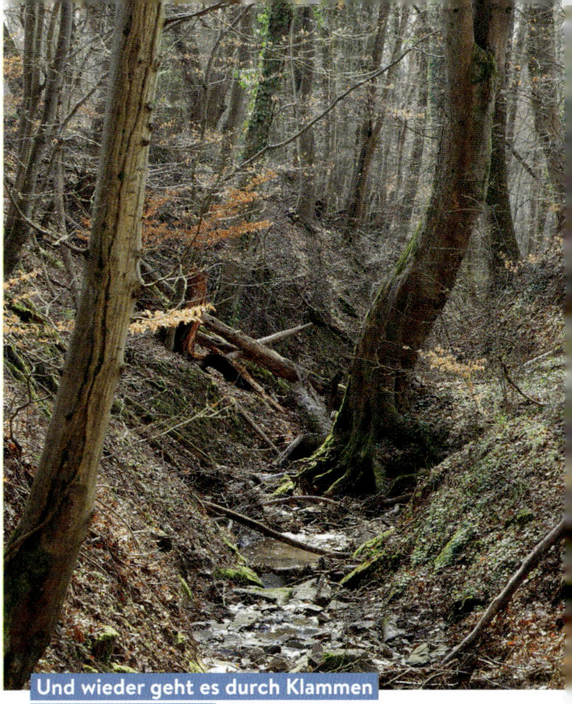

Und wieder geht es durch Klammen und dunkle Ecken.

INFO

TOURENCHARAKTER

Abwechslungsreiche Rundwanderung über Wiesen, Waldwege, Pfade und befestigte Feldwege. Im Bereich der Klammen ist Trittsicherheit erforderlich, besonders bei feuchtem Wetter oder Frost.

AUSGANGS-/ENDPUNKT

An der Ruheck -Oben-, 66399 Mandelbachtal-Heckendalheim, 49.239771, 7.128407

ABKÜRZUNG

Möglichkeit, die Tour auf ca. 2 Stunden zu verkürzen, wenn man vom südlichen Ortsausgang durch Heckendalheim zurückkehrt

INFORMATION

www.saarpfalz-touristik.de

EINKEHR

Keine auf der Tour; Hotel-Restaurant Dorfkrug, St. Ingberter Str. 64, 66399 Mandelbachtal-Heckendalheim, www.dorfkrug-hotel.de

Mittel	10 km	140 Hm	3.15 Std.

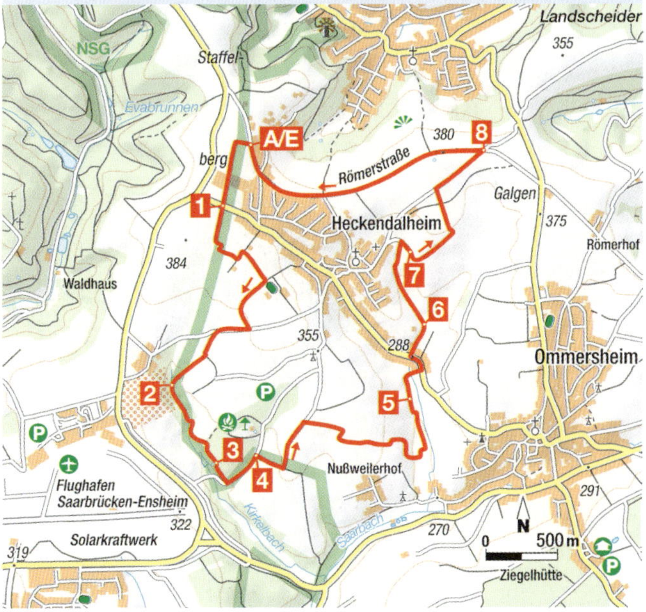

DES MALDIX' KRIEGSSITZ

Runde durch den Urwald vor den Toren der Stadt

Wilde Wälder und abenteuerliche Kluften beherrschen heute wieder das Gebiet rund um das ehemalige Schloss Philippsborn. Von der industriellen Nutzung in der Zeit des Kohleabbaus findet man neben Absinkweihern, die heute als Biotop dienen, nur noch wenige Relikte: Bestes Beispiel ist der »kleine Fuji«.

31

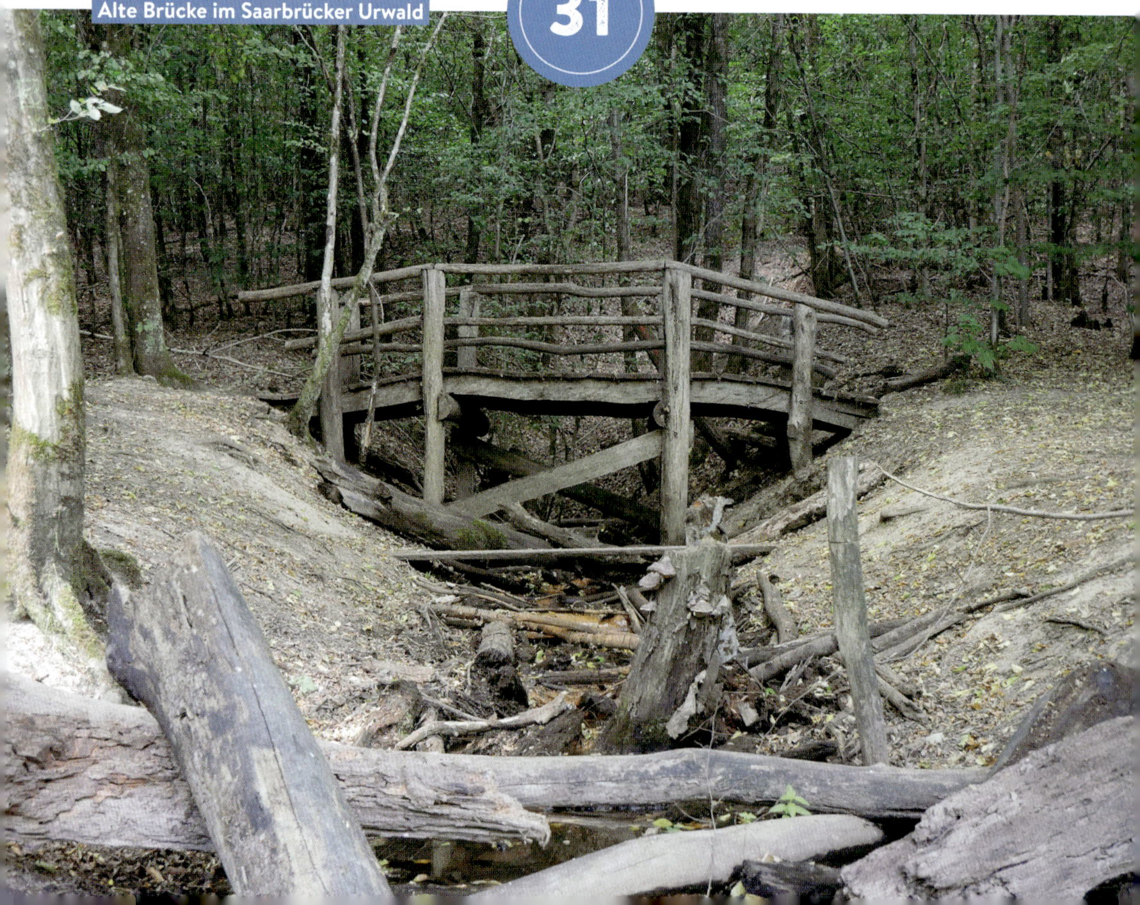

Alte Brücke im Saarbrücker Urwald

STEINBACHWEIHER Vom **A Parkplatz** an der L 127 mit seiner Schutzhütte und den Infotafeln zu Wanderwegen und Sehenswürdigkeiten des Gebietes führt ein breiter Kiesweg entlang des Steinbaches leicht bergauf. Schon nach wenigen Minuten erreichen wir einen heimeligen Weiher: einer von dreien, die vom Bach gespeist werden. Den mittleren auf der linken Talseite bekommen wir nicht zu Gesicht, denn wir halten uns rechts. Nach nicht ganz einem Kilometer haben wir schon den oberen **1 Steinbachweiher** erreicht. Im dunkelgrünen Wasser des Teiches spiegeln sich – sommerlich verspielt – die weißen Schönwetterwolken des blauen Himmels.

DER KLEINE FUJI Vor dem Steinbachweiher wechseln wir auf die linke Talseite, verlassen den Kiesweg und wandern über einen schmalen Waldpfad weiter aufwärts. Während das Glitzern des Wassers auf der einen Seite langsam verschwindet, taucht auf der anderen ein Betonklotz aus der Kriegszeit auf. Auch bei näherer Betrachtung können wir dort nichts Interessantes entdecken. So verlassen wir unseren Weg den Steinbach hinauf, um einen Abstecher zum **2 Fuji** zu machen. Den Namen erhielt die Spitzkegelhalde aus der Zeit des Kohleabbaus, weil sie sich – ähnlich dem japanischen Berg – aus einer gänzlich anderen Landschaft steil erhebt. Eine Treppe führt steil nach oben und bringt uns ins Schwitzen, da die Stufenhöhe doch sehr abenteuerlich gewählt ist und wir uns zudem unter dem Ast einer – ich glaube Eiche – durchquälen müssen. Ein leichtes Schwindelgefühl im Bauch, genießen wir oben auf dem engen Gipfelplateau die Aussicht.

URWALDTOUR Vom Fuji aus wandern wir ein Stück zurück, wo wir bald der grünblauen Beschilderung »Urwald-Tour« folgen. Der Boden wird nun zunehmend dunkler

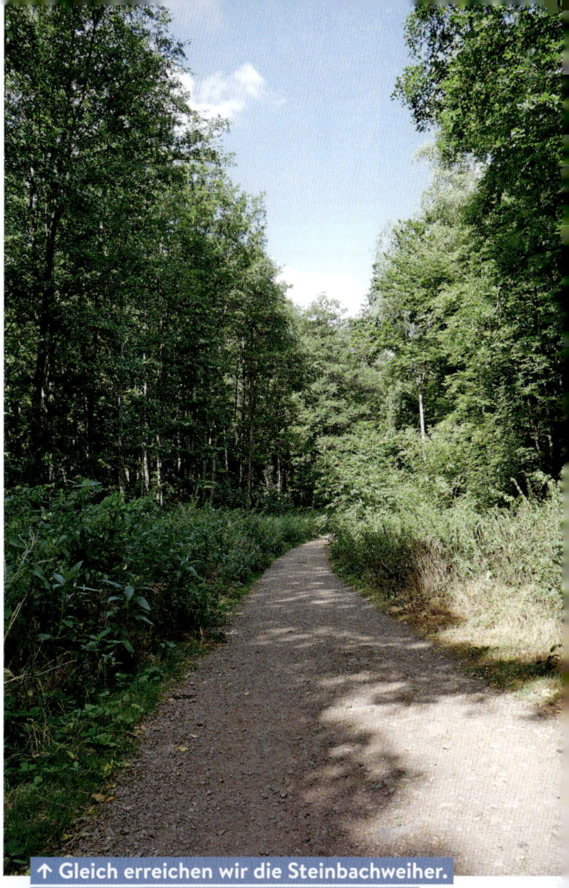

↑ Gleich erreichen wir die Steinbachweiher.
↓ Im Saarkohlewald ist die Erde schwarz wie das Mineral.

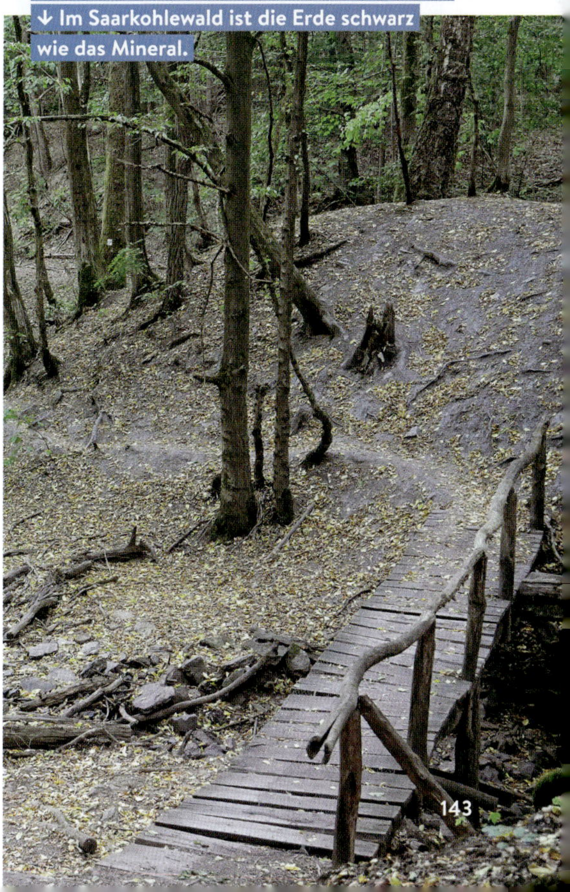

und schwärzer, sieht fast aus wie die Kohle, die tief unter uns abgebaut wurde. Auf dem nährstoffarmen Boden haben sich vor allem die Birken gegenüber anderen, anspruchsvolleren Baumarten durchgesetzt. Entlang eines schmalen Hangweges erreichen wir das Tal der Stille: ein Feuchtgebiet des Steinbaches, das wohl nach starken Regenfällen überschwemmt wird. Jetzt ist nur noch ein kleiner Tümpel zu sehen. Auf dem morastigen Boden gedeihen Gräser und Wildblumen, die viel Feuchtigkeit brauchen. Eine dicke Kröte versteckt sich im Laub neben dem Wasserlauf.

KRIEGSSITZ PHILIPPSBORN Weiter folgen wir der Beschilderung Urwaldtour und erreichen nach einer Weile **3 »Scheune Neuhaus«**, ein Wald- und Veranstaltungszentrum. Das antike Forsthaus dort gehörte zu Schloss Philippsborn – einem Jagdschloss des Grafen Philipp III. von Nassau-Saarbrücken. Um den Jagderfolg des Landesherren und seiner Gäste zu sichern, musste die Bevölkerung Frondienste leisten und das Wild in ihre Richtung treiben. Verantwortlich für diese Arbeit war stets der Jagdoberaufseher. In dieser Position hatte sich der Maldix einen gefürchteten Ruf erworben: Schon aus winzigstem Anlass prügelte er auf die Helfer, warf sie gar wegen kleinster Nachlässigkeiten ins Gefängnis. Als er gerade wieder auf einen Alten einschlug, preschte einmal eine große Wildsau aus den Büschen hervor, unterlief ihn und trug Maldix auf ihrem Rücken davon, ohne dass er sich befreien konnte. Seitdem zieht er als wilder Jäger mit seinem Gefolge durch die saarländischen Lüfte. Zu Friedenszeiten soll er seinen Sitz in Püttlingen gehabt haben. Doch immer, wenn er mit seinem Gefolge Richtung Philippsborn stürmte, standen Krieg und Unglück bevor. So war es 1864, kurz vor dem Deutsch-Dänischen Krieg oder zwei Jahre später, als der Deutsche Krieg zwischen Preußen und Bayern ausbrach. Zum Glück hat man ihn seither nicht mehr in Neuhaus gesehen. Vielleicht auch deshalb, weil Schloss Philippsborn schon seit dem Dreißigjährigen Krieg in Ruinen lag.

Steiler Aufstieg auf den kleinen Fuji

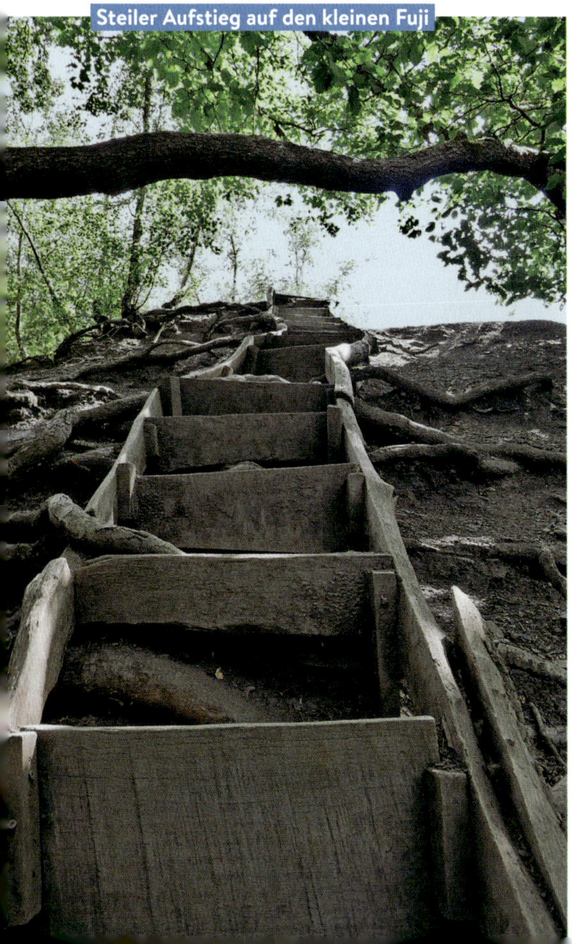

NETZBACHTAL Wir überqueren die Landstraße L 259, um über den »Wilden Netzbachpfad« das gleichnamige Nass zu erreichen. Die **4 Weiheranlage**, zu der drei größere Teiche gehören, ist als Naherholungsgebiet beliebt. Rundherum führen befestigte Wege mit mehreren Bänken und Sitzgruppen. Sie laden zur kontemplativen Wasserbetrachtung oder einfachen Rast bei mitgebrachtem Speis und Trank ein. Wer nichts dabei hat, besucht den Biergarten »Seeblick«.

DAS VERSUNKENE SCHWIMMBAD Über den Parkplatz an der Weiheranlage gelangen wir zum Waldweg entlang des Fischbaches. Er speist mehrere Absinkweiher, die heute als Angelweiher des örtlichen Fischervereins genutzt werden. Das **5 versunkene Schwimmbad** im unteren Bereich des Tales kennen wir schon, trotzdem können wir es nicht lassen, dem verlassenen Badepilz einen Besuch abzustatten. Nach einem kurzen »Hallo« folgen wir weiter dem Fischbach, bis wir ihn und die Landstraße kurz vor unserem Ziel überqueren und wieder den **E Parkplatz** erreichen.

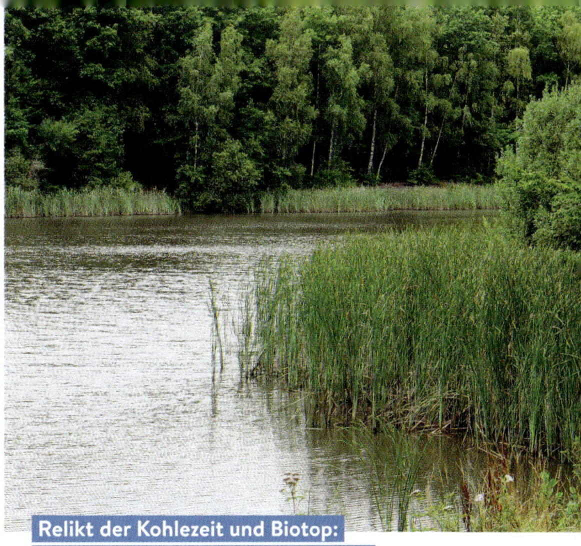

Relikt der Kohlezeit und Biotop: die Absinkweiher des Fischbachtals

INFO

TOURENCHARAKTER

Abwechslungsreiche Rundwanderung über schattige Waldwege und -pfade. Besonders bei einer Besteigung des »kleinen Fuji« sollte man trittsicher und schwindelfrei sein.

AUSGANGS-/ENDPUNKT

Parkplatz L127,
66115 Saarbrücken,
49.267534, 6.983754

INFORMATION

www.saar-urwald.de

EINKEHR

Restaurant Zum Seeblick,
Netzbachtal 1,
66287 Quierschied;
Forsthaus Neuhaus,
Forsthaus Neuhaus 1,
66115 Saarbrücken
www.forsthausneuhaus.de

Mittel | 12,5 km | 230 Hm | 4.10 Std.

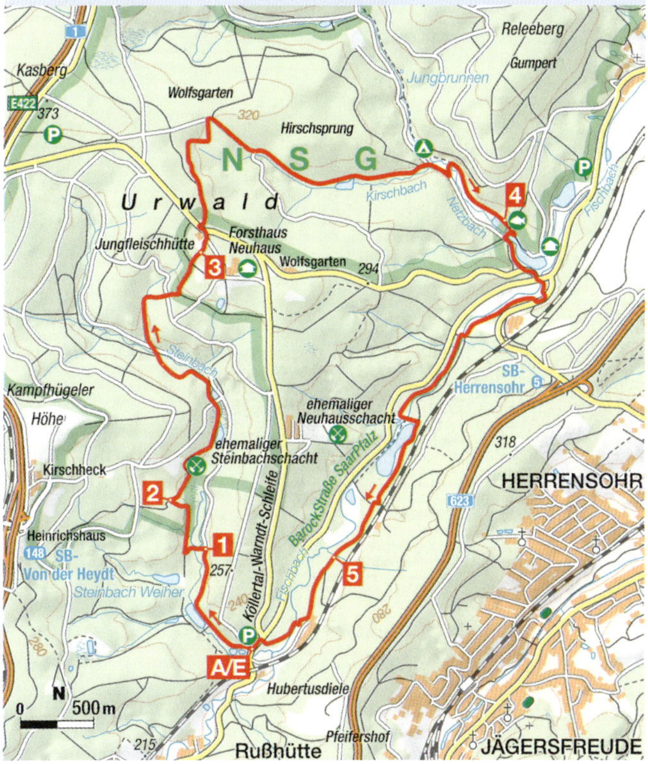

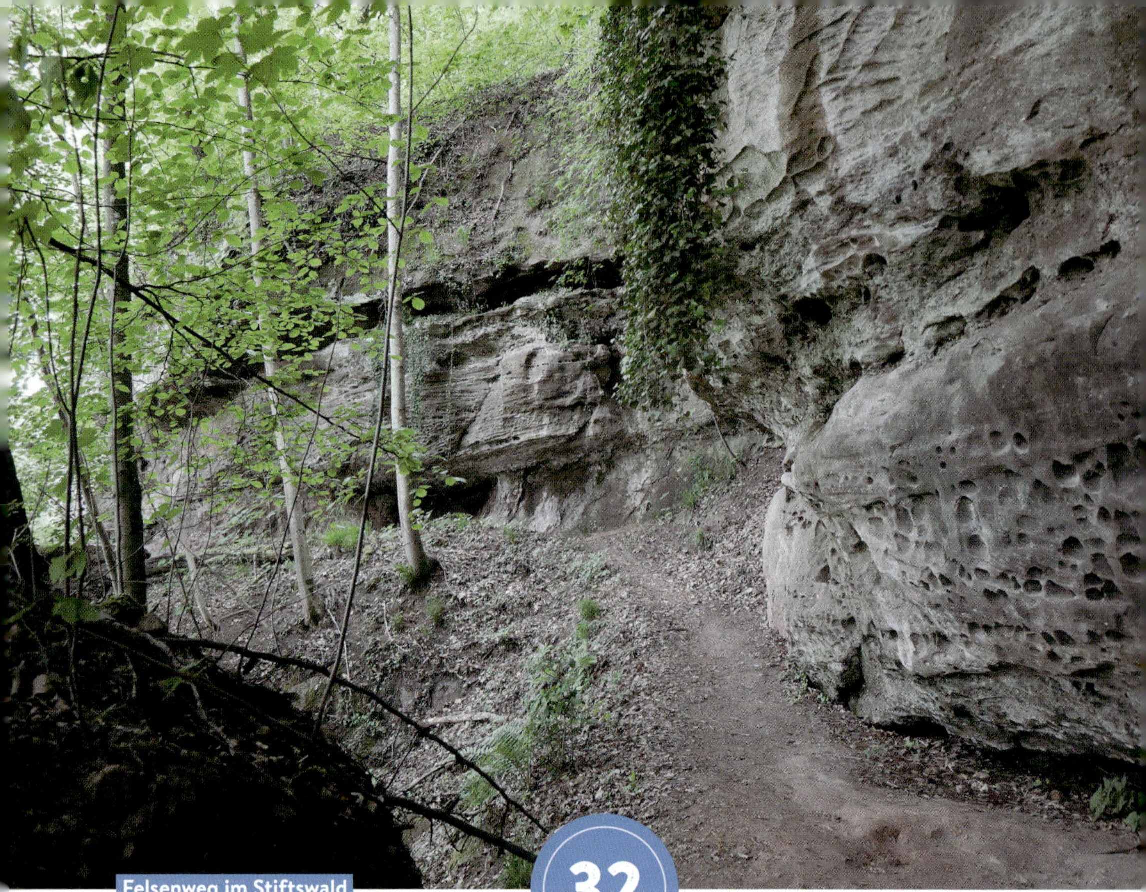

Felsenweg im Stiftswald

32

SCHMUGGLERHUNDE UND TANZENDE GRENZPATROUILLEN

Wanderung im Saarbrücker Stiftswald

Der Stiftswald St. Arnual ist weit mehr als ein herrliches Wander- und Erholungsgebiet mit sagenhaften Aussichten auf Saarbrücken und das Saartal: Oberhalb der abenteuerlichen Felsenwege siedelten schon die Mediomatriker. In den 1940er-Jahren blühte der kleine Grenzverkehr.

SCHLEUSENSICHT Wir starten auf halber Strecke der **A Sonnenbergstraße** hinter der Linkskurve. An der Außenseite der Biegung bringt uns ein Pfad in den Wald hinein. Er führt uns oberhalb der Felsenwege am Rand des Hanges entlang. Wenn es die Bewaldung erlaubt, versuchen wir, einen Blick nach unten auf das Saartal zu erhaschen. Meist ärgern wir uns über den grünen Vorhang aus Blattwerk, der uns die Sicht verdeckt. Doch – oh Freude – Nach etwa einem Kilometer taucht ein kleiner Rastplatz samt Tisch und Bänken auf. Von hier genießen wir die wunderbare **1 Aussicht** auf das beliebte Ausflugsziel Güdinger Schleuse.

FELSENWEGE Die Felsenwege am steilen Hang sind immer wieder wegen Hangrutsch gesperrt. Deshalb nutzen wir den **2 Zugang an der Nordseite**, wo wir quasi eine 1500 Meter lange Extrarunde unterhalb des Weges drehen, den wir hergekommen sind. Am mittleren Felsenweg klettern wir in südliche Richtung, um dann über den oberen Weg wieder unseren Standpunkt zu erreichen. Nein, man muss hier nicht wirklich klettern. Doch auf dem schmalen Pfad entlang der mehr als 50 Meter tiefen Abgründe sollte man genauestens auf seinen Tritt achten. Belohnt wird man mit **3 Felsformationen** ungeahnter Wildheit und einer üppigen Vegetation, wie man sie Saarbrücken in keinster Weise zugetraut hätte. Die Felsformationen stammen aus der Dinozeit. Und so sehr man es sich auch wünschen würde, dass die in den Stein eingeritzten Reliefs von den Menschen jener Epoche stammen, sind sie doch eher neueren Datums. Was ihren Unterhaltungswert nicht schmälert.

VERTEIDIGUNG Über den Hegemeister-Bergmann-Weg setzen wir unsere Tour den Hügel hinauf Richtung Westen fort. Der Namensgeber Friedrich Adolf Bergmann war im 19. Jahrhundert zuständiger Förster. Im Vorfeld der Schlacht am Spicherer Berg am 6. August 1870 zeigte er den Preußen, von wo man die Stellungen der französischen Armee am besten überblicken konnte und wie man das Schlachtfeld vom Stiftswald aus rasch erreichen konnte. Nach 300 Metern erreichen wir eine Kreuzung. Als ob ein Anlass nicht genug wäre, erinnert der **4 Gedenkstein**, den der Saarwald-Verein Saarbrücken

↓ Interessante Reliefs im Stein

↘ Stege führen zwischen Lianen und Efeu durch die üppige Natur.

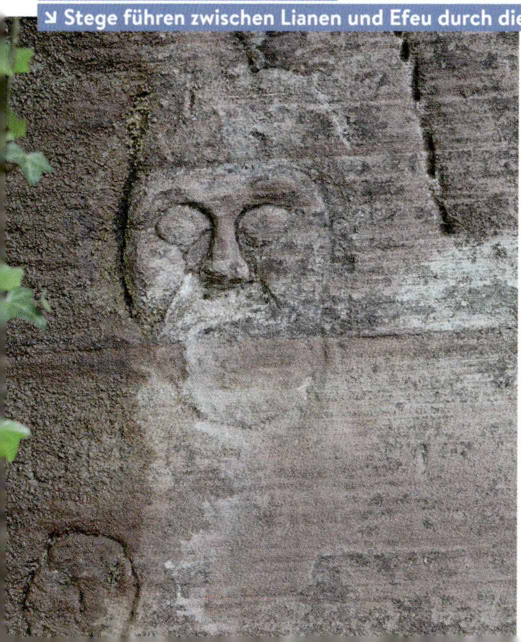

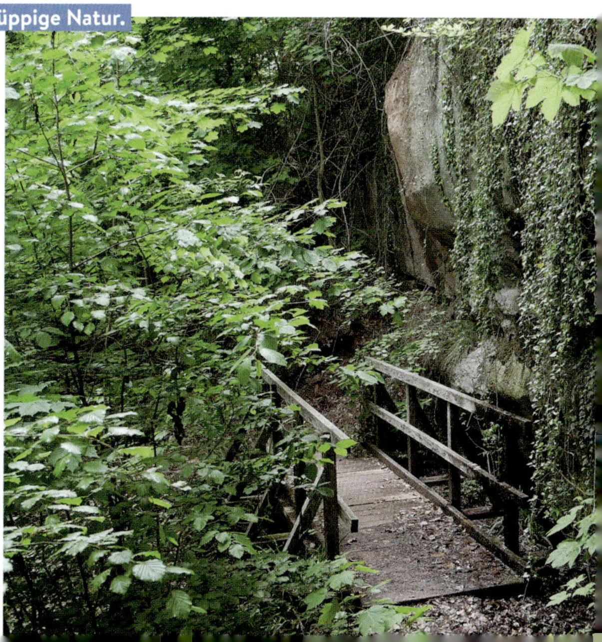

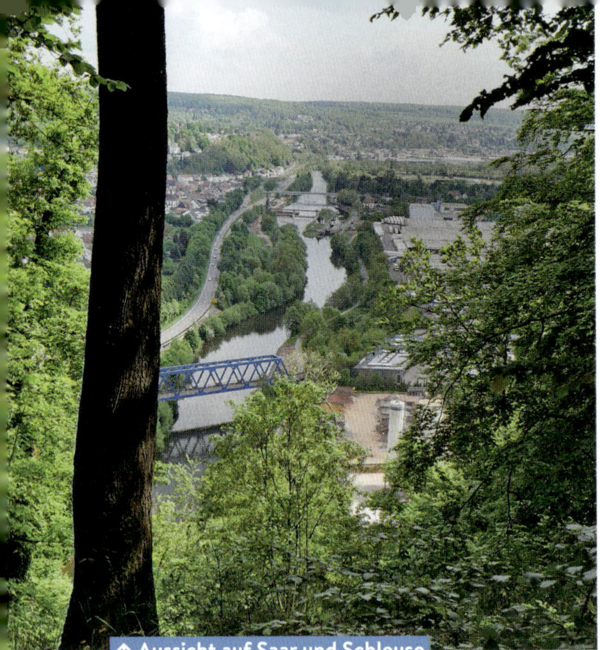

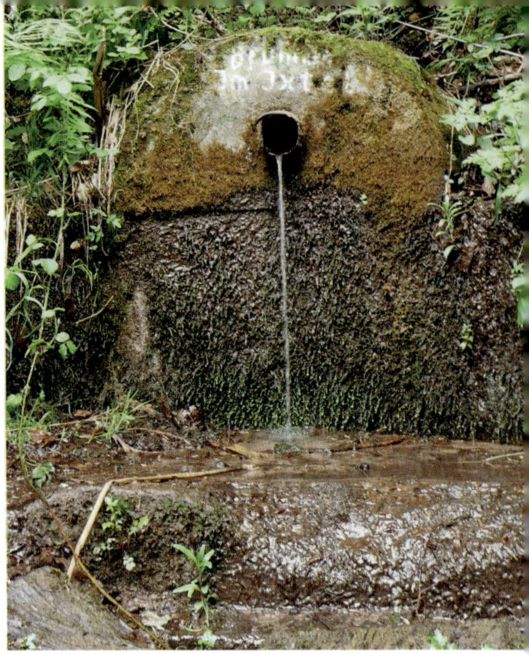

↑ Aussicht auf Saar und Schleuse
↗ Brunnen im Ixtel

hier aufgestellt hat, gleich an drei Dinge: den Tag des Baumes 1988; daran, dass der Saarwanderweg von der Quelle der Saar am Donon bis zur Mündung nach Konz hier vorbeiführt; und an eine keltische Fliehburg aus dem 1. Jahrhundert v. Chr. Deren Nordwall versteckt sich dahinter im Gestrüpp.

QUELLEN Wir halten uns jetzt wieder rechts entlang der Hanglinie und im Weiteren Richtung Spicheren. Der gut befestigte Waldweg überrascht mit zwei Quellen: einem kleinen, natürlichen Becken, wo sich das Regenwasser halb vor, halb unter einem flachen Fels sammelt und wohl ohne Abfluss versickert, und später dem 5 **Brunnen im Ixtel**. Er verblüfft durch seinen seltsamen Namen, der ihm offensichtlich jedoch zu keiner größeren Bekanntheit verholfen hat. Auch weitere Infotafeln zur Geschichte oder Menschen, die sich um den Quell kümmer(te)n, fehlen. Rätselhaft, warum dem charmanten Brünnchen nicht mehr Beachtung geschenkt wurde. So erfreuen wir uns am Gluckern des Wassers und setzen unseren Weg bergauf Richtung Grenze fort.

SCHMUGGELN AM RÖMISCHEN KOPF
Direkt hinter den 6 **Grenzsteinen** biegen wir links ab und nehmen einen kleinen Pfad, der praktisch auf und neben der Grenze verläuft. Alle paar Meter finden wir einen Grenzstein mit den Buchstaben »F« auf den einen und »S« auf der anderen Seite. Von Zeit, Wind und Wasser geglättet, aber dennoch deutlich erkennbar ist der Wald von alten Schützengräben übersäht. Kaum auszumalen, was hier früher los war. Eine Blumenwiese auf der französischen Seite vertreibt das Kopfkino, zaubert uns Lachfältchen um die Augen. Kurz dahinter verlassen wir den Pfad, halten uns links zum deutlich breiteren Weg. Hier im Waldgebiet waren früher die Zöllner ständig auf der Suche nach Schmugglern. Wurde man von ihnen gerufen, musste man direkt parieren und stehenbleiben, sonst wurde scharf geschossen. Deshalb hatte man Hunde zum Schmuggeln eingesetzt. An Halsbändern befestigt, brachten sie Schnupftabak mit dem Namen »Le petit Müller«, benannt nach ihrem Fabrikanten, der Saarbrücker Kolonialwarenhandlung

Müller, nach Frankreich und andere Waren von dort mit zurück.

DIE TANZENDEN ZÖLLNER Einen besonderen Namen als Schmuggler soll sich ein Wirich Hansam aus Zinsingen – heute ein Ortsteil von Alsting – gemacht haben. Er konnte nicht nur ausgezeichnet mit den Vierbeinern umgehen, sondern soll sich ebenso auf andere Dinge verstanden haben: Als er in Höhe der Simbachmühle von den Zöllnern erwischt wurde, befahl er ihnen zu tanzen. Augenblicklich sollen sie so zu zappeln angefangen haben, dass er einfach davongehen konnte. Bei Großblittersdorf traf er dann zwei Männer, die zu den Zöllnern unterwegs waren. Ihnen trug er auf, die Grenzer zu erlösen, indem sie ihnen ausrichteten, dass diese jetzt genug getanzt hätten.

SCHIERJOCKELS KLAMM Den 7 **Berggipfel** passiert, wandern wir bald steil bergab. Ein schmaler Weg führt hinunter ins Tiefental mit dem Ohligbach. Hier soll früher der alte Schierjockel jahrelang unter einem Felsen gehaust haben, weshalb die Klamm seinen Namen trug. Heute erinnert sich kaum jemand daran. Am 8 **Ohligweiher** vorbei erreichen wir über ein paar Stufen wieder den Startpunkt unserer Wanderung in der E **Sonnenbergstraße**.

INFO

TOURENCHARAKTER

Abwechslungsreiche Rundwanderung über schattige Waldwege und -pfade. Im Bereich der Felsenwege sollte man auf Trittsicherheit achten. Bei sehr feuchter Witterung und Frost sollte dieser Teil der Tour ausgelassen werden.

AUSGANGS-/ENDPUNKT

Parkplatz Sonnenbergstraße, Güdingen, 66119 Saarbrücken, halbe Höhe, hinter der Linkskurve, 49.200153, 7.014391

INFORMATION

tourismus.saarbruecken.de

EINKEHR

Keine auf der Tour; Unter der Linde, Sankt Arnualer Markt 6, 66119 Saarbrücken, www.unterderlin.de

Mittel | 9,6 km | 240 Hm | 4.00 Std.

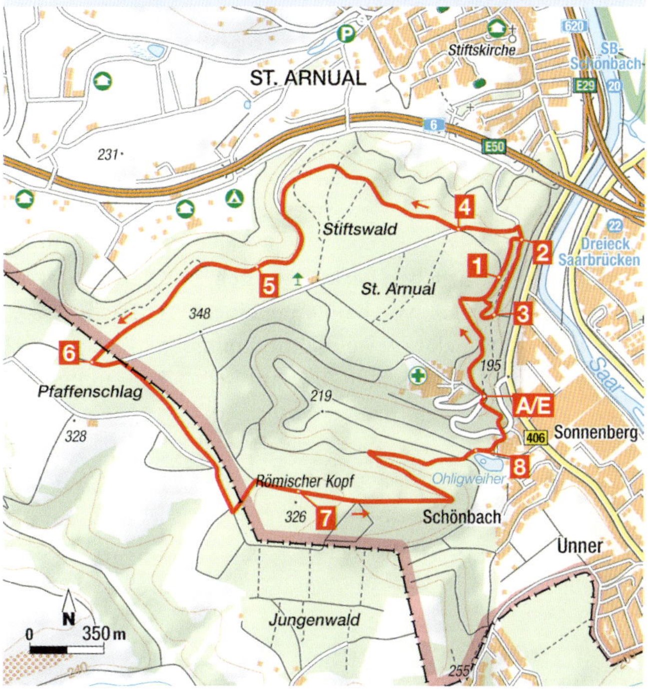

DIE BIENEN-VERTEIDIGUNG

Mettlacher Saarschleifenrunde

Links und rechts der schönsten Flussschleife Deutschlands sollen früher mächtige Burgen gestanden haben. Statt sich zu bekriegen, haben die beiden Burgherren gemeinsame Sache gemacht: Als Raubritter waren sie berüchtigt und gefürchtet. Kein Wagen, kein Fischerboot konnte ihnen entkommen – genauso wenig wie wir der Schönheit der Landschaft.

33

Die Türme von St. Lutwinus

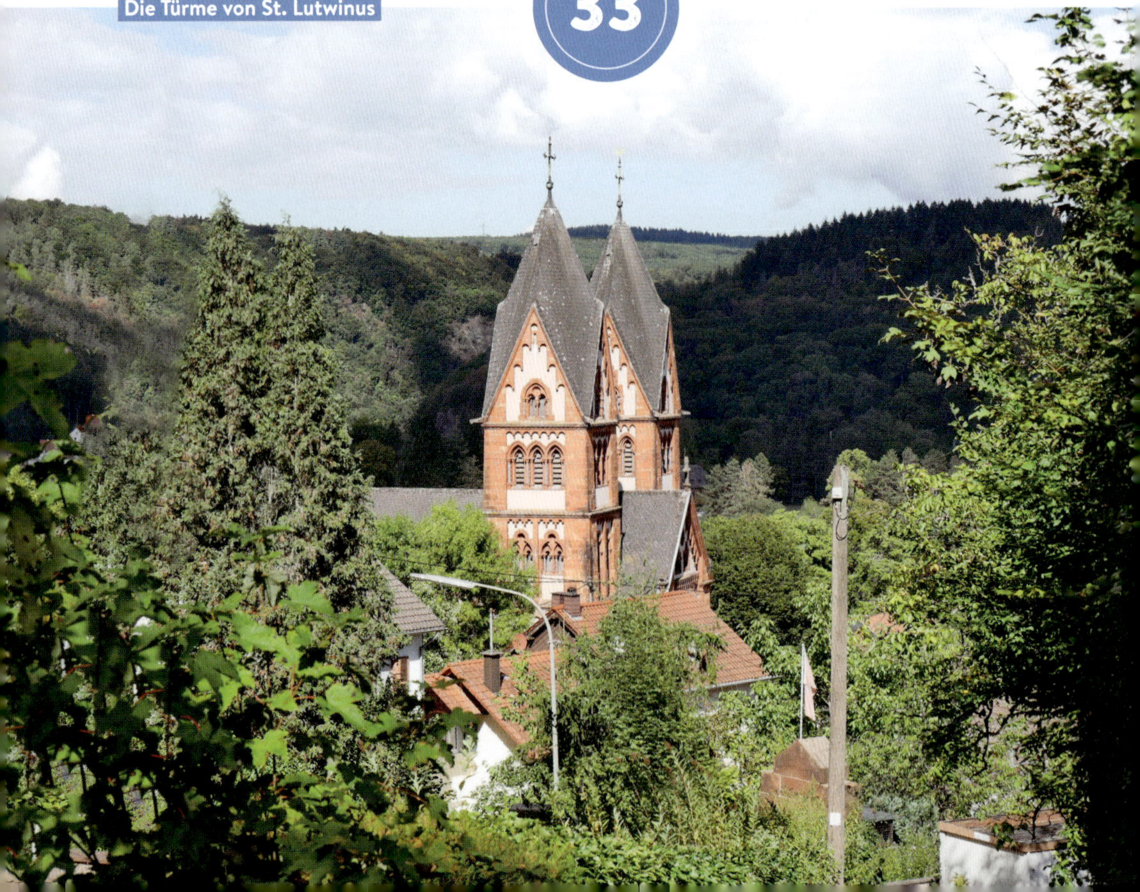

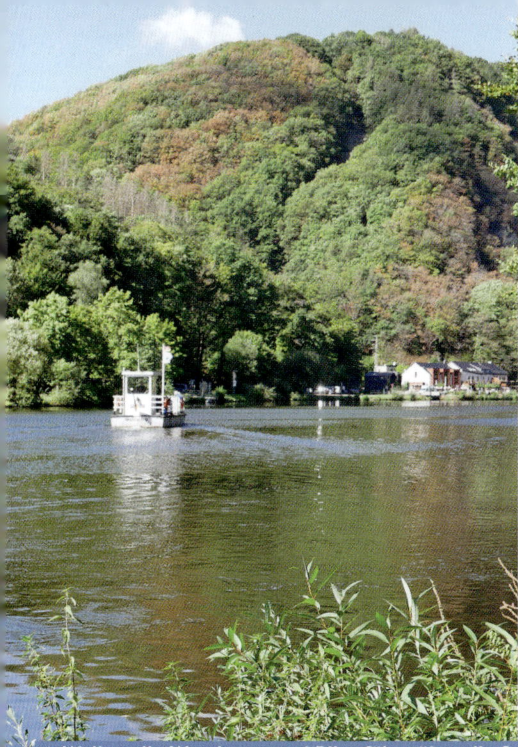

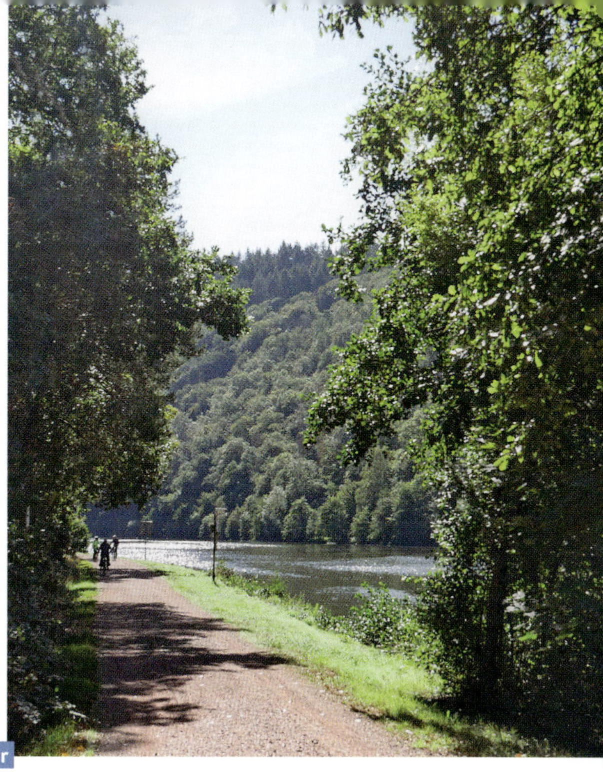

↑ Welles: die Wanderer- und Bikerfähre über die Saar
↗ Am Leinpfad unter der Cloef

METTLACH Wir starten an der A **Saarbrücke** direkt auf die andere Saarseite: Die ist sonnig, während Mettlach noch im Schatten liegt. Das erste Highlight liegt schon in Sichtweite. Mit 11 Metern Fallhöhe stellt die Staustufe ein enormes Bauwerk im Flusslauf dar. Falls gerade ein Schiff geschleust wird, schauen nicht nur Technikfreaks gebannt zu. Weiter auf der Tour rückt der 1 **Fels- und Geröllhang** auf der rechten Seite gefährlich nah. Dort oben nisten Uhu, Eisvogel und Wanderfalke und es gedeihen seltene Farne und Moose.

CLOEF Oben auf dem Berg erblicken wir die Cloef, den Aussichtspunkt über das Naturschauspiel. Auch wenn kein Beweis dafür existiert, behauptet die Sage, dass früher dort oben ein stolzes Schloss stand. Seine Bewohner konnten der etwas tiefer gelegenen Burg Montclair auf der Halbinsel gegenüber praktisch in die Fenster schauen. So oft haben wir schon Geschichten von rivalisierenden, sich auf den Tod bekriegenden Burgherren gehört – gerade, wenn sie so nah aufeinander saßen. Nicht so die Grafen an der Saarschleife. Der Volksmund erzählt von gemeinsamen Beutezügen. Als Raubritter wären sie berühmt und berüchtigt und wurden dementsprechend von der Obrigkeit aus Trier gejagt. Aber immerzu schlugen sie ihren Häschern trickreich ein Schnäppchen und entkamen. Oder sie verschanzten sich in ihren fast uneinnehmbaren Burgen. Da mussten erst die Normannen kommen: Nach der Zerstörung Triers auf ihrem Weg nach Metz entdeckten sie die reiche Burg auf der Cloef und erkundeten die Gewohnheiten des Schlossherren. Als der mit seinen Mannen auf Raubzug war, schlugen die Wikinger zu: Sie plünderten die Schätze und untergruben die Burg. Als der Graf zurückkam und sein Heim betrat, stürzten die unterhöhlten Felsen ein. Burg und Graf verschwanden auf

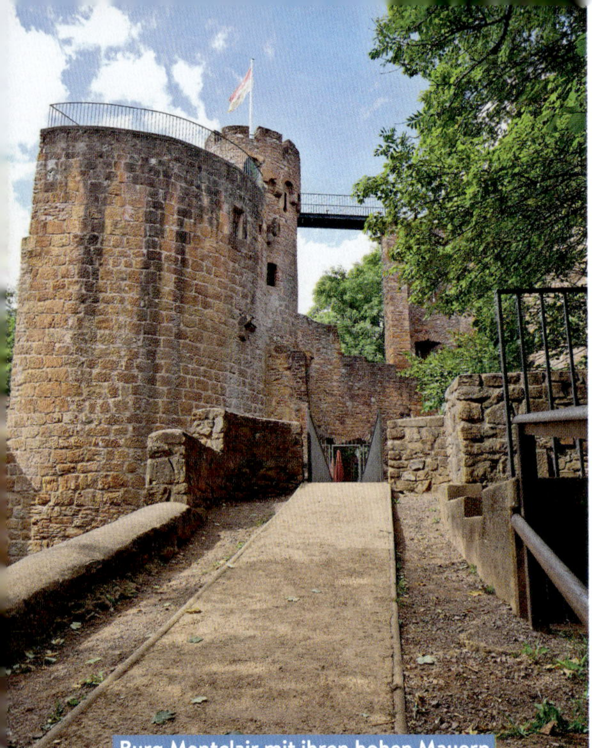
Burg Montclair mit ihren hohen Mauern

alle Ewigkeit im Abgrund. Jetzt steht wieder eine Art Schloss oben auf der Cloef: Die Aussichtsplattform des Baumwipfelpfades hat palastartige Ausmaße.

WELLES Vor der Steinbachmündung fließt die Saar heute behäbig dahin. Doch früher soll das einmal anders gewesen sein. Die Fischer erzählten sich allerlei gruselige Geschichten, fürchteten, dass unsichtbare Hände ihre Nachen nach unten ziehen. Dabei suchten sie gerade diese Stelle besonders gern auf: Die Saar war hier tiefer als sonst und durch die Verwirbelung des Steinbachwassers gewiss auch besonders fischreich. Die Frage ist also: War die Schifffahrt auf der Saar hier wirklich so gefährlich oder wollten sie nur unliebsame Mitbewerber davon abhalten, an der Stelle zu fischen? Wie auch immer: Auf jeden Fall half auch damals schon eine gute Geschichte dabei, vor den Kameraden gut dazustehen, wenn man sich nach der Arbeit im Mettlacher Wirtshaus »Zum goldenen Anker« traf.

DER FÄHRMANN Jetzt wird es Zeit, die Seite zu wechseln und zur anderen Saarseite hinüberzusetzen. Zum Glück existiert hier seit einigen Jahren eine **2 Fußgänger- und Radfahrerfähre** mit dem bezeichnenden Namen Welles. Für einen kleinen Obolus bringt sie einen auf die andere Seite. Ist der Fährmann gerade am jenseitigen Ufer, kann man ihn mit einer großen Glocke heranrufen. Wir genießen die kurze Zeit auf dem Fluss. Angekommen auf der Halbinsel innerhalb der Saarschleife nehmen wir Kurs Richtung Burg Montclair. Schon bald entdecken wir Reste des alten Burgweges zwischen den Bäumen.

BURG MONTCLAIR In Schlangenlinien geht es ohne größere Strapazen den Hügel zur Burg hinauf. Kurz vor dem alten Gemäuer überrascht uns noch ein schmaler Pfad zwischen Fels und Abhang, wie wir ihn hier nicht erwartet hätten. Dann stehen wir vor den ungewöhnlichen, außerordentlich hoch aufragenden Burgmauern. Kein Wunder, dass es schwierig bis unmöglich gewesen sein musste, die **3 Festung** mit Gewalt zu nehmen, und man sein Glück in der Belagerung gesucht hat. So erzählt es auch die Sage.

WIE DIE BIENEN MONTCLAIR RETTETEN
Als bei einer solchen Belagerung die Vorräte einmal knapp wurden und der Graf von Montclair sich mit dem Gedanken der Aufgabe anzufreunden versuchte, dachte sich einer seiner Waffenknechte einen Rettungsplan aus. Am nächsten Morgen schon schritten die Verteidiger zur Tat, reizten die Angreifer bis aufs Messer, sodass sie einen unbedachten Angriff wagten. Als sie sich der Burg näherten, warfen sie von oben die Bienenkörbe herab. Die wütenden Bienen schwärmten aus und zerstachen die fremden Ritter, wo sie konnten. Wegen der Rüstungen und Kettenhemden waren das vor allem die

Augen. Nun wagte der Graf von Montclair seinerseits einen Ausfall und verjagte die Angreifer. Die Burg war gerettet.

AUSSICHTSREICHER HEIMWEG Das Burgkiosk wird über einen breiten Waldweg versorgt. Auch uns führt er von der Festung weg. Nach knapp zwei Kilometern lichtet sich der Wald auf der rechten Seite. Eine Bank lädt uns ein, doch mal einen Blick auf die Karte zu tun. Und richtig, es ist Zeit, den breiten Weg zu verlassen und den Hangweg Richtung Mettlach zu benutzen. Bald geht es linker Hand steil nach unten. Wieder zieht uns die fantastische **4 Aussicht** in ihren Bann. Durch den reizenden Ortskern von Mettlach mit seinen Cafés und Geschäften kehren wir zur **E Saarbrücke** zurück.

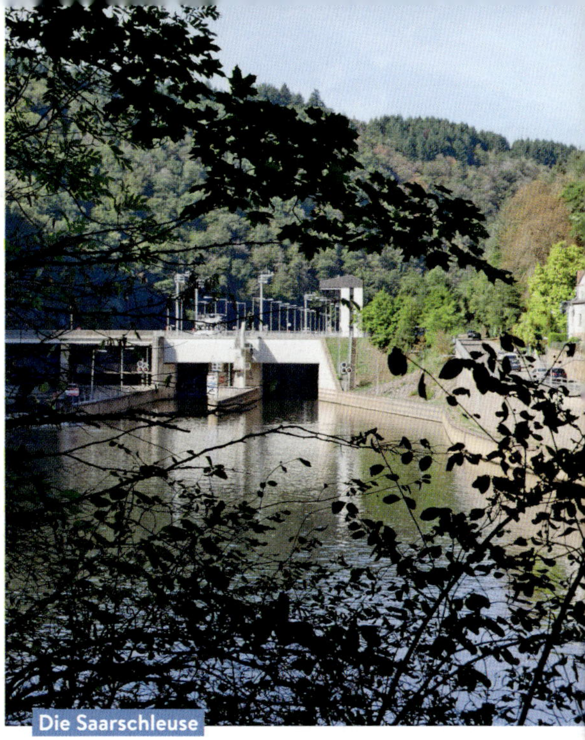

Die Saarschleuse

INFO

TOURENCHARAKTER

Rundwanderung an der Saar entlang mit beeindruckender Sicht auf die Cloef. Nach dem Übersetzen mit der Fähre geht es durch schattige Wälder. Einige Passagen führen an sehr steilen und tiefen Abhängen ohne Befestigung vorbei. Die Wege sind aber breit genug, sodass man sich vom Abgrund fernhalten kann.

AUSGANGS-/ENDPUNKT

Parkplatz am Fluss,
An der Saarbrücke,
66693 Mettlach,
49.492533, 6.589255

INFORMATION

www.saarschleifenland.de

EINKEHR

Burgbistro in der Burg Montclair,
St. Gangolf, 66693 Mettlach,
www.burg-montclair.de

Mittel | 11 km | 221 Hm | 3.45 Std.

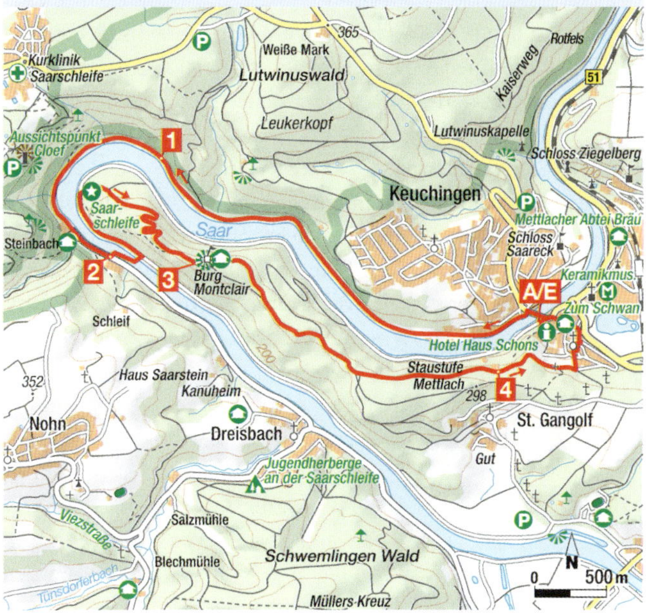

PS: DA FÄLLT MIR NOCH WAS EIN!

DIE VÖLKLINGER WALDHEXEN, das Barbarossaschloss im Hegewald, die Rache der Nixe, der Engel von Saarwellingen oder die Schweden in Merscheid und nicht zu vergessen die frühlingstrunkenen Nonnen von Ensdorf. So viele Geschichten gäbe es noch zu erwandern. Nur 33 wunderliche Erzählungen, Sagen und Anekdoten haben in diesem kleinen Büchlein Platz gefunden. Und schauen Sie sich die Saarlandkarte mit den Orten der Touren an! Oder umgekehrt: Wie viele Orte es da noch zu entdecken gibt!

ES GIBT NOCH VIEL ZU ENTDECKEN

Ich für meinen Teil werde weiterhin unterwegs sein – wann immer es mir in meiner freien Zeit möglich sein wird. Vielleicht und falls Ihnen dieser Guide von mir gefällt, gibt es dann irgendwann einen weiteren Band zu den mystischen Pfaden.

SCHICKT MIR GERNE EURE TIPPS

Zwischenzeitlich finden Sie mich auch immer auf Facebook und Instagram. Dort gibt es Aktuelles, Ausblicke auf Kommendes und Bonusmaterial, das nicht in die Bücher gepasst hat. Und falls Sie der Meinung sind, dass ich einen bestimmten Ort unbedingt besuchen sollte, schicken Sie mir gerne Ihre Tipps. Öffentlich! Versteht sich doch von selbst. Private Nachrichten von Unbekannten sind ja nur für Kreditangebote und Heiratsschwindler. Wer schaut sich denn so etwas an?

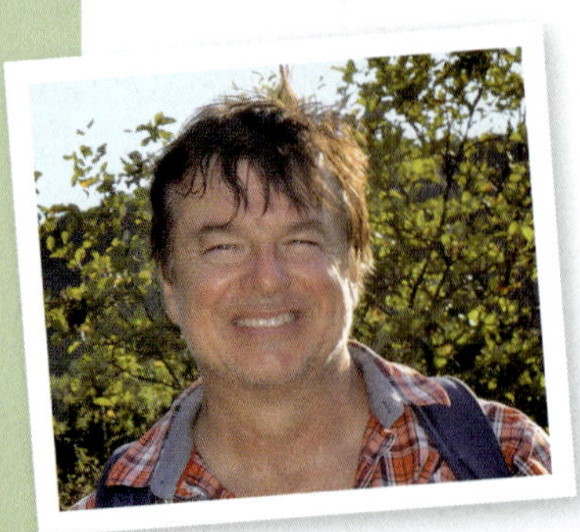

Wir sehen uns im geheimnisumwobenen Märchenwald!

Herzlichst, Ihr

Holger Mathias Peifer

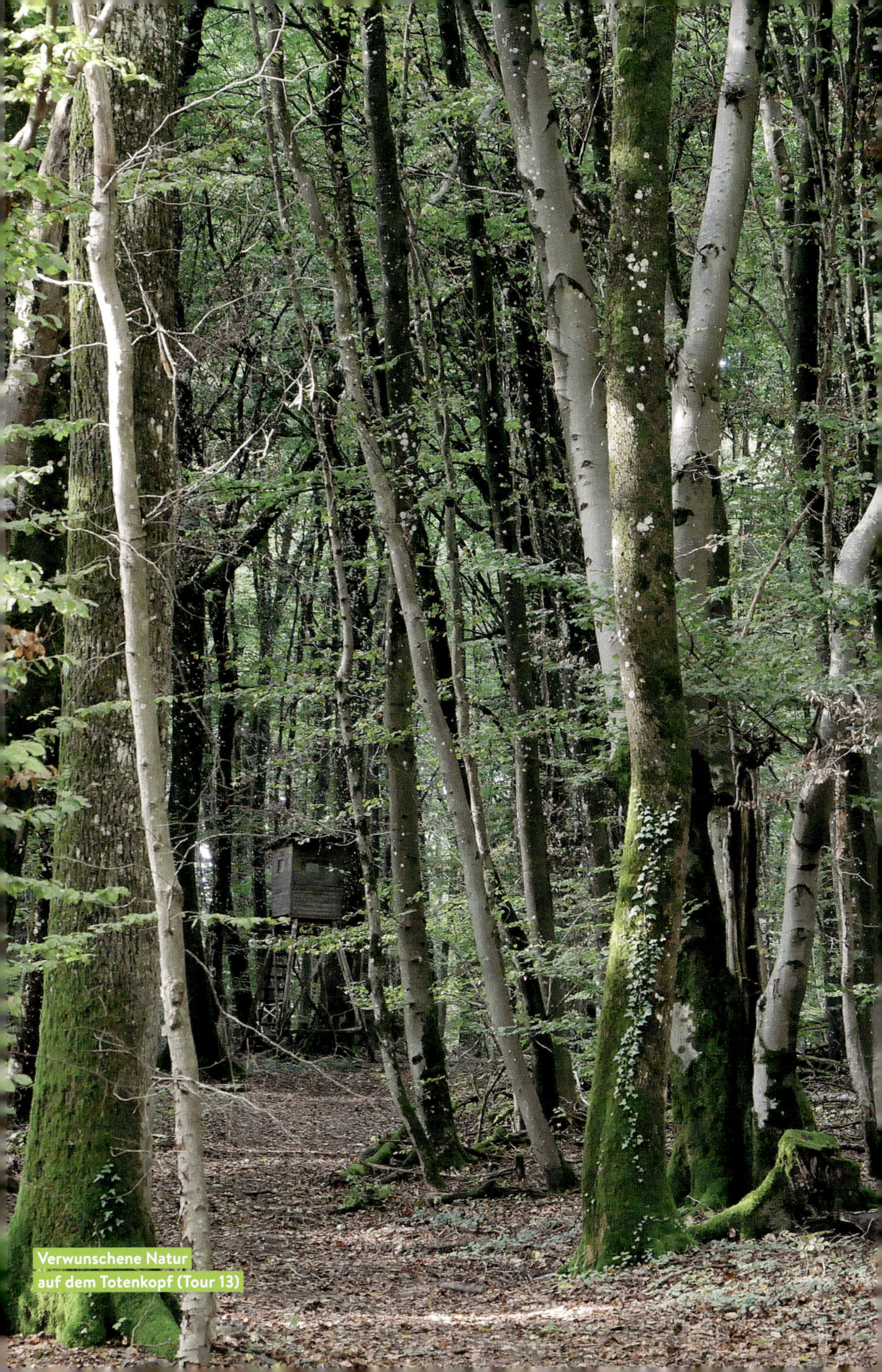

Verwunschene Natur
auf dem Totenkopf (Tour 13)

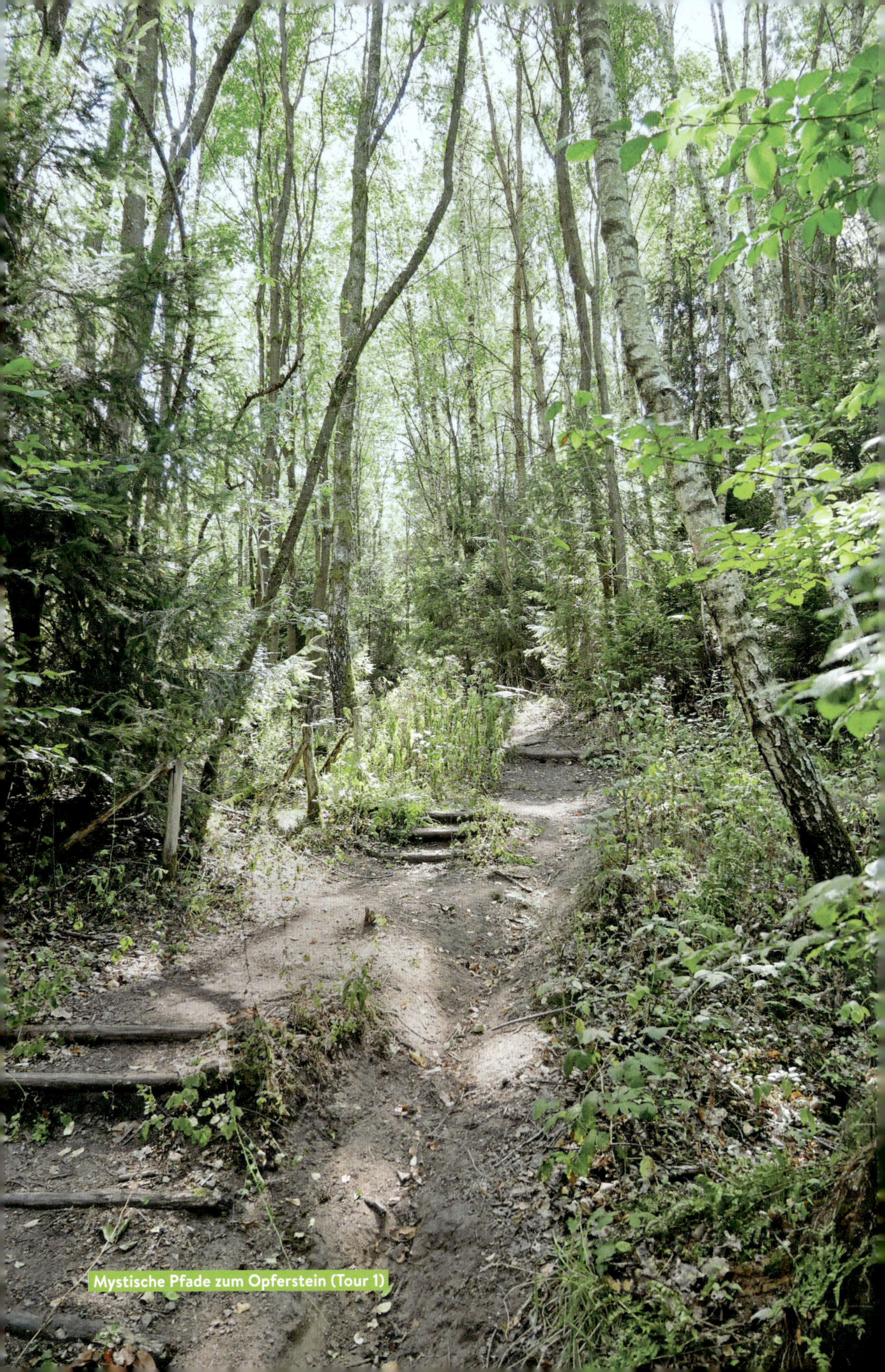
Mystische Pfade zum Opferstein (Tour 1)

REGISTER

Ebenfalls erhältlich ...

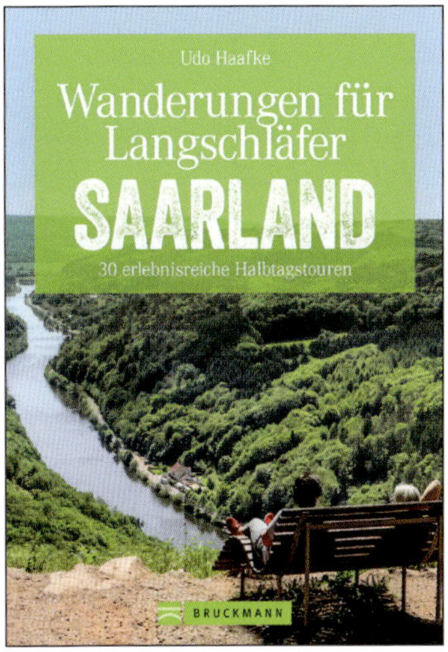

ISBN 978-3-7343-1316-5

Klein und fein ist das Saarland. Es spricht also vieles dafür, das kleinste Bundesland in Wanderausflügen zu erkunden, die kurz und gut sind!

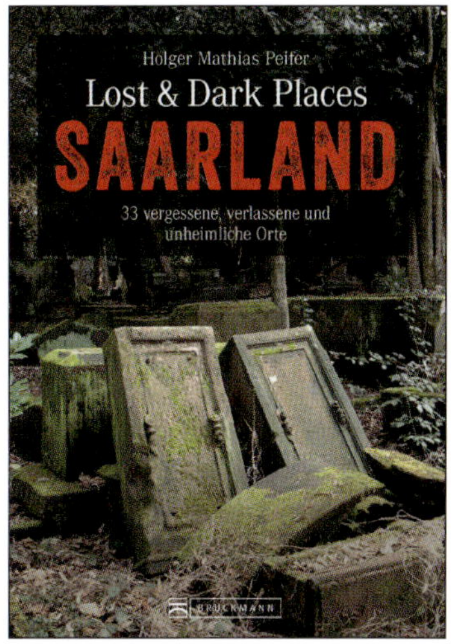

ISBN 978-3-7343-1933-4

33 vergessene, verlassene und Furcht einflößende Orte im Saarland

BRUCKMANN

www.bruckmann.de

IMPRESSUM

Verantwortlich: Julia Vogl
Redaktion und Lektorat: Susanne Maute, mcp concept GmbH
Layout- und Reihengestaltung: Mathias Frisch
Covergestaltung: Rudi Stix
Satz: mcp concept GmbH
Repro: LUDWIG:media
Kartografie: Bruckmann Verlag GmbH, Heidi Schmalfuß
Herstellung: Alexander Knoll
Printed in Poland by CGS Printing sp.O.o.

Exklusiv für Sie als Leser:

MIT GPS-DATEN ZUM DOWNLOAD

unter: gps.bruckmann.de

Sind Sie mit diesem Titel zufrieden? Dann würden wir uns über Ihre Weiterempfehlung freuen.
Erzählen Sie es im Freundeskreis, berichten Sie Ihrem Buchhändler, oder bewerten Sie bei Onlinekauf. Und wenn Sie Kritik, Korrekturen, Aktualisierungen haben, freuen wir uns über Ihre Nachricht an Bruckmann Verlag, Postfach 40 02 09, D-80702 München oder per E-Mail an lektorat@verlagshaus.de.

Unser komplettes Programm finden Sie unter www.bruckmann.de

Empfehlung der Redaktion
Sie sind auf der Suche nach weiterführender Literatur? Dann empfehlen wir Ihnen den Titel *Zeit zum Wandern – Pfälzerwald und Bienwald* von Matthias Wittber. Oder Sie werfen einen Blick in die Zeitschrift *BERGSTEIGER*. Hier werden Sie bestimmt fündig.

Bildnachweis: Alle Bilder im Innenteil stammen vom Autor, mit Ausnahme von S. 154 © Felix Noah Peifer
Umschlagvorderseite: Lichtgefluteter Pfad im saarländischen Wald (Shutterstock/Floriane C Photo)
Umschlagrückseite: Die Aschbachkirche im Abendlicht (Tour 7)

Die Deutsche Nationalbibliothek verzeichnet diese Publikation in der Deutschen Nationalbibliografie; detaillierte bibliografische Daten sind im Internet über http://dnb.d-nb.de abrufbar.

Infanteriestraße 11a
80797 München

ISBN: 978-3-7343-2089-7